ŒUVRES

DE

J. Michelet

OEUVRES
DE
J. Michelet

HISTOIRE DE LA RÉVOLUTION

TOME NEUVIÈME

PARIS

ALPHONSE LEMERRE, ÉDITEUR

27-31, PASSAGE CHOISEUL, 27-31

M DCCC LXXXVIII

CHAPITRE III

LUTTE DE ROBESPIERRE CONTRE LES REPRÉSENTANTS EN MISSION

Lutte de Robespierre contre Tallien et contre Fouché. — Il étend ses accusations. — Il inquiète le Comité de Salut public. — Il méconnaît les titres des représentants en mission. — Pouvait-on juger équitablement l'année 93 ? — Combien 93 différait de 94. — Obscurité des voies de Robespierre.

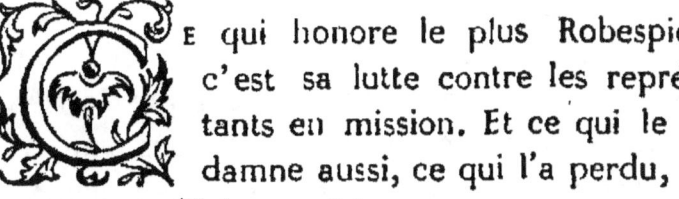CE qui honore le plus Robespierre, c'est sa lutte contre les représentants en mission. Et ce qui le condamne aussi, ce qui l'a perdu, c'est la guerre qu'il leur a faite.

Pour expliquer cette énigme, disons que Robespierre, très justement, poursuivit à mort trois ou quatre scélérats qui déshonoraient l'Assemblée;

Que, moins justement, avec une sévérité excessive et déraisonnable, il étendit cette poursuite aux vingt et quelques représentants les plus compromis par la dictature que le péril les avait forcés de prendre en 93 ;

Enfin, que sa terrible imagination, soupçonneuse et maladive, embrassant dans ses défiances les deux cents représentants revenus de mission, en venait à menacer la Convention. Cette monomanie d'épuration absolue le poussait fatalement, quelque désintéressé qu'il pût être du pouvoir, à saisir une espèce de dictature judiciaire, une position de *censeur* et de Grand Juge, — et non seulement sur les actes politiques, mais sur les mœurs et les pensées.

Distinguons d'abord les époques.

Beaucoup d'hommes qui, dans la réaction, emportés par le torrent, devinrent extrêmement coupables, ne l'étaient nullement avant Thermidor. On ne pouvait les juger sur des faits à venir.

Et dans ceux qui, dès l'époque où nous sommes arrivés, étaient déjà très coupables : tel fut un fripon, comme Chabot ; tel, comme Carrier, une bête sauvage, un chien enragé, sans pourtant être un scélérat. Ce mot n'implique pas seulement le crime, mais la perversité réfléchie, la corruption voulue de l'esprit et du cœur. Il y a eu peu d'hommes dans la Convention à qui on doive ce titre.

Peut-être n'y en eut-il que trois, Rovère, Tallien, Fouché.

Rovère est, je crois, le seul membre de cette Assemblée qui ait fait fortune. On verra par quels moyens.

On n'en peut dire autant de Tallien. Ce grand homme resta pauvre, les mains vides, sinon les mains nettes. Nous l'avons vu à Paris traîner aux Champs-Élysées, à l'aumône de sa femme, alors princesse de Chimay.

Le fait est que Tallien fut un ventre, rien de plus, un tonneau sans fond. Il eut beau voler toujours ; nul remède à sa pauvreté.

Né dans la cuisine d'un financier de Touraine et fils de son cuisinier, il eut l'âme à l'avenant, une âme de Laridon, tout à la gueule et aux filles. Il eût été moine à une autre époque, vrai moine de Rabelais. Il était beau et beau diseur, prêcheur, enjoleur de femmes. Sa plus grande jouissance, partout où il arrivait, était de monter en chaire, et de prêcher pêle-mêle la Révolution, la Raison, Jésus, Marat, et le reste. Les femmes étaient ensorcelées.

Nullement cruel de nature, Tallien le devint toutes les fois qu'il y eut le moindre intérêt. Agit-il, laissa-t-il agir en Septembre ? C'est un problème. A Bordeaux, il ne fut ni au-dessus, ni au-dessous des fureurs locales. Il les flatta en faisant mettre la guillotine devant ses fenêtres. Cette guillotine, dit-on, lui fut d'un excellent rapport.

Tout est commerce à Bordeaux. Tallien commerça de la vie. Pour tromper les haines sérieuses qui voulaient du sang, il lui fallait enchérir en gestes, en paroles, en fureurs. Il hurlait, beuglait la Terreur, sans craindre d'exagérer son rôle. Pendant ce temps-là, dit-on, sa maîtresse tenait le comptoir. On dit pourtant que parfois elle escamotait quelques grâces et sauvait des gens pour rien *.

Ces choses n'arrivaient point à Lyon. L'homme de Lyon n'était pas, comme Tallien, l'enfant dépravé de la Nature; c'était son maudit, son Caïn. La figure déshéritée de Fouché (quoique intelligente) effrayait d'aridité. Le prêtre athée, le dur Breton, le cuistre, séché par l'école, tous ces traits étaient repoussants dans sa face atroce. *Réussir* fut tout son symbole. C'était un homme au fond très froid, d'un positivisme horrible**. Il s'était fait hébertiste, croyant que c'était l'avant-garde. Successeur de Collot à Lyon, il fut brisé par Robespierre, revint conspirer contre lui, et, plus que personne, travailla au 9 Thermidor. Rien n'honore plus Robespierre que cette circonstance : les principaux auteurs de sa chute furent les deux pires hommes de France, Tallien et Fouché.

Ils ne l'auraient pas renversé, s'il n'eût impolitiquement étendu ses accusations, terrifié tout à la fois les honnêtes gens et les fripons, et la Convention tout entière. Devant un tel moraliste, un tel juge, un tel épurateur (qui voulait flétrir Cambon même!), qui était en sûreté?

Il y avait en lui un contraste. Il était né avec l'amour du bien. Il posait sans cesse, en ses discours, l'idéal de l'équilibre. Et sa violence intérieure (celle aussi de la tempête révolutionnaire) le jetait à tout moment à droite et à gauche. Il imposait à tous un milieu impossible qu'il ne put jamais garder.

Tout cela ne se sent que trop dans le sinistre discours qu'il fit sur cette thèse, le 5 février. Ce discours, fort général (« La démocratie, c'est la vertu, » etc.), n'en était pas moins une menace contre tous les représentants qui avaient rempli les missions de 93. Et ce n'étaient pas seulement les sauvages exécuteurs des vengeances nationales, les Collot et les Carrier, qui avaient à craindre. C'étaient tous ceux qui, dans ces circonstances inouïes, avaient été dictateurs malgré eux.

Non content de les désigner, il en nommait un bon nombre dans un essai de *rapport* sur Fabre qu'il montra au Comité de Salut public. Il parlait ainsi de Merlin : « Fameux par la capitulation de Mayence *et plus que soupçonné* d'en avoir reçu le prix. » Du reste, pas la moindre preuve. Il renouvelait contre Dubois-Crancé le reproche, écarté cent fois, *d'avoir trahi devant Lyon*, d'avoir sauvé les Lyonnais, niant hardiment l'évidence, puisque Dubois cessa de commander le 6 octobre et qu'ils échappèrent le 8.

Le Comité, alarmé, tout en admirant ce *rapport*, le pria de n'en pas faire encore usage, de revoir cette belle pièce et de la porter à la perfection dont elle était susceptible.

Il était clair qu'à travers ce large abatis fait dans la Convention, il en viendrait aux Comités. Il prenait des gages contre eux. On lui avait apporté de Toulon une lettre très ambiguë, où l'ennemi semblait instruit des secrets de l'État. Il s'était jeté sur cette pièce, la tenait, comme une épée, suspendue sur le Comité de Salut public. Ses regards menaçants disaient : « Quel est le traître parmi vous ? » Deux hommes (de gauche et de droite), Billaud et Hérault, avaient tout à craindre.

Sa malveillance pour Lindet parut d'une manière indirecte, mais très significative, quand il fut accusé à la Convention pour sa mission de Normandie. Lindet avait fermé les yeux sur une erreur passagère, involontaire, d'une toute petite commune. Minime en apparence, l'affaire était grande en réalité. Cette première petite porte allait ouvrir une carrière infinie d'accusations, qui pouvait envelopper neuf départements. Poursuivrait-on le fédéralisme de Normandie et de Bretagne? c'était l'immense question. Lindet la soumit aux Comités, à la Convention, qui parurent croire, comme lui, que, les chefs frappés, il fallait négliger le reste, fermer les yeux. Mais Lindet, en obtenant cette décision si importante, ne put tirer un seul mot, ni dans un sens ni dans l'autre, de la bouche de Robespierre. Il resta silencieux, immobile, gardant, par ce cruel mutisme, une prise sur ses collègues, et se réservant de pouvoir leur dire un jour : « Vous avez innocenté le fédéralisme. »

Cela était injuste, ingrat. Il fallait noblement honorer, rassurer ceux qui, dans la crise horrible de l'été de 93, dans l'éclipse du Comité de Salut public, avaient par leur habileté ou leur énergie personnelle sauvé le pays.

Il était dur de chicaner avec Lindet et Philippeaux, dont l'ascendant avait brisé la Gironde dans l'Ouest. Dur de dire à Merlin, Briez, qui, de leurs corps, avaient couvert la France désarmée, ce mot étrange : « Êtes-vous morts ? » Dur d'accuser Dubois-Crancé, qui, par un effort inouï, dans son abandon de trois mois, seul maintint tout le Sud-Est contre la Gironde, contre l'ennemi, contre le chaos, organisa l'affaire énorme du siège de Lyon, et pour récompense fut ramené prisonnier.

Les noms de ces hommes héroïques, de tant d'autres moins connus, qui sauvèrent la France, ceux de Baudot et Lacoste qui nous ont donné le Rhin, celui du pur et vaillant Soubrany, le vainqueur des Espagnols, iront dans la gloire éternellement avec ceux des grands hommes du Comité.

Combien d'autres, mis par le devoir dans des positions moins brillantes, égalèrent leur dévouement ! Nous pouvons dire hardiment que trente représentants du peuple ont mérité, pour leurs missions seules, d'être mis au Panthéon. Que serait-ce si l'on ajoutait les travaux intérieurs de l'Assemblée, de ses infatigables Commissions, ces travaux poussés au delà de toutes les forces humaines, ces jours de labeur acharné, ces nuits sans sommeil ? A regarder l'entassement énorme de ce que fit la Convention, on est tenté de croire que le temps, en ces années, changea de nature, que ses mesures ordinaires perdirent toute signification. Les jours furent au moins doublés ; on peut nommer cette Assemblée : *l'Assemblée qui ne dormit pas*.

Pour juger équitablement la Convention et surtout les représentants en mission, il fallait, de la situation meilleure de 94, se reporter à la crise du milieu de 93. Combien ces premières missions différaient de celles qui suivirent ! En 94, il y avait encore du désordre, mais des forces énormes, les armées les plus nombreuses, des Administrations créées. Les hommes de 93 ne trouvèrent rien, créèrent tout.

Leur situation fut terrible. Plusieurs furent assassinés, plusieurs près de l'être. Presque tous n'étaient appuyés que d'une minorité minime. Baudot, par exemple, à Toulouse, en juin 93, n'eut pas quatre cents hommes pour lui. Il n'en dompta pas moins la ville.

Un représentant montagnard (hier avocat, médecin, journaliste), tout à coup homme de guerre, arrivait gauche et novice, avec son sabre et son panache, dans une ville inconnue; il était terrifié de sa solitude. S'il ne faisait peur, il était perdu. Les républicains mêmes étaient Girondins, se cachaient. Les Montagnards de la localité, en minorité minime, étaient d'autant plus furieux. Ils connaissaient leur péril. L'imminence de la *Terreur blanche* exaltait la *Terreur rouge*. Ils voyaient déjà en esprit les assassinats de 95, les compagnons de Jéhu, les massacres de Marseille, le roc sanglant de Tarascon, les quatorze cents pères de famille fusillés chez eux en huit jours dans les environs d'Angers, les Chouans et les *chauffeurs*. Ils disaient au représentant : « Il faut tuer les traîtres aujourd'hui, ou nous périrons demain. »

Un fait sûr, c'est que les plus violents même des représentants furent très souvent embarrassés de contenir la violence des hommes de la localité.

Non, on ne pouvait juger un seul des représentants en mission. Entre eux et leurs ennemis, le procès aurait été par trop inégal. Lequinio, par exemple, Hentz ou Francastel, avaient durement appliqué les Lois, au milieu des grandes villes où toute chose est en lumière. Mais les barbaries vendéennes dont celles-ci furent les représailles, les fusillades quotidiennes de Charette au coin des bois, qui en tint les procès-verbaux? Pour commencer de tels procès, il fallait aller sous terre chercher les ossements blanchis, pouvoir dire : « Ceci est un meurtre vendéen, ou patriote, » noter les périls, les détresses, les terreurs où ces actes furent commis, retrouver les fureurs populaires qui souvent les ont dictés.

Le plus habile homme du monde, le plus juste, si l'on veut, qui, loin de l'action et des intérêts, passa sa vie en discours, entre la maison Duplay, les Jacobins et l'Assemblée, tournant toujours sur un point, sans mouvement que d'une maison à l'autre de la rue Saint-Honoré, pouvait-il apprécier la destinée de ces terribles voyageurs de la Révolution? des hommes de la fatalité, qu'elle lança un matin hors de toutes les habitudes, hors des réalités connues, loin du centre et de la règle, qu'elle força, par l'imprévu qui les prenait à la gorge, de fouler la Loi aux pieds pour sauver la Loi, de faire des crimes pour fuir le crime, d'éteindre la lumière du monde en laissant périr le seul peuple en qui elle parût encore.

C'étaient des hommes sacrifiés, perdus ; ils le sentaient bien. Ils rentraient, un à un, dans le monde des vivants, ces infortunés revenants, avec un confus souvenir de ce qu'eux-mêmes avaient fait. Sous une impulsion surhumaine et d'un prodigieux bond, ils avaient sauté un abîme... Vous leur auriez proposé de recommencer à froid, ils auraient reculé d'horreur ; ils disaient : « Qui a fait nos actes? nous n'en savons rien*!... »

Ces malheureux trouvaient au retour la blême,

l'impitoyable figure d'un juge, qui dans chaque discours posait, comme reproche et menace, l'équilibre moral et civique, la ligne fine, précise, à suivre *sous peine de mort.*

Représentez-vous un homme qui, dans une affreuse tempête, au violent passage des mers, tendrait, de Douvres à Calais, un fil délié, en menaçant de la mort ceux qui ne suivraient pas le fil.

S'il n'eût été qu'un politique, la terreur eût été moins grande, on eût pu s'entendre encore. Mais il était surtout et avant tout moraliste. Sa sévérité naturelle, sa rapide interprétation, traduisaient tout acte léger, tout fait d'immoralité, de simple indélicatesse, par « corruption, vénalité, trahison, entente avec l'étranger. » Plusieurs des représentants se calomniaient eux-mêmes, il est vrai, par leur conduite. Prodiguant leur sang, ils prodiguaient tout. Bourbotte, dînant à Tours, s'indignait de n'avoir que six bougies sur table. Il allait à quatre chevaux. Merlin vivait en général, portait moustache. Robespierre y voyait distinctement l'avènement futur du pouvoir militaire. Autre crime de Merlin : il courut follement le cerf (sans doute avec les chiens du Roi) ; Robespierre en concluait qu'il avait dû rapporter de Mayence une fortune royale.

Cet étrange moraliste, l'œil armé d'un microscope qui grossissait horriblement, voyait les délits de ce genre juste au niveau de la trahison de Toulon ou de celle de Dumouriez. Il voyait ce qu'on lui montrait, accueillant crédulement tout ce qui venait des départements contre les représentants du peuple, tous les témoins furieux qui venaient leur faire expier leur dictature éphémère, et sommaient Robespierre de les accuser.

Du 15 janvier au 13 mars, ces représentants revenant un à un, Robespierre les attendait, dans une inertie calculée, perdant le temps aux Jacobins, faisant le malade, voulant les voir arriver tous, avec toutes les accusations des départements, pour commencer le procès.

Dangereux procès ! injuste ! qui, ouvert par lui contre ses ennemis, a continué après lui contre ses amis*, contre la Révolution ! Ce procès, en 95, a fait mettre sur la sellette *deux cents* représentants devant la Convention, puis la Convention tout entière devant l'opinion. Telle était la pente naturelle, du moment qu'on entrait dans l'accusation de l'année 93.

Elle finissait, la terrible, l'héroïque, la sanglante année, sur qui a crevé la débâcle entassée depuis mille ans. Tous ces maux lui venaient de loin. L'héroïsme vint d'elle-même.

94 devait être pénétré de reconnaissance pour son père 93, qui l'avait fait être et vivre, qui, par un effort désespéré, avait triomphé de la mort, franchi le passage que personne n'a passé, et qui, par delà le Styx, avait rouvert à la vie de nouvelles terres et de nouveaux cieux.

La nouvelle année arrive, insolente des victoires déjà gagnées, des grandes créations déjà faites, avec douze cent mille soldats, la force, la jeunesse et l'oubli.

Elle arrive impitoyable et volontairement ignorante de ce qu'on a fait pour elle. L'organe de sa sévérité, c'est cet homme triste, amer, en qui la Nature, la vertu, le bien, le mal, l'intérêt et le désintéressement, tout tournait à l'inquisition. Il n'y avait pas un homme dans la Convention, pas un dans la République, qui pût être rassuré. Nul patriote n'eût pu regarder dans son passé sans y trouver quelque chose qui craignait l'œil de Robespierre. Le Jacobin des Jacobins, Montaut, disait : « De sept cent cinquante que nous sommes, il pourra en rester deux cents. » David lui-même, en avril, eut peur de son maître : « Je crois, dit-il, que nous ne resterons pas vingt membres de la Montagne. »

Mais ces deux cents, mais ces vingt, qui était bien sûr d'en être ? voyait-on bien précisément la ligne de Robespierre ?

La finesse excessive de sa stratégie, qui, derrière l'apparente immutabilité des doctrines, donnait espérance à plus d'un parti, troublait, obscurcissait la voie où il conduisait la Révolution.

A Lyon, par exemple :

Il avait laissé par Couthon un tel souvenir de

modération, que les amis de la *clémence* se crurent sous son patronage quand ils hasardèrent contre Collot, en décembre, la pétition écrite par le royaliste Fontanes.

En mars, il fit rappeler, comme *exagéré,* Javogues, ami de Collot, de Fouché.

Fouché avait décrété la suppression de la misère et frappé des contributions énormes sur les riches, pour nourrir les pauvres. Les riches espéraient que Robespierre les délivrerait de Fouché.

Mais, d'autre part, les *exagérés* voulant exécuter à la lettre le fameux décret : *Lyon n'est plus,* et menaçant la propriété, Fouché les réprima vigoureusement. Les *exagérés* implorèrent l'appui de Robespierre, qui parla pour eux.

Tous à Lyon, vaincus et vainqueurs, s'adressaient à lui, croyaient avoir sujet d'espérer en lui. Il ne rebutait personne*.

Cette tactique du chef laissait dans une grande incertitude les robespierristes, qui le suivaient toutefois, — de moins en moins comme un principe, — et de plus en plus comme un homme, une idolâtrie personnelle, c'est-à-dire, à leur insu, s'engageant dans la monarchie.

CHAPITRE IV

LA RÉVOLTE DE DESMOULINS CONTRE ROBESPIERRE

(FÉVRIER 94)

Les Montagnards se serrent contre Robespierre. — Aplatissement général; alliance. — Desmoulins seul n'y consent pas. — Le malheur de Fabre le détache de Robespierre. — Lucile l'encourage. — Ses attaques contre le Comité de Sûreté. — Ses attaques contre Robespierre. — Inquiétude de Robespierre.

A stratégie de Robespierre, en terrifiant la Montagne, lui donnait, pour la résistance, une unité obligée où les nuances hostiles allaient s'effaçant. Tous sentaient qu'ils étaient perdus s'ils ne profitaient encore de leur ascendant sur la Convention pour obtenir qu'elle approuvât les Montagnards qui revenaient, de sorte que si, plus tard, Robespierre voulait, par le centre et la droite,

entamer le grand procès des hommes de 93, on pût dire : « La chose est jugée. »

Donc, par un pacte tacite, la Montagne ne souffrit pas qu'il s'élevât un mot de doute sur tout représentant revenu de mission. Elle les approuva tous, hébertistes ou dantonistes, les loua ou amnistia, et elle fut suivie en cela des vrais patriotes, qui sentaient qu'en pareille situation on n'eût pu toucher aux coupables sans compromettre toute la représentation nationale et la République elle-même.

On accueillit non seulement Lacoste et Baudot, chargés des drapeaux du Rhin et de leur glorieuse désobéissance, non seulement Chasles, guéri de sa blessure et des calomnies jacobines, mais des hommes discutables comme Fréron, des coupables comme Tallien, de furieux hébertistes, Javogues, Lequinio, Carrier même. On ne voulut voir en eux que des hommes qui s'étaient compromis à mort pour la Révolution, et contre qui les robespierristes exploitaient habilement les haines, les vengeances locales.

Souffert à la Convention, bien reçu aux Jacobins, Carrier, le brutal, le barbare, montra une diplomatie dont on put être étonné. Il loua les dantonistes, fit l'éloge de Westermann, alla jusqu'à dire que Philippeaux se trompait sans doute, mais se trompait en conscience.

L'alliance des partis, déjà essayée (fin septembre), tentée encore, et manquée (10 novembre) par l'emportement d'Hébert, semblait cette fois prête à se faire sous l'influence de la nécessité et de l'intérêt commun. Elle devenait plus facile par la grande fatigue morale, l'affaiblissement réel des opinions divergentes.

Les grands travailleurs du Comité et de la Convention songeaient plus aux résultats, à la victoire sur l'Europe, qu'aux divisions de partis. Nous voyons dans les *Mémoires* de Carnot qu'il dînait aux Tuileries, chez un restaurateur, avec Collot d'Herbois.

Collot se fût sans difficulté arrangé avec Danton, et il lui eût ramené la moitié des Jacobins. Il restait comme à la chaîne et sous la fatalité de sa grande affaire de Lyon, qui lui revenait sous mille formes.

La défaillance était grande dans les hommes principaux. Thuriot avait perdu la parole; sa poitrine ne lui permettait plus de monter à la tribune. Legendre y montait toujours, mais pour devenir de plus en plus ridicule; la naïveté de ses peurs, de ses colères mal jouées, ses reculades sous forme d'emportements patriotiques, étaient une farce habituelle qui eût fait rire la mort même.

Mais la ruine la plus lamentable était Danton. Son aplatissement volontaire eût été moins remarqué s'il eût gardé le silence; mais non, il parlait. Il rusait avec infiniment d'esprit et de lâcheté avec la situation. Il s'était fait le second de Robespierre pour accabler Clootz ; et, en retour, il en fut protégé à l'épuration jacobine. Il étonna encore bien plus, le 7 janvier, quand, un dantoniste proposant de ramener le Comité dans la dépendance de la Convention, Danton fit renvoyer cette *proposition* au Comité même. Il eut, 26 février, une lueur d'indépendance, et s'en effraya tellement, que lui-même, le lendemain, il parla en sens inverse.

Danton, par Westermann, par Merlin de Thionville, par Dubois-Crancé et autres, se fût aisément arrangé avec Collot, Carrier, Hébert.

La difficulté réelle était Camille Desmoulins. Il avait, dans son n° 4, rendu la conciliation impossible avec Hébert; celui-ci portait au sein la flèche mortelle; il allait, mais comme un mort. Ronsin de même était percé, de même irréconciliable ; et qui dit Ronsin, dit Collot d'Herbois ; pour Lyon, c'était même chose.

Entre tous les politiques qui se seraient arrangés, Camille seul embarrassait. Entre tant d'hommes fatigués, lui seul, constamment éloigné de la tribune, s'était conservé entier. Avec son libre génie d'inspiration naïve et soudaine, il était l'homme du monde qui pouvait le moins composer.

Voltairien, matérialiste, tout ce qu'on voudra, le grand écrivain n'en fut pas moins celui qui démontra, à son péril, la souveraine indépendance de l'âme.

L'austère et spiritualiste chef des Jacobins, par deux fois (septembre et janvier), composa avec Hébert. Et ce fut, dans le mondain, le bouffon, le léger Camille, qu'apparut, contre l'alliance monstrueuse et dégradante, la résistance intrépide de la morale publique.

Un instinct confus, mais fort, semblait dire aussi à l'artiste que son immense puissance de Juillet 89 allait lui revenir entière. La Presse est la reine des reines au début et à la fin des révolutions. La tribune finissait ; sauf quelques mots éloquents, superbes, hautains, de Saint-Just, quelques belles et laborieuses élucubrations de Robespierre, elle avait perdu la voix. Avant l'ennuyeuse époque des Portalis et des Jordan, la France devait parler encore, parler une fois par la Presse, témoigner de son vrai génie, pour entrer ensuite, un peu consolée, dans le tombeau.

Donc Camille se sentait revivre. Après avoir, lui aussi, traîné, tremblé et langui, il sentait, comme Samson, que les cheveux lui repoussaient. Non content d'avoir, des deux pieds, écrasé les Philistins, je veux dire, les hébertistes, il allait, poussé d'une force inconnue, secouer les colonnes du temple et la réputation de Robespierre.

L'affaire de Fabre avait percé le cœur de Camille ; elle le détacha de son maître. L'amitié pouvait seule l'émanciper de l'amitié. On le voit aux premiers mots du numéro 6 (15 janvier) : « *Considérant que l'auteur immortel du Philinte* vient d'être mis au Luxembourg avant d'en avoir vu le quatrième mois de son *Calendrier*, voulant profiter du moment où j'ai encore encre et papier, et les deux pieds sur les chenets, pour mettre ordre à ma réputation, je vais publier ma foi politique, dans laquelle j'ai vécu et mourrai, soit d'un boulet, soit d'un stylet, soit *de la mort des philosophes*, comme dit le compère Mathieu. »

Elle fut écrite, cette profession de foi, mais non publiée.

Personne, jusqu'en 1836, n'a pu deviner pourquoi Desmoulins est mort.

Le cœur déjà serré de la censure pontificale qu'il avait subie en décembre, en janvier, aux Jacobins, il voyait devant lui se dresser un mur. Il eût peut-être abandonné les libertés de la parole. Mais la liberté de la Presse! elle manquant, l'air lui manquait! Il sentit la pierre du sépulcre se poser sur sa poitrine, et avant que d'étouffer, par un effort désespéré, il voulut la lancer au loin.

Qui ne voyait à ce moment le danger du pauvre artiste?... Entrons dans cette humble et glorieuse maison (rue de l'Ancienne-Comédie, près la rue Dauphine). Au premier demeurait Fréron. Au second, Camille Desmoulins et sa charmante Lucile. Leurs amis, terrifiés, venaient les prier, les avertir, les arrêter, leur montrer l'abîme. Un homme, nullement timide, le général Brune, familier de la maison, était un matin chez eux, et conseillait la prudence. Camille fit déjeuner

Brune, et, sans nier qu'il eût raison, tenta de le convertir. C'était le moment où leur ami Fréron, enthousiaste de Lucile, venait de lui écrire la victoire et les périls de Toulon. Camille aussi, à sa manière, était, voulait être un héros : « *Edamus et bibamus,* disait-il en latin à Brune, pour n'être entendu de Lucile ; *cras enim moriemur.* » Il parla néanmoins de son dévouement et de sa résolution d'une manière si touchante, que Lucile courut l'embrasser. « Laissez-le, dit-elle, laissez-le ; qu'il remplisse sa mission : c'est lui qui sauvera la France... Ceux qui pensent autrement n'auront pas de mon chocolat. »

Cette scène d'intérieur explique l'explosion du numéro 7.

Cet audacieux numéro regarde au visage et décrit ceux que personne n'osait plus regarder en face, les redoutables membres du Comité de Sûreté générale. Il établit parfaitement qu'on n'y a mis que d'anciens Feuillants, des Girondins convertis. David et sa joue, sa fureur, son écume, Camille a tout mis, au risque d'éclabousser Robespierre.

Mais il l'est bien plus, par ce mot : « Que Fabre a été arrêté, parce qu'il y avait des pièces contre Héron. » Héron, l'engin mystérieux du pouvoir, Héron qui, en toute chose grave, ne faisait rien sans prendre le mot du maître.

« La Convention a rendu contre elle-même ce vrai décret de suicide, qui la réduirait bientôt à la condition servile d'un Parlement qu'on embastille pour refus d'enregistrement. Le Comité de Salut public, qui donne toutes les places, gouvernait par l'espérance; et voilà qu'il a la Terreur. »

Dans un passage décisif, l'attaque est directe contre Robespierre : « Il fit preuve d'un grand caractère, quand, dans un moment de défaveur, il se cramponna à la tribune... Mais toi, tu fus un esclave, *et lui un despote*, le jour que tu souffris qu'il te coupât si brusquement la parole dès ton premier mot. »

Une certaine comparaison d'Octave et d'Antoine semble une allusion cruelle à Robespierre et Danton, au 19 juin, au 10 Août, au 5 septembre. « Le lâche Octave, *qui s'était caché*, vainqueur par le courage d'Antoine, insultait le corps de Brutus, » etc.

Ce n'était pas la première fois que Desmoulins hasardait des allusions à la bravoure de Robespierre. Dans le rude coup de cravache dont il cingla Nicolas, son garde du corps, il ne se refusa pas une ligne sur l'amusante figure du porte-bâton *qui suivait partout le grand homme*. Nicolas fut dès lors connu, regardé, admiré aussi bien que le chien Brount qui lui fut associé, comme garde du corps, l'été de 94.

Camille fit encore bien pis. Il trouva, toucha d'une main rude, un endroit plus délicat encore en cette âme endolorie. Ce point était celui où l'amour-propre littéraire était mêlé, confondu avec l'orgueil politique. Ceci était le fond du fond. Et même Robespierre eût pu ne pas être un politique; mais de toutes façons, s'il n'eût été prêtre, il eût été, sans nul doute, homme de lettres.

Il faut savoir qu'en janvier, après son grand avantage sur Fabre et sur Philippeaux, croyant avoir été trop vite, et voyant que le procès contre les représentants était loin d'être mûr encore, Robespierre voulut gagner du temps et chercha quelque terrain neutre où l'on pût parler sans rien dire, occuper les Jacobins. Il établit une espèce de concours *sur les vices du gouvernement anglais*. La société, redevenue docile depuis le grand coup, donna, sous son pédagogue, le plus étonnant spectacle de radotage académique. Tous, dans leur parfaite ignorance de la question, parlaient d'autant plus aisément. Ce flot d'insipidités coula un mois et plus, sans autre incident que quelques coups de férule distribués par le maître. Et la chose eût duré encore, si on ne l'eût embarrassé lui-même par la question de savoir si, en attaquant le gouvernement anglais, on devait attaquer le peuple qui aidait ce gouvernement. Robespierre dit *non* d'abord, et *oui* le surlendemain (9 et 11 pluviôse).

L'impitoyable Camille, le saisissant juste ici, lui jeta avec respect deux lourdes calottes de plomb :
« ennuyeux et brissotin. »

« Parlons un peu des *vices du gouvernement britannique.* » — « Qu'est-ce que tout ce verbiage? » dit brutalement l'autre interlocuteur. « Cette vieille question des deux gouvernements a été tranchée au 10 Août. »

« Robespierre, sans s'en douter, *reprend le rôle de Brissot*, qui nationalisait la guerre. Pitt a dû rire, en voyant cet homme, qui l'appelle imbécile, s'y prendre si bien pour le raffermir, pour démentir Fox et l'*opposition anglaise.* »

Ces mots si forts expliquaient le vrai sens de l'épigraphe mise en tête, épigraphe édulcorée dans la traduction de Camille par un reste de respect, mais bien plus claire en latin. La voici sans ménagement : « Ne pas voir ce que les temps exigent, se répandre en vaines paroles, se mettre toujours en avant sans s'inquiéter de ceux avec qui l'on est, cela s'appelle être un sot... Avec l'intention bien bonne, Caton perd la République ; il ne voit pas que nous sommes dans la boue de Romulus, et disserte comme il ferait dans la cité de Platon. » (Cicéron).

Le libraire de Desmoulins, Desenne, recula d'horreur quand il lut, en épreuve, ces lignes terribles. Il se crut mort, déclara qu'il hasarderait d'imprimer tout ce qui était antihébertiste, mais que tout passage contre Robespierre devait disparaître. L'ardent et fougueux écrivain, arrêté dans son élan, se débattit, disputa. Les épreuves allaient et venaient ; on les lisait au passage ; les amis en parlaient tout bas. Les ennemis en surprirent-ils quelques pages? C'est probable. Du reste, le bruit suffisait. L'effet du factum eût été terrible. C'était à Robespierre à voir s'il devait attendre le coup.

Tout grand homme politique doit craindre d'être touché de près.

Mais combien plus Robespierre, un prêtre, une idole, un pape! Le plus digne ne peut jouer ces rôles étrangers qu'avec un masque mobile à plusieurs visages.

Celui-ci, sérieux, patriote, acceptait cette adoration pour le salut de la patrie, et croyait qu'elle périssait si les voltairiens touchaient encore à cette dernière religion.

De hasarder la parole contre Desmoulins, il n'y avait pas à y songer. Un Dieu qui discute est perdu. Robespierre, d'ailleurs, n'avait qu'une corde, sérieuse et triste.

Il était sans armes contre l'ironie. Ses excursions en ce genre n'étaient pas heureuses. Il croit mordre Philippeaux, en disant que ses philippiques « ne sont que des philippotiques. »

Il ne pouvait plaisanter Desmoulins, mais bien le tuer.

Nous ne doutons aucunement qu'il n'ait été terrifié la première fois que cette idée cruelle lui vint à l'esprit. Cet aimable, ce doux, ce bon camarade, qui n'avait pas passé un jour sans travailler à sa réputation!

Ces souvenirs n'étaient-ils rien? y avait-il un homme encore en Robespierre? Pour avoir passé, repassé dans le Styx et l'onde des morts, n'avait-il pas en quelque coin gardé une goutte du sang de la femme?... Je soutiens et je jurerais qu'il eut le cœur déchiré.

D'ailleurs, tuer Desmoulins, c'était encore autre chose : on ne pouvait s'arrêter. Le pauvre Camille, qu'était-ce? Une admirable fleur, qui fleurissait sur Danton. On n'arrachait l'un qu'en touchant à l'autre... L'arbre noueux, fort, puissant, avait jeté au vent ses feuilles; mais, tel qu'il était, quelle main eût été sûre de l'arracher?

CHAPITRE V

ROBESPIERRE MENACE
LES DEUX PARTIS PAR SAINT-JUST

(26 FÉVRIER 94)

Robespierre malade. — Alarmé de l'attitude de la Convention. — Il fait revenir Saint-Just, 26 février. — Robespierre paraît s'éloigner de ses doctrines. — Combien il grandit Saint-Just.

ROBESPIERRE tomba malade le 15 février, resta chez lui jusqu'au 13 mars. Dur moment, où il eut, sans doute, sa suprême tentation.

Tout ce temps, sa seconde âme, Couthon, se dit malade aussi, s'absenta; il disparut le 15, reparut le 13.

D'autres diront que cette absence était politique (comme la vaine discussion sur le gouvernement anglais); qu'il fallait gagner du temps, pour les raisons qu'on a vues. Moi, je crois que la maladie fut réelle, qu'elle fut la fièvre, l'inquiétude, la terrible indécision qui doit précéder de tels actes.

Si Desmoulins n'eût pas été la créature innocente qu'il était, il eût profité du délai. La chose éventée, il eût sur-le-champ imprimé sous terre (les royalistes imprimaient bien). On ne provoque pas un tel homme. Il fallait ou l'adorer, ou d'un coup sûr et rapide le clouer vivant sur l'autel.

Une chose paralysait le puissant pamphlétaire, c'est qu'il n'avait pas encore perdu le respect. Au fond même, il aimait encore.

S'il eût, dès la première attaque, et sans avertissement, touché le texte redoutable qui agit en Thermidor (les dévotes de Robespierre, les momeries du parti, etc.), le coup eût porté si droit que le blessé n'eût pu le rendre.

Celui-ci, on n'en peut douter, était dans cette terreur. Il avait immolé Fabre. A quoi bon avoir mis le drame sous clef, si le pamphlet courait Paris? Camille était un enfant sans doute, on se plaisait à le redire; oui, mais meurtrier dans ses jeux; s'il égratignait d'abord, ne pouvait-il aussi, *pour rire*, appliquer son pédagogue contre un mur infranchissable, l'écraser et l'aplatir à une consistance si mince, que, transparent, diaphane, la joyeuse lumière du soleil le perçât sur chaque point?

Il ne fallut pas moins qu'une telle anxiété pour finir l'indécision de Robespierre, lui faire mettre les fers au feu. Une chose aussi le décida : l'accueil imprévu que Carrier reçut à la Convention (23 février). Si elle amnistiait un tel homme, il était évident qu'elle était décidée à innocenter tous les représentants en mission ; qu'hébertistes et dantonistes, sur ce point, étaient d'accord ; que tous allaient se serrer, ne connaissant plus qu'un ennemi, le dictateur. Robespierre se décida, tira le couteau pour raser les deux partis. Ce couteau était Saint-Just.

Il était à l'armée du Nord, mais averti et tout prêt ; il fondit, le 26, sur la Convention.

Il apportait un discours d'extermination, pour qui savait le comprendre.

Ce discours avait deux buts ; il témoigne du pas prodigieux que fit Robespierre, dans son âpre solitude, sous l'épreuve des attaques imminentes et du ridicule possible.

Non seulement il note les *indulgents* comme traîtres, mais d'un bond il passe par-dessus les *exagérés*, les note comme *indulgents*.

« Plus de Terreur! non, Justice! » Mais cette Justice de Saint-Just est telle qu'elle accuse l'Assemblée d'*indulgence*, une Assemblée où siégeaient Carrier et Collot d'Herbois !

« On ne punit point les coupables, » dit Saint-Just. L'Assemblée se regardait ; l'autre jour, elle s'était vue au pied de la guillotine ; elle trouvait que vraiment le Tribunal ne chômait pas. Que voulait donc dire ce mot? Apparemment, qu'en frappant les petits coupables, on ménageait trop les grands, les représentants du peuple.

Parmi plusieurs belles choses, vives, fortes, profondes, il y en avait d'effrayantes par le vague et l'équivoque.

« La société doit s'épurer. Qui l'empêche de s'épurer veut la corrompre ; qui la corrompt veut la détruire. » Glissantes interprétations. L'Inquisition ne raisonna jamais autrement. Si on les eût appliquées, on n'eût point trouvé d'innocent. Tous sortis de la monarchie, tous plus ou moins corrompus, par cela seul tous étaient traîtres, avec cette étrange doctrine. Saint-Just était-il innocent, lui qui, deux ans auparavant, venait de réimprimer son imitation de *La Pucelle?*

La Convention ne fut pas moins surprise des traits lancés par Saint-Just contre le mouvement de Chaumette, mouvement avoué d'elle-même (16 novembre). Il ne devina pas lui-même l'effet immense de ses paroles, la joie de la contre-révolution.

La conclusion est hardie, décisive : « Le besoin asservit le peuple, la Révolution n'est pas encore entrée dans l'*état civil*. Celui qui s'est montré l'ennemi de son pays n'y peut être propriétaire. Indemnisons les malheureux avec le bien des ennemis de la Révolution. »

Il substitue ainsi au principe des biens nationaux *vendus* par l'État, le simple *don*, l'indemnité gratuite[*].

« Les *Comités révolutionnaires* feront connaître au Comité de Sûreté générale la conduite de tous *les détenus* depuis mai 89. »

Le sens de cet article fut très clairement indiqué par Couthon et autres, qui demandèrent que le bien des *suspects* fût confisqué, comme celui des *émigrés*; autrement dit, que ceux qu'on soupçonnait seulement fussent assimilés aux coupables convaincus.

Ce discours avait une portée immense; il déconcertait l'opinion. Il montrait Robespierre sur un terrain nouveau, étranger à ses doctrines, peu éloigné des Lois agraires. Mais ceux mêmes qui les veulent auraient trouvé qu'il y passait par une très mauvaise porte, remettant en réalité le gouvernement de la chose, non pas au pouvoir central, qui ferait espérer quelque impartialité, mais à la tyrannie locale, puisque la confiscation ne serait prononcée en réalité que sur les *notes* transmises par ces petits Comités de sections, villes ou villages.

Ces agents ne pouvaient-ils être infidèles, ennemis même de la République? On s'en aperçut en avril, où l'on vit que les Comités de villages se composaient justement des agents des émigrés, de leurs procureurs, de leurs intendants. On les supprima d'un coup. Il n'y eut plus de Comité que dans les villes de districts.

L'avantage du décret pour Robespierre, c'était d'annuler logiquement et les dantonistes et les hébertistes, d'ôter à ceux-ci l'avant-garde et de marcher devant eux.

Pour obtenir ce résultat, Robespierre avait payé cher et s'était préparé peut-être des embarras d'avenir. Il avait dressé bien haut le piédestal de Saint-Just. Cette hautaine roideur n'était plus celle du Jacobin seulement, mais du militaire. Saint-Just répondait bien mieux que son maître à l'idéal du temps nouveau qui venait. Il avait trouvé tout d'abord, ce que n'eut jamais Robespierre, une faculté puissante sur le grand bétail humain : *la parole du tyran.*

Tout cela eût éclaté, sans le 9 Thermidor. Robespierre le regardait et disait parfois tristement : « Il y a en lui du Charles IX. »

Un mot du 24 février parut fort sinistre à tous : « La République, dit Saint-Just à la Convention, *ce n'est point un Sénat,* c'est la Vertu. » Dès lors, pourquoi *un Sénat*? Cette morale inattendue fit passer aux yeux éblouis je ne sais quelle lueur lointaine du 18 Brumaire.

LIVRE XVII

CHAPITRE PREMIER

MOUVEMENT DES CORDELIERS. ARRESTATION DES HÉBERTISTES PREMIER COUP SUR LES DANTONISTES

(25 FÉVRIER-18 MARS 94)

Les Cordeliers indignés d'être dépassés. — Poussés à la vengeance par les petites sociétés. — Ils appellent l'insurrection, 4 mars. — Ils restent seuls. — Ils sont arrêtés, 13 mars. — Discours de Saint-Just contre les exagérés et les indulgents. — On enveloppe Clootz dans le procès d'Hébert. — Robespierre félicite l'Assemblée de se décimer. — On arrête Hérault, Chaumette. — Danton défend ses ennemis, 18 mars.

E dernier mot de Saint-Just, qu'on a trouvé sur lui le 9 Thermidor, est celui-ci : « Diviser, *non les propriétés*, mais les fermages. »

Donc, comme Marat et Robespierre, comme tout ce qu'on peut appeler la révolution classique, Saint-Just défendait la propriété.

En cela, ils apparaissent comme les adversaires de Babeuf, et sans doute de Jacques Roux, de Varlet, de Leclerc de Lyon, et des amis de Chalier.

L'effort de Robespierre, on l'a vu dès juin 93, fut d'arrêter les Cordeliers sur la pente qui les entraînait de ce côté. Il n'y réussit que par l'alliance de Marat, plus tard par Hébert et *Le Père Duchêne*, jusqu'à ce que le foyer redoutable qui subsistait aux Gravilliers parût éteint dans le sang de Jacques Roux.

Les Cordeliers, maîtrisés par Hébert et par les robespierristes, avaient abandonné ce fanatique, patriote sincère pourtant, nullement convaincu du vol qui le mena à la mort. Ils avaient perdu par là, et pour plaire aux Jacobins, leur influence au centre de Paris, spécialement aux Gravilliers. L'alliance jacobine leur arracha encore l'abandon de Chaumette, qui par ses prédications religieuses leur avait conquis cette grande et importante section.

L'étonnant discours de Saint-Just leur fit sentir tout à coup que tant de sacrifices étaient perdus.

Sans adopter les principes de ceux qu'on avait proscrits, il arrivait, en pratique, à des résultats analogues. La mesure, infiniment élastique, d'un séquestre qui permettait « d'indemniser tous les malheureux, » l'axiome : « Celui-là seul a droit dans la patrie, qui coopère à l'affranchir, » c'étaient des moyens suffisants pour atteindre indirectement les résultats des Lois agraires.

D'un bond, sans transition, les robespierristes se trouvaient ainsi avoir passé par-dessus les Cordeliers. Après les avoir si longtemps arrêtés ou retardés, ils les rejetaient maintenant à l'arrière-garde, pêle-mêle avec les *indulgents*, et comme dans les bagages. Ils leur avaient surpris leur drapeau, et le portaient en avant.

Les Cordeliers étaient fort abattus. Hébert, après avoir tué Jacques Roux, renié Chaumette, subi le joug de Robespierre, n'allait plus aux Jacobins; il avait mis prudemment la sourdine au *Père Duchêne*. Les petites sociétés du centre de Paris, très petites, mais agitées toujours des furies de Jacques Roux, ne permirent pas aux Cordeliers d'avaler l'outrage. Elles firent honte à Hébert, le lâche aboyeur, d'aboyer sans mordre. La diplomatie hébertiste (on a vu celle de Carrier) ne pouvait continuer sans soupçon de trahison.

Paris avait, à ce moment, une saison qui lui est propre, un dur carême à vent aigre, temps froid, sec, pauvre, irritant. Très peu de vivres arrivaient. Des boutiques partout fermées, les marchands ne voulant plus vendre, plutôt que de vendre à perte. La longue queue grelottante avant le jour à la porte des boulangers, queue aux chantiers, queue aux bouchers. C'étaient là certainement les éléments d'un mouvement. Le 4 mars, les Cordeliers voilèrent d'un crêpe noir la Déclaration des Droits, décidant qu'elle resterait telle « jusqu'à ce qu'on vît cesser la disette et punir les ennemis du peuple. » Le 5, l'exaltation croissant, Vincent, Hébert, attaquèrent le Comité ; Hébert s'accusait lui-même de ne pas tout dire ; Boulanger, un fier-à-bras de l'armée révolutionnaire : « Parle, *Père Duchêne*, ne crains rien ; tu parleras, et nous frapperons! » Alors Hébert se fâcha, et contre les Jacobins qui lui refusaient la parole, et contre un homme, *égaré sans doute* (Robespierre), qui, disait faussement Hébert, avait fait rentrer Desmoulins aux Jacobins.

Dans ce *crescendo* de gens échauffés, comme on parlait de créer un journal, le grand spectre noir, Carrier, se lève, et d'une voix creuse : « Un journal! dans un tel moment!... Ce qu'il faut, *c'est l'insurrection !* »

Parole très imprudente, qui fut appuyée d'Hébert.

Le moment n'était pas venu. Une seule section peut-être se serait levée, celle qui se leva en Thermidor contre Robespierre, celle qui pleurait Jacques Roux, celle qui avait été remuée à fond par les prédications de Chaumette et de Léonard Bourdon, le ventre profond, agité, du Paris industriel, la section des Gravilliers (Filles-Dieu, Saint-Denis, Saint-Martin).

Il eût fallu avoir Chaumette. Mais eux-mêmes l'avaient tué. Ils n'allèrent à lui qu'à la fin, quand leur affaire eut avorté. Ils en furent reçus froidement ; la Commune ne fit rien pour eux.

Au Comité de Salut public, Collot d'Herbois, *quoique lié avec eux, ne pouvait les soutenir.* Son intérêt n'était point d'attaquer les dantonistes. Au contraire, d'unir étroitement, contre Robespierre, hébertistes et dantonistes, les représentants de toute nuance qui revenaient de mission. Leur ami, Collot, le 6 mars, fut parfaitement d'accord avec leur ennemi Tallien pour blâmer l'insurrection.

Nulle autorité n'appuyant celle-ci, restait la force brutale, l'armée révolutionnaire. Cette armée était-elle encore ? Le Comité de Salut public l'avait divisée, dispersée. Le Comité de Sûreté en avait débauché les meilleurs hommes. A Lyon, elle était en guerre avec la Ligne, jalouse de sa *haute paye*. A Paris, on avait lancé contre elle le faubourg Saint-Marceau, qui vint dire à la Commune que dans une seule compagnie il y avait vingt voleurs. Son fameux général Ronsin était seul sur le pavé de Paris ; s'il eût voulu tirer l'épée, il n'eût tiré que la sienne.

Il n'en promenait pas *moins* ses épaulettes au Palais-Royal, disant partout que la Convention était usé, Robespierre usé, qu'il faudrait bien mettre, un matin, un gouvernement, que l'armée révolutionnaire serait portée à cent mille hommes, qu'on nommerait un Grand Juge, qui pourrait être le maire Pache; sous cet automate, Ronsin aurait été dictateur militaire.

Ce beau projet se colportait, se disait à tout venant, spécialement aux prisons. Ronsin y allait voir les siens; on concluait de ces visites qu'il voulait organiser un massacre des prisons. Ce bruit, habilement semé, ne contribua pas peu à tuer le mouvement. Le peuple se mit lui-même à arracher les affiches des Cordeliers. Ils s'empressèrent alors de se rétracter et d'ôter leur crêpe. Cela ne servit à rien. Ils furent tous arrêtés, le 13 au soir.

Personne ne s'y attendait. Ils avaient été si faibles et si ridicules, que l'opinion leur faisait grâce. Mais la prise qu'ils donnaient était trop belle pour qu'on les lâchât. Ils avaient tenté la mort.

Le *manifeste* que Saint-Just lut contre eux, une heure avant l'arrestation, indiquait sans trop de mystère un *plan* d'extermination impartiale des *exagérés* et des *indulgents*. On commençait par les premiers, mais la pièce était peut-être plus violente contre les autres: les *exagérés* se contentaient d'affamer Paris; les *indulgents* faisaient plus, ils corrompaient la République.

Les accusations sinistres, les mots sanglants de famine qui circulaient dans les groupes à la porte des boulangers, Saint-Just n'hésite pas à les ramasser pour les jeter à la tête de l'ennemi. « On fait des repas à cent écus par tête. On mange la vie du peuple. Tel patriote, avec une feuille, gagne trente mille livres de rentes... Et ailleurs, on vit de châtaignes, » etc., etc.

Toute arme lui semble bonne, même un mot de Lois agraires : « Donnez des terres à tous les malheureux ! »

On dirait un mauvais rêve, écrit dans une nuit d'orage, parmi les allants et venants, sur la table du Comité. Le décret est un vrai chaos, où les affaires spéciales de police (comme *l'arrivage des denrées à Paris*) marchent de front avec les mesures les plus générales de la politique. Les délits moraux s'y confondent avec les crimes d'État, par exemple : *la corruption des citoyens et la subversion de l'opinon publique* avec *la subversion des pouvoirs publics*.

Peine de mort pour qui résiste au gouvernement, c'est-à-dire aux Comités. Puis, pour rassurer la Convention : *Peine de mort pour qui usurpe son pouvoir.* Les Comités nomment six Commissions pour juger tous les détenus.

Les dantonistes étaient pâles du coup frappé sur les hébertistes. Legendre donna carrière à sa peur sous forme d'enthousiasme. Il demanda que le sublime discours, lu pieusement tous les décadis au temple de la Raison, fût envoyé aux 44,000 municipalités, aux armées, aux sociétés.

On le relut, le soir, aux Jacobins, devant Robespierre et Couthon, qui reparurent ce jour (13 mars) comme pour le sanctionner de leur présence, en avouer le contenu. Ils revenaient faibles encore, languissants. « Mes forces défaillent, » dit Robespierre, le 15 encore ; et il se renfonça dans sa chambre de malade.

Il était trop facile d'accabler Hébert et Ronsin. Mais on ne pouvait dire leurs crimes réels sans stigmatiser indirectement l'*indulgence* de Robespierre pour les déportements des hébertistes à Lyon et dans la Vendée, spécialement pour le certificat d'innocence qu'il venait de leur donner (27 janvier). On attaqua Hébert, comme on avait fait pour Jacques Roux, par une accusation de vol. On lui reprocha d'avoir calomnié... Danton ! qu'on fit mourir huit jours après.

Chose non moins étonnante ! « Hébert, Ronsin, Vincent, Momoro, étaient royalistes ! C'était pour servir le royalisme qu'ils simulaient l'*exagération !* »

Rien de plus calomnieux. Coupables sous tant de rapports, ils n'en étaient pas moins républicains. Même ce misérable Hébert, en montant sur la charrette, disait à Ronsin : « Ce qui me tue, c'est que la République va périr ! — Non, dit l'autre, elle est immortelle ! »

Grande époque ! où même les pires avaient cependant la foi !

Pour les faire croire royalistes, on imagina de mêler au procès une Vendéenne. Puis, comme l'affaire s'appelait *conspiration de l'étranger*, on y mit des étrangers : le banquier Kook, ami d'Hébert, le belge Proly, qui, bâtard d'un prince autrichien, pouvait entrer comme appoint dans toute conspiration.

Mais l'horreur, l'horreur éternelle, fut d'y mettre encore, sans cause, raison ni prétexte, Anacharsis Clootz, le pauvre Allemand.

Clootz, contre qui, il est vrai, on trouva ce grief si grave : qu'il avait invité à déjeuner un membre du département *pour savoir de lui si telle femme était portée sur la liste des émigrés !*

Ayant frappé ce coup à gauche, le 16 on frappa à droite. On força Amar à donner enfin son *rapport* sur Chabot, et Fabre, qu'on avait cousu à Chabot. Amar se cachait chez lui. On l'en arracha. Il dut parler ou périr.

Tout ce qu'Amar fit pour Fabre, qu'on le forçait d'accuser, ce fut de le montrer comme un filou, non comme un criminel d'État, de sorte que, la chose n'allant qu'aux tribunaux ordinaires, Fabre pouvait, par le bagne, éviter la guillotine.

Robespierre ne le permit pas ; il remit la chose au point d'un crime d'État. Et s'adressant à la Convention : « La corruption de quelques individus fait glorieusement ressortir la vertu de cette auguste Assemblée... Peuple ! où a-t-on vu encore celui qui est investi du pouvoir tourner contre lui-même le glaive de la Loi? où a-t-on vu un Sénat puissant chercher les traîtres dans son sein? qui a donné ce spectacle? Vous, citoyens, et vous seuls ! »

Encouragement délicat, pour décider l'Assemblée à trouver bon qu'on la saignât, qu'on lui coupât bras et jambes.

Parlait-il sérieusement? Quoi qu'il en soit, de telles paroles sont justement ce qui l'a fait le plus mortellement haïr. Le 5 février déjà, il avait lancé celle-ci, qui parut horriblement équivoque : « La *terreur* est le ressort du gouvernement despotique. *Est-ce que votre gouvernement ressemble donc au despotisme?* »

Nouvelle saignée le 17 mars. Saint-Just demanda la vie d'Hérault de Séchelles et de Simon.

On se rappelle cette pièce énigmatique que Robespierre jeune avait apportée de Toulon, et que gardait Robespierre. A cette époque, voulant, par Hérault, entamer les dantonistes et en général les représentants revenus de mission, il terrorisa Billaud, Collot, tout le Comité. Il exhuma cette pièce : « Il y a un traître ici... Voyez entre vous. » — Billaud détourne le péril : « C'est Hérault sans doute, dit-il, Hérault, l'ami de Proly. »

Il n'y avait point de meilleur patriote qu'Hérault, ni d'homme plus innocent. Son crime fut sa légèreté, ses liaisons faciles avec tout le monde, ses agréments personnels; il était suivi, pas à pas, par une belle royaliste qui l'aimait éperdument. Simon et lui avaient voulu sauver un homme soupçonné d'émigration.

Hérault, l'un des rédacteurs de cette Constitution tant vantée, Hérault, président de la fête du

10 Août, et comme consacré lui-même et par la coupe et par l'urne qu'il y tint au nom du peuple ! Hérault qui, avec Camille, fut au plus profond du cœur de Danton !...

Le coup était frappé bien près. Qui allait suivre ? quelle serait la première victime ?

Les dantonistes frémissants apprirent, le 18 au matin, qu'au contraire on frappait les rangs opposés : on venait d'enlever Chaumette.

Coup imprévu, que rien ne commandait que cet à-propos de bascule.

Mort dès longtemps était Chaumette, mort son Conseil général. Il semblait du reste accepter parfaitement sa nullité.

Il ne décidait plus rien, renvoyait aux Comités gouvernants les moindres affaires douteuses.

Quelque peu important qu'il fût devenu, l'arrestation du pauvre apôtre de la Raison n'en fut pas moins pour le monde prêtre et le monde royaliste une délicieuse surprise.

Les prisonniers du Luxembourg, où on l'envoya, nageaient dans les roses. Mesquin d'apparence, petit, faible, avec ses cheveux noirs plats, il provoqua chez eux une hilarité universelle.

Ils le criblèrent de mots piquants, d'une verve si intarissable, que Chaumette n'osait descendre et restait seul dans son coin.

Les dantonistes ne riaient point ; ils voyaient bien que si l'on frappait parmi leurs adversaires un homme si inoffensif, ce n'était pas pour les épargner. Les uns (Legendre, Tallien, Dufourny) se ruèrent dans la flatterie, dans les outrages aux vaincus ; ils écrasèrent aux Jacobins les Cordeliers qui venaient, tête basse, s'excuser et demander quelque appui dans leur péril.

Danton, de tout autre nature, défendit ses ennemis. Le 18, à la Convention, quand la Commune humiliée vint tardivement, tristement, exprimer sa joie pour le coup qui la brisait, le vieil alsacien Ruhl, alors président, brave homme, mais toujours en colère, la tança de ce qu'elle venait si tard solliciter l'Assemblée.

Danton se leva alors : « La réponse du président est digne de la majesté du peuple. Mais il y règne une Justice sévère qui pourrait être mal interprétée.

« La presque totalité de la Commune est pure et révolutionnaire. Elle a si bien mérité de la Liberté, qu'il faudrait tout souffrir plutôt que de lui faire boire le calice d'amertume. Épargnons-lui la douleur de croire qu'elle a été censurée avec aigreur. »

Ces paroles généreuses défendaient et les présents et l'absent, le pauvre Chaumette.

Ruhl voulut quitter le fauteuil pour répliquer, mais Danton : « Si ma parole a trahi ma pensée, pardonne-moi. Je te pardonnerais moi-même en pareille erreur. Vois en moi un frère qui a exprimé librement son opinion. »

Ruhl, à ces mots, se jeta dans les bras de son collègue.

Noble élan et courageux ; il y avait déjà du péril à se déclarer ami de Danton. La Convention applaudit, couvrant de sa sympathie, de son enthousiasme et de ses larmes l'embrassement des deux amis, qui devait être le dernier.

CHAPITRE II

LES DANTONISTES ESSAYENT DE DÉSARMER LA DICTATURE

(10 MARS 94)

Faux matériel pour perdre Danton. — Danton cherchait à s'effacer. — Popularité des dantonistes. — Dispositions de l'Assemblée à l'indulgence. — Bourdon obtient l'arrestation du premier agent de Police. — Robespierre obtient qu'on révoque l'arrestation. — Ses revirements aux Jacobins.

Saint-Just, dans le *rapport* qui fit arrêter Hébert, avait dit ces mots étranges : « Prenez votre élan vers la gloire. Nous appelons à partager ce moment sublime tous les ennemis secrets des tyrans, tous ceux qui, dans l'Europe et le monde, portent le couteau de Brutus sous leur habit. »

Il y eut de l'étonnement. La punition du Père Duchêne était-elle *ce moment sublime*? Et, quoique le mot d'*Europe* semblât éloigner les choses, n'était-ce pas plus près que Brutus avait à chercher César?

César, ce n'était, à coup sûr, ni Hébert ni le pauvre apôtre de la République universelle : où donc fallait-il chercher?

Sans doute, à une autre époque, quand la terre sacrée frémit au premier pas de l'ennemi, quand la France de 92 parut respirer dans un homme, quand de ses yeux, de ses paroles, partaient les éclairs et les foudres, quelque chose de César avait apparu, et de plus grand que César..., car c'était la Révolution.

Du reste, pour épargner la peine de le chercher, on l'écrivit en toutes lettres. Dans le procès d'Hébert, partout où l'on mentionnait le dictateur et le Grand Juge, partout, à la place du nom de Pache, on mit hardiment le nom de Danton.

Chaque fois, le juge Coffinhal, dur et violent Auvergnat lié à Robespierre d'une fidélité auvergnate, et tout comme son chien Brount, mais attaché jusqu'au crime et prêt à tout faire sans le consulter, prenait les notes d'audience, les dépositions des témoins, les réponses des accusés, ces paroles suprêmes et sacrées de gens si près de mourir; il bâtonnait cyniquement devant témoins, sans se cacher; bien plus, il changeait, ajoutait. Et le produit dégoûtant de cette infâme cuisine, il le passait à Nicolas, l'imprimeur du Tribunal.

Les robespierristes, sans nul doute, poussaient

à la mort de Danton, qui leur apparaissait comme leur propre avènement. Ils étaient généralement le parti de l'ordre, et, mêlant bizarrement, la plupart à leur insu, leurs secrets instincts monarchiques à leurs idées républicaines, ils plaçaient l'ordre en l'unité, l'unité en Robespierre. Deux reines des abeilles : c'est trop, disaient-ils, pour la ruche ou la république ; la dictature veut l'unité.

J'ai peine à croire cependant que Robespierre eût déjà consenti cette atroce simplification. Il était trop évident que Danton, ami des plaisirs (et désormais du repos), n'avait aucune ambition, ni orgueil, ni vanité même, aucune velléité de concurrence. C'était chose monstrueuse et d'une rage délirante de songer à tuer un homme qui, dans deux circonstances récentes, non seulement contre Chaumette, mais contre les dantonistes Merlin et Bourdon, s'était fait le second de Robespierre. Ce qu'il voulait visiblement, c'était de vivre à tout prix. Il habitait presque toujours à deux lieues de Paris, à Sèvres. Dès qu'il pouvait (et au printemps encore, dans cette terrible crise), il courait chez lui, à Arcis, où étaient sa mère et ses deux petits enfants. Les gens d'Arcis racontaient qu'à ses voyages, ils le voyaient des heures et des heures immobile à sa fenêtre, rêvant en bonnet de nuit. Les champs, la Nature, l'amour, c'étaient tous ses entretiens. Sa jeune femme de seize ans était grosse. L'âme de Danton était là, absente partout ailleurs.

Quels étaient donc les crimes de Danton, aux yeux des robespierristes? Nul doute qu'il ne les eût choqués, lorsque, bien avant Desmoulins, il avait lancé hardiment cette parole : « Qu'un jour la République, hors de péril, pourrait être un Henri IV, faire grâce à ses ennemis. » N'était-ce pas de ce mot qu'étaient nés *Le Vieux Cordelier*, le *Comité de la Clémence*, les *propositions* imprudentes qui menaçaient de briser le nerf de la Révolution? L'Assemblée se lançait depuis dans une voie d'attendrissement qui étonnait, alarmait. Elle paraissait surtout vouloir ôter le monopole de la bienfaisance aux robespierristes. Un jour, qu'ils demandaient 500,000 francs de secours pour les indigents : « Non, dit Cambon, dix millions. » Et ils furent votés. — 400,000 francs de secours aux pensionnaires de la Liste civile ; — secours à une religieuse, sœur de Mirabeau ; — secours à la veuve Biron ; — secours aux familles girondines de Lebrun, Duperret, Biroteau, etc.

L'affranchissement des Noirs, et les scènes d'ivresse et d'enthousiasme qui en résultèrent, attendrissaient encore les cœurs. Mais le fait qui montra le plus le changement profond qu'avait subi l'Assemblée, c'est que, le 26 décembre, le jour même où Robespierre réclamait l'accélération des jugements révolutionnaires, la Convention en déplora la cruelle précipitation. Un marchand de vin avait été par erreur condamné à mort comme accapareur ; l'erreur fut reconnue au moment de l'exécution. La Convention, avertie, vota sur-le-champ un sursis. Nombre de ses membres se levèrent, coururent au Palais de Justice, à la place de la Révolution et sur le chemin pour arrêter la charrette, bénis, applaudis du peuple, qui naturellement donna aux *indulgents* l'honneur de cet élan d'humanité et de justice.

Une autre occasion populaire fut saisie, le 13 mars, par Danton. Quand Saint-Just fit charger les révolutionnaires de rendre compte de tout ce que les suspects avaient fait depuis 89 : « Oui, dit Danton, et aussi de ce qu'ont fait les membres de ces Comités. » Ces membres étaient tous Jacobins. Cet amendement appelait les Jacobins, qui faisaient rendre compte aux autres, à rendre aussi compte eux-mêmes. La Convention le renvoya timidement au Comité de Salut public. Danton, effrayé de s'être avancé à la légère, recula le lendemain, et parla comme Saint-Just.

Mais les dantonistes étaient plus audacieux que Danton. Une chose leur donna cœur. Le mot prononcé, le 18, par Danton, en faveur de la Commune, fut reproduit, le soir même, aux Jacobins par Collot d'Herbois. Il fit révoquer une Adresse que la société avait signée de confiance, Adresse robespierriste. Danton et Collot parlant dans le même sens, n'était-ce pas un signe décisif que la grande alliance était consommée ?

C'est ce qu'on crut et qu'on fit croire à un homme

d'exécution, le fougueux Bourdon de l'Oise. Ce sanglier était celui qu'on lançait dans l'occasion (19 mars 94)*.

Ramassant toutes ses forces, hérissant sa barbe rousse, moitié courage et moitié peur, Bourdon fit la *proposition* hardie et désespérée de faire arrêter Héron.

Héron, l'agent public du Comité de Sûreté, l'agent secret de Robespierre. Le Comité eût sacrifié cet agent robespierriste. *Qui donc y tenait?* Robespierre. C'était sur lui seul que le coup tombait; c'était lui qu'il dévoilait. Il était poussé à cette impasse : ou il abandonnait Héron, et il était désarmé; ou il défendait Héron, et avouait que son pouvoir n'était pas seulement d'éloquence, mais de police et de gendarmerie.

Ce triste mystère d'État était dévoilé.

Le pur et chaste Robespierre n'avait aucune espèce de rapport visible avec la Police. Jamais il ne vit Héron.

Du petit hôtel (démoli) où se tenait le Comité de Sûreté jusqu'aux Tuileries, où était le Comité de Salut public, régnait un corridor obscur. Là venaient les hommes d'Héron remettre les paquets cachetés. Souvent encore, de petites filles portaient les lettres ou les paquets chez la grande dévote du *Sauveur* futur, madame Chalabre.

Le Comité de Sûreté, dominé, brutalisé par David, était obligé de garder ce Héron, et en avait peur. Robespierre, infiniment crédule pour ceux qui avaient une fois sa confiance, n'eût pas voulu entendre parler d'un autre homme.

Cela rendait Héron d'une insolence incroyable. Il crachait sur les députés.

Bourdon dit. L'Assemblée vote. Voilà Héron arrêté. Robespierre n'avait, en réalité, aucune autre force. Il tombait à plat si le vote surpris pendant son absence avait été maintenu.

On l'avertit. Il accourt, et Couthon aussi. Couthon commence à genoux, par les plus humbles paroles : « *Je prie* la Convention, *je la supplie* de renvoyer à ses Comités la chose en question, *s'ils ont toujours sa confiance* (Oui, oui), *si leurs efforts pour la mériter* ont le succès qu'ils désirent. »

On avait averti un membre du Comité de Sûreté, et l'un des plus estimés, Moïse Bayle. Il vint, et témoigna qu'en effet Héron, dans plusieurs besoins, s'était montré adroit et hardi.

Robespierre commença alors, et, comme toujours, mit les choses sur le terrain de la morale, de l'humanité. « Nous sommes pressés entre deux crimes, dit-il; les deux factions agissent pour envelopper tous les patriotes dont on redoute l'énergie. Hier encore un membre faisait irruption au Comité, et, avec une fureur impossible à rendre, *demanda trois têtes.* »

Chacun se disait : « En suis-je? »

Robespierre, voyant alors qu'il avait la partie gagnée, tomba dans l'attendrissement : « Pressés entre deux crimes, nous pouvons être étouffés ; le plus heureux pour nous, c'est de mourir, d'être délivrés du spectacle douloureux de la bassesse et du crime. (Non, non, dit la Convention.) ... Mais, si l'Assemblée veut encore atteindre la palme de la gloire, si nous voulons tous, au sortir de notre mission, goûter le bonheur *des âmes sensibles*..., je le dis, la patrie est sauvée. »

La droite et le centre rendirent ce jour-là à Robespierre tout ce qu'ils en avaient reçu de sécurité, le 3 octobre, quand il couvrit les *soixante-treize*. Tous (spécialement les prêtres de la Convention) croyaient ne vivre que par lui. Au moment même, il les servait : il emprisonnait Chaumette, guillotinait Clootz, tuant d'un seul coup, sans en parler, le culte de la Raison. Qui menaçait Robespierre ? sur qui allait-il frapper ? Non sur la droite, à coup sûr, mais sur les représentants en mission, tous sortis de la Montagne.

Centre et droite, ils se levèrent tous, et, s'unissant au petit groupe des Montagnards robespierristes, ils révoquèrent l'arrestation de Héron, c'est-à-dire qu'ils replacèrent la police armée dans la main de Robespierre.

Les adversaires de celui-ci, battus à la Convention, tentèrent, le soir, un effort désespéré aux Jacobins. Tallien, assez adroitement, fit ressortir l'étonnante mobilité de *l'immuable*. « Les aristocrates rient maintenant... Longtemps *on* n'a pas voulu combattre Hébert, parce qu'*on* croyait s'en servir, et maintenant *on* envelopperait parmi ses complices ceux qui l'ont toujours combattu !... Dites-nous à quoi désormais nous serons sûrs de reconnaître et distinguer les patriotes? » etc. Robespierre para très mal ce pénétrant coup de poignard. Il se rejeta dans le larmoyant. « Si vous ne frappez, dit-il, à la fois les deux factions, la paix sera passagère, vos armées seront battues. Paris sera affamé, vos enfants seront égorgés. *(Mouvement d'horreur.)* ... Déjà les patriotes de Lyon sont au désespoir; les amis de Chalier, de Gaillard, sont proscrits en ce moment ; ils écrivent qu'ils n'ont de remède que celui de Gaillard et de Caton. »

Ainsi, par un revirement bien inattendu, après avoir le matin prêché l'économie du sang, le soir il reprit tout à coup le drapeau sanglant des ultraterroristes de Lyon qui accusaient Fouché et Collot de *modérantisme !*

Telles furent les péripéties de cette étrange journée, où Robespierre, pendant une heure, se trouva nu et désarmé, comme au 9 Thermidor.

La chose n'avait tenu à rien. Si Héron eût été arrêté, les dantonistes régnaient.

Leur épée était trouvée. Brune eût mis la main sur les mouchards de Héron, et Westermann eût sabré le charlatan Henriot. Ce n'était pas sans motif que ce hardi Westermann, après sa victoire du Mans, était venu à Paris, et s'était justement logé au milieu des Sans-Culottes, près de la maison de son ami Santerre, dans la grand'rue du grand faubourg.

Mais l'Assemblée, dominée par la droite et le centre, rendit la force à Robespierre.

CHAPITRE III

MORT D'HÉBERT ET CLOOTZ
ON PROPOSE LA MORT DE DANTON

(24 MARS)

Billaud propose de faire mourir Danton. — Danton averti ne put rien. — Comment on endormait la Convention. — L'exécution d'Hébert précipite les choses. — La mort de Danton est résolue. — On prépare le cimetière de Monceau.

E jour-là, Danton était mort. Il n'y avait pas à craindre, après une telle peur, que Robespierre voulût courir encore le même danger.

Quand, la nuit ou le jour suivant, il rentra au Comité, brisé de son agitation, Billaud, qui lui vit la mort au visage, et qui trembla pour lui-même, dit : « Il faut faire mourir Danton. »

Billaud était la Terreur pure ; il ignorait solidement et volontairement le passé, et il n'avait au cœur aucun sens de l'avenir. La mécanique était son idée fixe, et il voulait à tout prix simplifier la machine. Ajoutez que Robespierre, ayant expédié Hérault sans la pièce de Toulon, la gardait contre Billaud. Celui-ci avait intérêt de détourner le péril vers les dantonistes.

Pourtant, quand ce mot horrible, que personne n'eût osé dire, fut lâché, Robespierre sauta... Il s'écria comme l'homme qui a un cruel apostume dont il souffre infiniment; si pourtant on y met l'acier, la piqûre libératrice lui arrache un cri.

Il fut, je n'en fais nul doute, effrayé, navré, ravi! « Quoi! dit-il, vous tuerez donc tous les premiers patriotes! » La responsabilité resta tout entière à Billaud de la chose qui ne pouvait profiter qu'à Robespierre.

Couthon était Robespierre même, et Saint-Just plus que Robespierre. Il mordit à la chose par son génie de tyran, par son orgueil de probité, croyant volontiers tout ce qu'on disait de la corruption de Danton, tenté aussi par le péril et l'audace d'un tel coup.

Collot d'Herbois, fort branlant, trop heureux d'être à temps séparé d'Hébert, seul hébertiste dans le Comité, n'osa tout à coup se faire dantoniste et démasquer l'alliance. Carnot, Barère, avaient sujet d'être encore plus inquiets. Lindet, plongé dans ses bureaux, s'y renfonça plus que jamais et seulement fit, sous main, avertir Danton.

Il l'a nié, parce qu'alors il craignait Billaud-Varennes.

Danton était averti de tous les côtés. Le greffier du Tribunal révolutionnaire, Fabricius Paris, qui, ce soir-là, était allé au Comité et qui attendit la nuit, saisit quelque chose à travers les portes, et, le matin, courut à Sèvres. « Eh bien! n'importe, dit-il, j'aime mieux être guillotiné que guillotineur! » — On lui disait de se cacher, de fuir. Danton haussa les épaules. « Est-ce qu'on emporte sa patrie à la semelle de ses souliers? » Il sentait qu'on ne cache pas un tel homme, et qu'encore moins il eût eu un asile à l'étranger. Pour résister à Paris, il eût fallu que l'Assemblée maintînt le décret contre Héron. La droite, en biffant ce décret, avait livré les dantonistes. Le grand sens pratique de Danton lui dit tout cela. Il y avait à y regarder d'ailleurs avant de s'accuser soi-même par une démarche précipitée. Le Comité de Salut public n'eût point fait une telle chose sans le Comité de Sûreté. Celui-ci n'était point informé encore. Danton y avait Ruhl et d'autres pour l'avertir ou le défendre.

Ce qui se pouvait, il le fit. Le soir du 24, Rousselin, envoyé ou par lui, ou par son ami Paré, ministre de l'Intérieur, conseilla aux Cordeliers d'appeler les Jacobins à l'épuration de leur Club. Cette démarche fraternelle, fondant les deux sociétés, y portant l'esprit d'unité, eût pu renouer l'alliance, et des Cordeliers-Jacobins, et des héberto-dantonistes, si maladroitement rompue par Hébert. Là seulement était le salut. Mais les Cordeliers refusèrent.

Du 21 au 24, et encore les jours suivants, on ne fit rien qu'adoucir, assoupir la Convention, la convaincre que le Comité de Salut public ne gouvernait que par elle. On lui soumit des affaires qu'on avait toujours faites sans son concours. On la laissa prendre pour président Tallien ; et les Jacobins, Legendre. Quels sujets de sécurité pour les dantonistes ! De toutes parts, des communes des environs de Paris venaient défiler avec des discours devant la Convention, pour la féliciter de sa vigueur contre Hébert : c'était Sèvres, c'était Nanterre, c'était Bagnolet. Et des discours, et des réponses. Attendrissements mutuels. Le tout, idyllique, pastoral, sentimental. Ces hommes des champs, tout naïfs, parlaient en patois : « J'avions, j'étions, etc. » Qui n'eût été attendri ?

Le touchant, le poétique, ce fut de voir arriver, comme un troupeau de bergers, la société des Jacobins, portant trois superbes épis, déjà mûrs, en mars ! don de la société de Nîmes. « Vous le voyez, l'hiver a fui, un printemps perpétuel commence, voici les dons de la Nature, etc., etc. »

L'orage, pendant cette bonace, s'était réfugié tout entier dans le sombre petit salon du Comité de Salut public. Personne n'y défendait Danton ; on se contentait de dire, contre l'avis de Billaud, que la mesure était horriblement hasardeuse ; la peur de Barère s'adressait à la peur de Robespierre, qui généralement laissait dire. L'exécution d'Hébert (le 24) avança les choses. Elle donna à la situation un tout autre aspect.

On avait senti ce qu'il y avait de hasardeux à frapper le *Père Duchêne*, à supprimer au peuple son journal qu'il était habitué à avaler le matin, comme une mauvaise eau-de-vie. Il fallait un équivalent. On en donna un, admirable, un grand amusement du soir, qui pût étourdir la foule et la consoler des journaux. Ce fut le spectacle *gratis*. Le 11 mars, avant-veille de l'arrestation d'Hébert, le Comité de Salut public arrêta que le Théâtre-Français, désormais nommé *Théâtre du Peuple*, serait mis en réquisition trois fois par décade pour donner des représentations patriotiques, et que, ces jours-là, on y entrerait *avec des marques distribuées par les municipalités;* qu'il en serait de même *dans toutes les villes* où il y aurait spectacle*.

La chose, mise en train pendant l'affaire hébertiste, produisit, comme on pouvait le croire, une diversion immense. Le peuple, dans l'enthousiasme de ces représentations, fortement chauffées d'esprit militaire, de tamtam, tambours, trompettes et poudre à canon, fut sans peine désintéressé du journal et de la tribune, et supporta patiemment la mort de son journaliste.

Oublieux public! sa mort fut une espèce de fête. On fut curieux de voir quelle figure le *Père*

Duchêne, qui avait tant parlé de la guillotine, allait faire, y comparaissant lui-même en propre personne : ce fut encore un spectacle. Dès le matin, la spéculation s'en mêla ; charrettes, bancs, échafaudages, tout se prépara pour faciliter cet agréable spectacle. La place devint un théâtre ; on paya cher pour rester là debout tout le jour à attendre. Tout cela loué, crié avec d'étranges plaisanteries. Autour, une espèce de foire, les Champs-Élysées peuplés, riants, avec les banquistes, les petits marchands ; un gai et fort soleil de mars. Seulement, à voir les prix auxquels on payait les places, à voir la joie sauvage, quasi frénétique, de plusieurs des spectateurs, on était tenté de croire qu'au total, c'étaient généralement les riches, les aristocrates. Le républicain véritable ne défendait pas Hébert, qui avait sali, compromis la République. Cependant, quand elle frappait le principal journaliste, disons mieux, le *journal* même (le reste, au fond, n'existait plus), ne rendait-elle pas insoluble la question posée par Tallien : « Sera-t-il aisé maintenant de distinguer les patriotes ? »

Ce 24 mars fut comme une échappée et du public et de la Nature. Le grand public, indifférent, peu changé par la Révolution, royaliste au moins d'habitudes, peureux jusqu'alors et craignant d'avouer le *modérantisme*, vint s'épanouir au soleil. La Révolution, ce jour-là, avait l'air de régaler, de fêter ses ennemis avec la mort de ses amis. Je dis : amis. Hébert n'était pas tout dans cette boucherie de vingt personnes. Qu'avait fait le pauvre Clootz? Le royalisme avait goûté au sang patriote, et déjà il en était ivre. Il était là, attablé à cet horrible banquet où la France le soûlait des morceaux vivants de son cœur.

« Qu'auraient fait les Vendéens, sinon de faire périr ceux qui avaient invariablement prêché l'extermination de la Vendée ?

« Qu'auraient fait les prêtres, maîtres de Paris, sinon de faire disparaître le grand hérétique, l'impie, l'athée, le fondateur du culte de la Raison ?

« A qui a-t-on rendu service en tuant Hébert et la Commune? A Danton, qui se trouve dès lors le seul centre d'opposition. Tous les représentants en mission, les hébertistes aussi bien que les autres, vont maintenant se tourner vers lui.

« Qui sait si cette forte ligue, entraînant la Convention, ne renversera pas les situations, n'échangera pas les rôles, mettant les accusateurs au rang d'accusés? N'a-t-on pas entendu Tallien, menaçant ceux qui le menacent, crier que la conspiration est plus grande encore qu'on ne le croit, qu'il la voit aux Jacobins, qu'elle vise à la dictature?... Qu'adviendrait-il si ces choses, bien reçues de la Convention, qui l'en a récompensé en le faisant président, retentissaient tout à coup par le tonnerre de Danton, par les échos des prisons, pas *les deux cent mille suspects* ?... La République elle-même ne s'écroulerait-elle pas? »

C'est certainement ce que Billaud et Saint-Just dirent dans la nuit du 24. Robespierre, accablé, et ne sachant que répondre, leur abandonna la vie du seul homme qu'il eût à craindre. Il s'immola, se dévoua, sacrifia ses souvenirs, tant d'années de travaux communs.

Mais il n'eut pas le cœur d'égorger de sa main Danton. Tristement, il tira de sa poche la *minute*, fort travaillée (elle existe), de l'acte d'accusation, et il la passa à Saint-Just.

Celui-ci, d'une foi atroce, avec son furieux talent, a tout couvert, au hasard, d'une blanche écume de rage, ne sachant rien, n'ayant pris nulle information et n'en voulant prendre.

Pas un mot ne fut dit encore au Comité de Sûreté. Mais l'homme de Robespierre, Payan, qu'il avait mis à la Commune à la place de Chaumette, fut averti sans nul doute. Il demanda un arrêté qui défendît d'apporter des bancs pour les spectateurs sur la place des exécutions. Il fit savoir à Fouquier-Tinville que désormais le cimetière de la Madeleine ne recevrait plus les guillotinés. Fouquier lui-même, le 25, en avertit l'exécuteur[*].

Ce cimetière était plein, il est vrai, mais l'on entassait toujours. Louis XVI et la Gironde, l'un sur l'autre, c'était trop. Placé si près des boulevards, il était hanté, ce champ de repos, par les passions brûlantes ; les ombres y erraient en plein jour. Royalistes et Girondins, en pressant du pied la terre, croyaient la sentir vivante. Mais qu'aurait-ce été, grand Dieu! si l'on eût mis là encore Danton, Desmoulins?... La terre eût pris feu... On prévit donc sagement. Dix jours d'avance, dans un lieu infiniment peu fréquenté, près d'une barrière déserte, dans une partie réservée du parc abandonné de Monceau, on créa un cimetière, pour cacher, si l'on pouvait, cet objet terrible.

Danton en ouvrit les fosses, et y attendit Robespierre.

CHAPITRE IV

ON ARRACHE AUX COMITÉS L'ORDRE D'ARRÊTER DANTON

(NUIT DU 30 AU 31 MARS)

Suppression du ministère de la Guerre en faveur de Carnot, Lindet, Prieur. — Création d'une Police spéciale de Robespierre. — Saint-Just lit l'acte d'accusation. — Les Comités votent l'arrestation.

PENDANT que notre œil se fixe sur ce point noir de Paris, que nos regards plongent déjà dans cette fosse où la République descendra peut-être, le printemps s'est fait et toutes les armées sont en mouvement. La résurrection de la Pologne par Kosciusko resserre la Coalition. Les rois savent que la Pologne, assassinée plusieurs fois, ne sera jamais tuée qu'en France. Le péril revient, immense. Et la défense n'est pas complètement organisée.

Pourquoi? Parce que Lindet, Carnot, Prieur, les

hommes de la situation, n'ont pas encore définitivement la dictature de la Guerre.

Le ministère de Bouchotte, Vincent et consorts, n'est plus, et il dure; vaine ombre, il fait obstacle à tout, et rien ne le remplace encore.

Le plus grand service qu'on pût rendre à la République, c'était de réaliser enfin l'idée proposée, dès le 1er août, par Danton, de faire *que le Comité de Salut public fût vraiment un gouvernement*, — de réaliser ce que Bourdon et autres avaient demandé tant de fois et qui avait été repoussé par Robespierre, comme chose de haute trahison, *d'anéantir la monarchie ministérielle*, de faire que l'apparence concordât avec la réalité, de prendre pour le Comité toute la responsabilité en supprimant les ministères, en divisant chacun d'eux entre de simples commis, qui, chaque soir, rendraient compte aux membres du Comité.

« Rendre chaque Administration collective, dira-t-on, n'est-ce pas la polysynodie du bon abbé de Saint-Pierre, essayée sous la Régence, et qui ne fut qu'une Babel, bavarde et paralytique, jasant toujours, ne faisant rien? »

La collectivité ici n'était qu'apparente. Elle était dans les commis, simples chefs de division. Mais la Guerre avait la plus stricte unité dans un homme, dans Carnot. De même en Lindet, les Administrations auxiliaires (subsistances, équipement, transports). De même, en Prieur, celle des armes et munitions; en Saint-André, la Marine.

La nuit du 30 au 31 mars, furent convoqués les trois Comités, de Salut public, de Sûreté, et, chose inouïe, *le Comité de Législation*. Celui-ci, probablement, avait été chargé par Robespierre et Saint-Just de rédiger le grand décret d'organisation. La plume de ce Comité, le petit blondin Merlin de Douai, compromis par sa *protestation* contre le 31 mai, était, de sa nature, un instrument très docile. Cambacérès, Treilhard, Berlier, légistes impériaux, nés pour formuler en lois les volontés de César, n'avaient garde d'objecter à rien. Cambacérès, le 3 juin, avait proposé, fait passer le décret qui fermait le pouvoir à Robespierre, et depuis se mourait de peur. Le Comité de Législation avait déjà perdu Fabre, et il allait perdre Lacroix ; chacun craignait que cette contagion de mort ne vînt jusqu'à lui.

Donc, on l'appela dans la nuit, ce Comité tremblant, docile. Si l'on voyait résistance dans les Comités de Salut public ou de Sûreté, on était à même de faire voter les légistes, et d'avoir, par eux, une majorité pour écraser tout.

Le *projet*, en réalité, était magnifique pour Carnot et pour Lindet : on leur immolait enfin leur mortel obstacle, le ministère de la Guerre : on les faisait rois.

Le droit de *préhension*, vieux mot monarchique, le droit de requérir et prendre toutes choses nécessaires au *salut public*, fut ôté aux représentants en mission, à toutes les autorités, et placé uniquement dans les mains de la *Commission des approvisionnements*, c'est-à-dire dans les mains de Lindet.

Ces Commissions ne répondaient *pas* exactement aux anciens ministères. On avait, par exemple, démembré l'Intérieur et la Justice, en tirant de l'Intérieur *les Administrations civiles*, et de la Justice *la surveillance des Tribunaux*, pour les donner à une même Commission. Ajoutez une petite chose qu'elle cumulait encore, un simple *bureau de police*, d'attributions très limitées, mais qui envahit bientôt, et qui, remis à Herman, le meurtrier de Danton, fit la plus redoutable concurrence au Comité de Sûreté générale.

Ce bureau était la part réelle de Robespierre et le vrai but de la loi, part minime en apparence. La grosse part était pour Carnot. On lui mit le *rapport* dans la main, lui imposant de le lire à la Convention. Véritable coup de maître! de faire endosser par cette lecture au plus honnête, au plus humain des hommes, la solidarité apparente de l'acte affreux qu'on préparait!

Les choses étant arrivées là, tout convenu, la nuit avancée, chacun près de s'en aller, Saint-Just tira de sa poche un volumineux manuscrit, sa barbare et furieuse traduction du réquisitoire de Robespierre.

Cette pièce, horriblement éloquente, nous a atteints, tous, amis de la Liberté, d'une inguérissable blessure! Elle nous a avilis. Elle fait et fera toujours la joie des tyrans. Ils rient deux fois en la lisant : sur la perte de Danton, sur l'aveuglement de Saint-Just. La France dit, le cœur arraché : « J'ai perdu mes deux enfants. »

Le plus triste, dans ce discours si superbement montagnard, ce sont les appels à la droite, la subite piété de Saint-Just. Lui qui, le 13, était encore un sceptique, un douteur, qui attestait le néant, le 30, il a appris la langue du maître, il répète, à vide, à sec : Immortalité, Providence, Être suprême, Divinité, que sais-je ? et tout cela, pour tuer.

Chose odieuse ! de voir Saint-Just, sous des formes si hautaines, flatteur et rusé, fouiller dans la Convention les bas-fonds de la vanité : « Ils disent *que vous êtes usés*, et vous avez vaincu l'Europe ; ils disent *que vous êtes usés*, etc. »

Il ne voit pas qu'en allant trop loin dans l'absurde, la pierre retombe d'aplomb sur celui qui l'a lancée ! Par exemple, si Danton soutenait la levée en masse, c'était *pour faire massacrer d'une fois tous les patriotes*.

Tout le monde baissait la tête ; on était navré, malade. Lui, d'une voix monotone, faible et basse, mais invariable, il allait comme un timbre d'airain. Plusieurs choses, vraiment furieuses, tranchaient pourtant, rappelaient que cet être était un homme, un homme enragé de haine ; par exemple, ce mot à Danton : « Faux ami, naguère tu disais du mal de Desmoulins, *instrument* que tu as perdu, tu lui prêtais des vices honteux. » Ainsi, au moment même où il les envoie à la mort, il les brouille, les envenime, leur ôte les pleurs mortels et les embrassements de l'amitié.

Ce long supplice des trois Comités étant fini, les bougies aussi finissaient et la lumière défaillait. Les têtes se relevèrent un peu, les ternes regards se tournèrent vers Robespierre, plus pâle que l'aube blafarde de mars. Il ne donna pas un signe. Y eut-il un vote? On ne le sait. Lavicomterie a raconté que tous étaient anéantis.

On ne leur donna pas une minute pour en revenir. A Billaud, qui avait eu le mérite de l'idée première, revenait l'honneur de la signature; il prit la *minute* du mandat d'arrêt précipitamment griffonnée sur mauvais papier d'enveloppe, signa, passa à Vadier. Ils signèrent tous, dans cet ordre (je mets en italique les noms du Comité de Sûreté) : Billaud, *Vadier*, Carnot, *Lebas*, Louis, Collot, Barère, Saint-Just, *Jagot*, Prieur, Couthon, *Voulland, Dubarran, Élie Lacoste, Amar, Moïse Bayle*, Robespierre, *Lavicomterie*. (Pièces du *rapport* de Saladin, p. 245.) Lindet, Ruhl, signèrent-ils? Je ne le vois pas. Mais comment purent-ils éluder?

CHAPITRE V

ARRESTATION DE DANTON, DESMOULINS ET PHILIPPEAUX

(31 MARS 94)

Danton et Desmoulins au Luxembourg. — Desmoulins continue « Le Vieux Cordelier. » — Robespierre intimide l'Assemblée. — Résistance de la Montagne. — La droite et le centre votent l'arrestation. — Danton et Desmoulins à la Conciergerie. — Ce qu'étaient alors le Tribunal et les jurés.

Les victimes, comme il arrive dans une trop longue alarme, s'étaient rassurées, et, ce jour, ne s'attendaient plus à rien. On avait habilement augmenté leur sécurité. Billaud dit que Robespierre, *le jour où il consentit la mort de Danton, avait accepté un dîner avec lui à quatre lieues de Paris, et qu'ils revinrent dans la même voiture.* On ne sait rien de ce qui s'y passa.

Danton disait en prison : « Robespierre n'avait jamais parlé à Camille Desmoulins avec tant d'amitié que *la veille de son arrestation.* »

Le 31 mars (11 germinal), à six heures du matin, ils furent arrêtés.

Le plus frappé fut Camille. Au même moment, il recevait cette lettre : « Ta mère est morte. » Et il apprit en même temps que Danton était perdu. Il se jeta sur Lucile, l'embrassa, et, dans son berceau, le petit Horace..., partit... Famille, amour, amitié, liberté, patrie, toutes les fibres du cœur arrachées du même coup !

Débarqués au Luxembourg, une image d'innocence, bien propre à calmer, vint frapper leurs yeux. Ce grand coupable, Hérault de Séchelles, qui vendait, disait-on, les secrets de la République ; sa conscience était si tranquille, qu'il était là, dans la cour, qui, comme un enfant, jouait au bouchon.

Dès qu'il vit Camille et Danton, il courut à eux et les embrassa.

Danton fut mieux au Luxembourg qu'il n'était depuis longtemps. Sa situation était mauvaise, mais non plus flottante. Il valait mieux pour lui être victime que protégé de Robespierre, comme il fut au 3 novembre. Il se montra gai, causeur, soulagé d'un rôle impossible.

Le concierge du Luxembourg, le bon vieux Benoît, était aimé des prisonniers. Ils racontèrent à Danton ses soins, sa sensibilité, ses larmes pour le malheur. Danton, fort touché, lui dit : « Je vous remercie, Benoît. »

Il trouva là Thomas Payne, toujours écrivant pour la Révolution, pendant qu'elle l'emprisonnait. « *Good day!* dit Danton en riant, avec une poignée de main. Ce que tu as fait pour ton pays, j'ai voulu le faire pour le mien. J'ai été moins heureux, mais non plus coupable... On m'envoie à l'échafaud ; eh bien, mes amis, j'irai gaiement ! »

Danton, qui avait fini en ce monde, prenait aisément son parti. Mais Camille, que la mort saisissait en pleine vie, dans son triomphe de Presse, plein d'amour, aimé, adoré, sentant en lui la voix d'un monde..., il arrivait désespéré. Un prisonnier d'à côté, qui entendait ses soupirs, malade lui-même, au lit, lui dit, de l'autre chambre, aussi haut qu'il put : « Qui êtes-vous, pauvre malheureux ? » Et au nom de Desmoulins : « Ah ! c'est toi ! grand Dieu !... La contre-révolution est donc faite ? »

Le malade était Fabre d'Églantine.

Le théâtre en Fabre, la Presse en Desmoulins, la tribune avec Danton, tout dans la même prison.

Royalistes et robespierristes, tous voudraient avilir le malheur de Camille Desmoulins. — « Il pleurait comme une femme, restait tout le jour collé aux barreaux, pour tâcher de voir Lucile, son enfant, dans le Luxembourg. Il lisait les *Nuits* d'Young ; il ne faisait qu'écrire des lettres désespérées... » Il faisait encore autre chose, on l'a imprimé enfin en 1836. Dans cette captivité de deux jours (arrêté le 31, traîné le 2 en jugement!), le grand artiste, avec une vigueur de vie indomptable, avait commencé un foudroyant numéro du *Vieux Cordelier*. « Pauvre peuple! Jacques Bonhomme! on t'abuse, mon ami, etc. »

Quand le bruit de l'arrestation se répandit dans Paris, personne n'y voulait croire. Les royalistes s'obstinaient à nier cette grande victoire qui leur tombait comme du ciel; ils baissaient modestement les yeux, cachaient leurs émotions. Les patriotes étaient tentés d'arrêter, comme alarmistes, ceux qui colportaient la nouvelle.

La Convention s'assemble. Legendre monte à la tribune. Un tel coup, frappé si près, venait à lui visiblement. Il demande que les représentants arrêtés soient entendus. La Montagne frémissait, appuyait. Robespierre, averti, arrive : « En quoi Danton a-t-il mérité un privilège? *En quoi diffèrent Danton et son collègue Chabot?*... Pourquoi se défie-t-on de la Justice?... Quoi! lorsque l'*Égalité* triomphe partout, on l'anéantirait dans cette enceinte!... Qu'avez-vous fait jusqu'ici que vous n'ayez fait *librement?*... *Quiconque tremble est coupable!* Jamais l'innocence ne redoute la surveillance publique. (Applaudissements de la droite.) Plus d'idoles! plus de privilèges!... Nous verrons si la Convention saura briser *une idole pourrie*, ou si, dans sa chute, *elle écrasera la Convention !*

« Moi aussi, on a voulu m'inspirer des craintes, me faire croire que le danger de Danton irait jusqu'à moi. On comptait sur le souvenir d'une ancienne liaison... Rien n'a effleuré mon âme... Que le danger m'atteigne, je ne le regarde pas comme une calamité publique.

« *Les coupables ne sont pas nombreux ;* j'en atteste la presque unanimité avec laquelle vous votez pour les principes... Nous savons que quelques membres ont reçu des prisonniers la mission de demander quand finiraient les pouvoirs des Comités... *De qui tiennent-ils leurs pouvoirs, si ce n'est de la patrie ?...* Cette discussion elle-même est une offense contre elle... On défend les conspirateurs, pourquoi ? Parce que l'on conspire. »

La Presse de cette époque est si durement bâillonnée, que pas un journal n'a osé mentionner la résistance de la Montagne. Par qui la connaissons-nous ? Par l'unique témoignage de celui qui l'étouffa. C'est Robespierre qui, dans ses *notes* secrètes contre plusieurs Montagnards, nous apprend que Delmas et autres demandèrent qu'au moins un vote de cette importance ne fût pas ainsi enlevé, mais qu'on avertît les membres de tous les Comités, dispersés dans les bureaux, afin qu'ils vinssent voter.

Le journal des Jacobins, dit *Journal de la Montagne*, attentif ici, comme partout, à favoriser

Robespierre et qui a très adroitement caché son éclipse du 5 septembre, fait effrontément une addition pour faire croire que Robespierre ne veut rien que de raisonnable : « Demander que des coupables soient entendus *avant leurs dénonciateurs*, c'est plaider leur cause. » Ces trois mots ne furent pas dits.

La droite avait applaudi au mot *innocence*. L'innocente, c'était la droite, les Sieyès, les Durand-Maillane, les Boissy d'Anglas. La coupable, c'était la Montagne. La droite et le centre soutinrent Robespierre, comme au jour où la Montagne voulait lui ôter Héron. Alors ils lui sauvèrent Héron, son couteau contre Danton ; et, le 1ᵉʳ mars, ils lui donnèrent Danton, Desmoulins, la vie de la République, les obstacles naturels de la future réaction. Qu'auraient été les Boissy et tous ces héros, si Danton avait vécu ?

La réaction elle-même commençait dans le discours de Robespierre. On y disait tenir le pouvoir, non de l'Assemblée, mais *de la patrie*. Précisément comme l'empereur Napoléon l'a dit souvent dans *Le Moniteur*.

Le soir, Legendre, aux Jacobins, roula dans la boue. Tout à coup enthousiaste du décret contre ses amis, il dit ces paroles : « Tout adversaire du décret aura affaire à moi... Je me charge de le dénoncer. »

Pour prouver à la Convention qu'on voulait bonne Justice, on l'amusa d'une loi nouvelle contre les faux témoins. A quoi bon ? pas un témoin ne fut produit dans l'affaire (sauf un contre Fabre) ; on en avait appelé deux cents contre Hébert. Ici, ni témoins ni pièces.

Quand ils furent transférés tous du Luxembourg à la Conciergerie et que Danton entra sous la voûte qu'on ne repassait que pour mourir, il dit cette parole : « C'est à pareil temps que j'ai fait instituer le Tribunal révolutionnaire *... J'en demande pardon à Dieu et aux hommes... Mais c'était pour prévenir un nouveau Septembre ; ce n'était pas pour qu'il fût le fléau de l'humanité. »

Ce Tribunal, au reste, différait entièrement de son institution première. Il fut changé jusqu'à trois fois en neuf mois de 93.

D'après le premier *projet*, celui de Lindet, on n'y eût été envoyé *que par décret de la Convention*. Évidemment, il n'eût jugé que des cas d'exception, peu nombreux. Il aurait jugé les actes, non les opinions.

On a vu qu'à l'époque de la trahison de Toulon, la Commune exigea un Tribunal plus nombreux et plus rapide. Cependant il restait des garanties. Le président devait faire un interrogatoire préalable, recevoir les dépositions écrites des témoins. Les juges, les jurés, devaient chaque mois être répartis au sort entre les quatre sections qui composaient le Tribunal, de sorte qu'on ne pût prévoir quelles affaires leur seraient soumises.

L'accélération des jugements ne permit guère,

bientôt, de suivre ces mesures. Robespierre demanda pourtant, le 25 décembre, une accélération nouvelle. Il l'eût demandée encore en ventôse, si le juré Scellier, l'un des jurés les plus durs, ne l'eût prié cependant de ne pas désespérer du jury. Il attendit prairial.

Au 2 avril, quand s'ouvrait le procès de Danton, le tirage au sort des jurés se faisait *sans nul témoin*, entre le président Herman et Fouquier-Tinville. Tirage, non; mais triage! Il y parut aux résultats.

Le chef du jury était un homme des Cévennes, Trinchard; de ces têtes de caillou, dures et de travers, qui dans ces gorges étroites du Midi semblent avoir été faussées, en naissant, d'un dard du soleil.

L'homme principal était Renaudin (des Vosges), luthier, établi à Lyon, de là à Paris, fixe aux Jacobins, leur surveillant pour Robespierre, compagnon ordinaire des promenades du grand homme. Camille le récusa en vain.

Le provençal Fauvetti, Topino-Lebrun, un peintre, étaient des hommes de valeur, fanatiques ambitieux, qui poussaient le char du maître, sûrs avec lui d'aller très loin.

Le chirurgien Souberbielle, gascon, âpre, intéressé, avait donné un gage particulier de dureté: il était chargé du triste examen des prisonnières qui se disaient enceintes; jamais ou presque jamais il n'en voulut voir de signes. Son vote contre

Danton lui fut payé par la place de chirurgien-major de l'École-de-Mars.

Un excellent juré était Ganney, qui, étant idiot, et ne comprenant pas plus les demandes que les réponses, à tout hasard tuait toujours.

Meilleur encore et plus *solide*, était un vieux marquis, Leroy de Mont-Flabert, qui parlait toujours du 10 Août et qu'on surnomma *Dix-Août*. Celui-là, c'était l'immuable, celui qui ne bronchait jamais, qu'aucun incident n'émouvait, véritable idéal du juré : il était sourd.

CHAPITRE VI

PROCÈS DE DANTON

(2-3 AVRIL 94)

Admiration des Russes pour Robespierre. — Les robespierristes ont survécu à leurs ennemis. — Ils dominent encore l'Histoire. — La vitalité de la République périt en avril. — Ouverture du procès, 2 avril. — Embarras de l'accusateur public. — Embarras du président. — Un seul témoin ; son témoignage mutilé. — On refuse les pièces nécessaires aux accusés. — Danton accuse les accusateurs. — Son discours du 3, mutilé, défiguré. — On lui ôte la parole par surprise.

« E terrible Danton fut véritablement escamoté par Robespierre. » Ce mot est d'un Girondin rancuneux, de Riouffe, depuis grand réactionnaire et sous-préfet de l'Empire. Il jouit visiblement et ne manque pas d'ajouter ce mensonge : que les dantonistes, dans leur malheur, n'étaient occupés que d'eux, nullement de la patrie.

Plus naïvement encore, les royalistes témoignent de la joie qui les saisit, quand ce miracle improbable, ils le virent et le touchèrent : Danton arrivant aux prisons. Danton tué par Robespierre, la République égorgée par la République. (Voy. *Mém. sur les prisons.*)

Ce sentiment était commun à tous les contre-révolutionnaires de l'Europe. Un très intime confident de la famille impériale de Russie, l'historien Karamsin, secrètement envoyé à Paris, peut-être pour empêcher l'alliance polonaise, fut saisi d'admiration pour la vigueur de Robespierre. L'exterminateur des factions eut dès lors toute son estime. Et quand, revenu à Pétersbourg, il apprit le 9 Thermidor, il versa d'abondantes larmes.

Si les prêtres et les rois, dans leur langage officiel, maudissent le chef des Jacobins, c'est leur rôle, c'est leur métier; ils doivent parler ainsi. Dans leur for intérieur, c'est tout autre chose. Celui qui tua Clootz et Chaumette, la Commune de Paris, et brisa le nouvel autel, se créa un titre éternel auprès du Clergé. Et celui qui tua Danton, Desmoulins, la voix de la République et la vie de la Montagne, mérita par cela seul la reconnaissance des rois.

Tous les gouvernements sont frères. Et *Robespierre fut un gouvernement.*

Il est résulté de là deux choses :

La tradition gouvernementale de l'Europe lui

est restée favorable, comme à l'homme qui transformait la Révolution ;

Et la tradition révolutionnaire lui est restée favorable, comme à l'homme en qui fut le gouvernement de la République.

Qui tua la République ? Son gouvernement. La forme extermina le fond ; elle chercha l'ordre et le calme dans l'extinction des forces vives. Elle brisa à la fois la Liberté et la conscience. Mais c'est justement cela qui lui assurait les plus chauds défenseurs dans l'avenir. Tous ceux qui se trouvèrent associés à ces actes par fanatisme ou lâcheté sont devenus les avocats obligés de Robespierre.

Les dantonistes, d'une part ; de l'autre, Clootz, Chaumette, la Commune de Paris, ont disparu tous à la fois. Leurs meurtriers ont survécu.

Plusieurs, dans leur âpre vieillesse, inquiète de la postérité, ont pu, jusqu'à près de cent ans, travailler la calomnie, conseiller les écrivains, écrire, murer dans la nuit de l'erreur la mémoire de leurs victimes.

Hébertistes et robespierristes, Choudieu, Levasseur, deux octogénaires, ont pu continuer d'ensemble leur guerre contre Philippeaux, nier l'évidence, démentir Kléber et les témoins oculaires, les actes authentiques. Contre Danton, Desmoulins, ont pu mentir à leur aise les oracles toujours consultés, un Barère qui les livra, un Souberbielle qui les jugea. Pour comble, l'école de Babel, les catholico-robespierristes, ravis de septembriser la mémoire des incrédules, ont achevé de brouiller tout.

Je me tais sur ceux qu'on peut appeler la famille et l'intimité de Robespierre. Je respecte en eux la religion du souvenir. Cependant, comment essayent-ils de défendre leur idole ? En continuant la persécution des dantonistes, en admettant comme prouvés les *on-dit* sur la foi desquels on les mena à la mort.

Dans toute la Révolution, une méthode invariable a servi aux robespierristes pour tuer leurs ennemis : une même accusation. Quelle contre Jacques Roux ? Le vol. Contre Hébert ? Le vol. Et Fabre ? Le vol. Et Danton ? Le vol. Quand Robespierre périt, il en était à Cambon, qu'il appela *fripon*, le 8 thermidor.

« Si nous n'avons aucune pièce, disent les ennemis de Danton, c'est qu'elles étaient dans un dossier entre les mains de Lebas, et ce dossier aura été brûlé par les dantonistes après Thermidor. » Mais vous l'aviez, ce dossier, à l'époque du jugement. Et comment donc avez-vous été si discrets que de ne le pas produire ? Vous l'avez gardé sans doute avec les preuves de la trahison d'Hérault, qui n'existèrent jamais, avec le faux de Fabre d'Églantine ? Elle subsiste, cette dernière pièce, elle est retrouvée maintenant, et vous en resterez accablés pour tout l'avenir.

« Mais il est de notoriété que ce parti était

orléaniste? » Je sais que Louis-Philippe n'a rien négligé pour fortifier cette tradition. C'est de sa bouche qu'un historien illustre a reçu l'étrange anecdote qui, dans le fondateur principal même de la République, crée à la royauté nouvelle un patron et un prophète. J'ai montré ailleurs que la prétendue conspiration orléaniste de Danton est impossible par les dates. Dans la Belgique, on l'a vu, Danton suivit précisément la voie de Cambon, contraire à celle de Dumouriez et des orléanistes.

Ce n'est pas seulement Danton qui a été escamoté, c'est son histoire et sa mémoire, c'est celle des dantonistes, c'est celle de la Commune, de Clootz et Chaumette, celle des représentants montagnards, cruellement poursuivis pour leurs missions de 93, qui sauvèrent la France, de juin en octobre, avant que le Comité agît. Toute la gloire de la Montagne a été monopolisée par le Comité; celle du Comité, par Robespierre : c'est-à-dire, l'Histoire républicaine a été constamment écrite dans le sens monarchique, au profit d'un individu.

« Prenez garde ! disent-ils, prenez garde ! si vous touchez à Robespierre, vous blessez la République ! » Je le sais parfaitement, ces choses sont identiques en vous; tout ce que vous comprenez de la République, c'est la dictature, le suicide de la République.

Nous établissons dans ce livre que la dictature

collective des Comités fut pour un moment, d'octobre en décembre, la défense et le salut. Là elle devait cesser. Mais la dictature d'un individu avait commencé ; elle s'empara de toutes les forces matérielles dans les six semaines qui suivirent la mort de Danton, lançant la France dans une voie rapide de réaction monarchique qui fut applaudie de l'Europe, et que la contre-révolution continua après Thermidor.

La chute de la République date, pour nous, non de Thermidor, où elle perdit sa formule, mais de mars, d'avril, où elle perdit sa vitalité, où le génie de Paris disparut avec la Commune, où la Montagne plia sous la Terreur de la droite, où la tribune, la Presse et le théâtre furent rasés d'un même coup.

Le 2 avril, à onze heures, on amena les accusés. La terreur qu'ils inspiraient était marquée naïvement par le soin qu'on avait pris de placer au Tribunal (chose nouvelle) deux accusateurs publics. On ne se fiait pas assez à Fouquier-Tinville, parent de Camille Desmoulins et placé par lui. Fouquier, comme un bon nombre des juges et jurés révolutionnaires subalternes, était client et créature de ceux qu'il allait tuer. Pour l'aider, on le surveilla, on lui donna pour acolyte Fleuriot, un des zéros de Robespierre, qu'il fit bientôt maire de Paris.

La pensée meurtrière du procès parut déjà dans l'arrangement artiste et perfide qu'on vit au banc des accusés. On avait mis Danton et Hérault à côté de l'homme le plus sali, Delaunay; Fabre près Chabot et Lacroix; l'irréprochable Philippeaux à côté de l'agioteur d'Espagnac. Les deux allemands Frey, l'espagnol Gusman, le danois Deideriksen, étaient là pour donner bonne mine au procès, pour justifier le mot d'ordre : *Conspiration de l'étranger.*

Quand Danton entra ainsi entre ces larrons, les cœurs patriotes bondirent. Un greffier du Tribunal, Fabricius Paris, jetant tout respect humain, toute peur, traversa la salle, alla au banc des accusés et se jeta en pleurant au cou de Danton.

Tout près des fauteuils des juges, du doux et sinistre Herman, la lucarne de Nicolas, imprimeur du Tribunal, était toute grand ouverte, et montrait flamboyants dans l'ombre les yeux avides et colères du Comité de Sûreté; plusieurs de ses membres étaient là, pour montrer du zèle, montrant qu'ils surveillaient eux-mêmes, sans s'en rapporter aux espions, et regardant comment leurs hommes allaient marcher.

Qu'ils marchassent, c'était un problème. Fouquier n'avait ni pièces ni témoins (sauf un contre Fabre), Le Comité ne lui donnait nul moyen, et puis, il lui disait : « Marche ! »

Qu'avait donc à présenter ce pauvre Fouquier? Sa conviction personnelle? J'en doute. Dans ce mois même il dîna secrètement avec deux amis de Danton. Pour suppléer par la richesse des mots à la pauvreté des preuves, il fit lire d'abord le long verbiage d'Amar contre les agioteurs, et à la fin l'atroce diatribe de Saint-Just. Entre ces deux grosses pièces, il glissa vite son maigre petit travail, où, tâchant absolument de mettre quelque chose de lui, il n'a trouvé que ce non-sens : « Que Chabot n'était pas plus délicat que Camille Desmoulins. »

Il s'assit. Et alors on s'aperçut qu'on avait oublié de faire venir deux accusés : Lhuillier, qu'on innocenta (parce qu'on s'en servit, et il se tua de remords), et Westermann, qui, avec Marceau, venait de finir la Vendée.

« Votre nom ? votre âge ? votre demeure ? — Je suis Danton ; j'ai trente-cinq ans. Ma demeure sera demain le néant ; mon nom restera au panthéon de l'Histoire. »

« Et moi, Camille Desmoulins ; trente-trois ans, l'âge du sans-culotte Jésus. »

Heureusement pour le président, comme il y avait trois affaires en réalité, sans rapport entre elles, il pouvait s'éloigner longtemps de ces terribles accusés, mettre la sourdine aux débats, en s'appesantissant sur Fabre, qui était là malade, tout enveloppé, et qui à grand'peine se faisait entendre.

Quelque fort qu'il fût de sa cause, on ne craignait rien de lui. Pourquoi ? Parce qu'elle reposait tout entière sur l'écrit fatal que gardaient ses ennemis. Ils pouvaient, de leur lucarne, rire à l'aise en voyant le malade se débattre et s'efforcer, comme ceux qui, du haut d'un pont, riraient des efforts d'un noyé. Herman, aux demandes obstinées qu'il faisait de cette pièce, répondait toujours doucement : « Elle a été examinée. »

Fabre articula tous les faits qui ont été trouvés vrais dans l'enquête et l'examen faits récemment aux *Archives* (février 1853).

Du reste, il montra moins d'adresse qu'on n'eût supposé. Cambon, en attestant le faux, ne disait aucunement qu'il fût de Fabre d'Églantine. Fabre l'irrita en disant qu'il avait trouvé Cambon plus favorable que lui à la Compagnie. Cambon, sanguin et colérique, s'emporta, sans voir le secours qu'il donnait à l'accusation.

Les *notes* de l'audience, travaillées par Coffinhal (on l'a vu au procès d'Hébert), imprimées par Nicolas, l'homme de Robespierre, avant de passer aux journaux, sont arrangées de façon qu'on croirait que Cambon a nié tous les faits avancés par Fabre, nié l'évidence même, nié ce que les pièces, heureusement subsistantes, mettent pour jamais hors de doute. Non, un homme aussi honnête put s'emporter un moment, mais jamais il ne put faire de lâches et meurtriers mensonges pour pousser l'infortuné qui avait un pied dans le tombeau.

Je croirai bien aisément ces *notes* falsifiées, quand je sais avec certitude qu'elles ont été tronquées, mutilées. Le président, voyant Cambon irrité et rouge de la maladroite attaque de Fabre, s'enhardit à lui demander ce qu'il pensait de Danton et de Desmoulins, s'il ne les regardait pas comme des conspirateurs : « Loin de là, dit-il rudement, je les regarde tous deux comme d'excellents patriotes, qui n'ont cessé de rendre les plus importants services à la Révolution. » Le falsificateur a sans scrupule supprimé ces mots; nul journal n'a osé les mettre que longtemps après. *(Hist. parlem.,* XXXIV, 403.)

Si Fabre ne put voir la pièce pour laquelle il périssait, Hérault de Séchelles n'eut pas davantage la fameuse pièce de Toulon avec laquelle Robespierre l'avait étranglé au Comité de Salut public. On n'osa même en parler.

Pourquoi Hérault était-il là ? Il désirait le savoir; on lui montra une grossière fabrication de police, farce ignoble de mouchards. Pour Philippeaux, on lui soutint qu'il avait conspiré. Nulle preuve, nulle explication; ses complices, huit jours après, furent amenés au Tribunal. Mais cette fois, les mêmes jurés qui venaient de trouver la conspiration certaine, la déclarèrent non prouvée. Quelque endurcis qu'ils fussent, ils voyaient avec horreur sur leurs mains le sang de ce juste.

Quoiqu'on eût tué le temps, usé les heures tant qu'on pouvait, il fallut bien en venir à Danton, à la longue, le laisser aussi parler. Tout changea de face. La salle se transfigura, le peuple frémit, les vitres tremblèrent. Il se trouva tout à coup que Danton était le juge; tous regardèrent à l'autre bout, vers les accusés véritables, les membres du Comité, dont la face effrayée se voyait honteusement encadrée à la lucarne comme dans une guillotine; eux-mêmes s'étaient, sans le savoir, constitués en jugement; ils s'enfuirent l'un après l'autre.

Danton dit, en son nom, au nom de Desmoulins et de Philippeaux, qu'on les avait accusés parce qu'ils allaient accuser, qu'ils demandaient que l'Assemblée nommât une Commission *qui reçût leur dénonciation contre la tyrannie des Comités,* qu'ils appelaient comme témoins seize membres de la Convention. Herman, Fouquier et Fleuriot, épouvantés et du discours et de l'attitude du peuple, se turent et levèrent la séance (le soir du 3 avril).

Ce discours vainqueur de Danton, qui enleva ceux qui l'entendirent, foudroya ses ignobles juges. Qu'est-il devenu? La scélératesse des mutilateurs est ici palpable. Ils ont biffé le discours, rayé cette parole vivante; et, comme dans le compte rendu ce vide énorme bâillait, qu'ont-ils fait? Une chose plus hardie encore, qui frappe dans tous les journaux (tous ont suivi ou abrégé ces *notes* du faussaire Coffinhal*, imprimées par Nicolas): *ils ont mêlé la séance du 2 avec celle du 3,* sans dire où l'une finit, où l'autre commence !

Chose perfide! dans le compte rendu du 3,

tels mots, évidemment ironiques, de Danton, y sont donnés pour des aveux.

Après avoir dit, par exemple : « Je me souviens, en effet, d'avoir provoqué le rétablissement de la royauté, etc., » il dit, en se jouant de même : « *On me confia cinquante millions*, je l'avoue. » On a supprimé ce qui entourait ces mots, de sorte qu'il semble que Danton ait reçu cinquante millions, tandis qu'il rappelle seulement par cette phrase ironique les cinquante millions confiés en août au Comité de Salut public, — pour faire ressortir le peu de fonds dépensés sous son ministère, en 92, pour la libération du territoire, en comparaison de cette masse monstrueuse de fonds secrets confiés au Comité en 93.

Danton parla presque tout le jour du 3. Et le compte rendu en donne en tout six petites pages. Coffinhal a sabré tout ce qui était faits et preuves ; il a laissé les bravades, les paroles de fierté, qui, sans doute perçant par éclairs dans une forte discussion, échappant comme cris du cœur et de la dignité blessée, ne sont nullement ridicules, mais qui le deviennent quand on les isole de tout ce qui les soutenait. Ce barbare mutilateur, biffant les paroles suprêmes d'un homme si près de la mort, n'a songé qu'à faire de Danton un burlesque et un grotesque, conformément au mot d'ordre donné, le 2, par Robespierre : *l'idole*, et *l'idole pourrie*.

La foule immense qui entendit, le 3 avril, la justification de Danton, la trouva si concluante, que, sous les yeux mêmes du Comité de Sûreté, devant ce Tribunal de mort, elle applaudit avec enthousiasme.

Alors, Herman à Danton : « Tu es fatigué, Danton ; cède la parole à un autre ; je te la redonnerai après quelque temps de repos. »

Admirez l'hypocrisie du rédacteur des *notes* envoyées aux journaux : « Sa voix était altérée... *Cette position pénible fut sentie* de tous les juges, qui l'invitèrent à suspendre, pour reprendre ensuite avec plus de calme et de tranquillité. »

Herman, bien soulagé alors, voltigea tout à son aise de l'un à l'autre accusé, laissant dire un mot à chacun et sans laisser à aucun le temps d'achever.

Cela permettait à Herman, à Fouquier, de reprendre leurs esprits. Un accusé renouvelant la demande d'appeler en témoignage des membres de la Convention, ils trouvèrent cette réponse incroyable : « *La Convention étant votre accusateur*, aucun de ses membres ne peut témoigner pour vous. »

« Du reste, dit Fouquier, pressé sur cette raison ridicule, j'écris à la Convention ; sa décision sera suivie. »

Voilà tout ce qu'on sait de la séance du 3.

CHAPITRE VII

PROCÈS ET MORT DE DANTON,
DESMOULINS, ETC.

(4-5 AVRIL, 15-16 GERMINAL)

Le jury est divisé. — On organise une machine pour étouffer le procès. — Lucile écrit en vain à Robespierre. — On obtient un décret contre les accusés. — La nuit du 4 au 5; le jury. — Derniers moments des accusés. — Leurs titres devant la postérité. — Desmoulins sur la charrette. — Mort de Danton et Desmoulins.

La lettre ne fut écrite que le lendemain 4 avril (15 germinal) au matin. Elle put ainsi être délibérée, discutée, toute la nuit. Les premiers mots : « Un orage horrible gronde depuis que la séance est commencée... Les accusés en forcenés..., etc. » sont habilement combinés pour faire croire que l'accusateur écrivit pendant l'audience, vaincu par le bruit et les cris, aux abois, désespéré.

En réalité, l'affaire allait mal. Chose inattendue, la division était dans le jury. Le juré

Naulin, homme de Loi, avait dit, après l'audience : « Il est impossible de leur refuser leurs témoins. » Quatre ou cinq jurés, tacitement, étaient de l'avis de Naulin. Fouquier, inquiet, alla au Comité et voulut voir Robespierre ; il s'était retiré chez lui. Billaud, Saint-Just, au premier mot de témoins qu'il prononça, lui fermèrent la bouche ; ils le chassèrent avec menaces. Fouquier et Herman, placés dans cette passe dangereuse de demander expressément la violation de la Loi, crurent se couvrir en glissant dans la lettre ce mot : « Tracez-nous notre conduite, l'ordre judiciaire *ne nous fournissant aucun moyen de motiver ce refus.* »

Les jurés les plus *solides* avaient été chez Robespierre et n'en avaient rien tiré.

Il arriva ce qui arrive toutes les fois que les rois ont besoin d'un crime. Il se fait, même sans eux. Il y a toujours quelque part l'homme dévoué, l'homme fatal, pour les dispenser de prendre l'initiative.

Depuis vingt-quatre heures, les zélés avaient compassion de l'embarras du gouvernement et dressaient une machine. Les administrateurs de Police, récemment renouvelés, entre autres le cordonnier Wiltcheritz, qui aida fort à organiser les grandes fournées de messidor, couraient les prisons, s'agitaient, s'informaient et chuchotaient. Grand effroi chez les prisonniers. « Voudrait-on un 2 Septembre pour étouffer le procès ? » Ces bruits circulaient aussi au dehors. Danton avait vaincu le 3, c'était l'opinion générale; on ne pouvait l'assassiner que dans un grand pêle-mêle, un massacre confus des prisonniers. Chaumette avait des nouvelles du dehors deux fois par jour; il les donna à ses compagnons du Luxembourg, qui en furent glacés d'horreur. Mais la prison brise l'homme; aucun n'avait d'armes, et presque aucun de courage.

Une femme leur en donna. La jeune femme de Desmoulins errait, éperdue de douleur, autour de ce Luxembourg. Camille était là, collé aux barreaux, la suivant, lui écrivant les choses les plus navrantes qui jamais ont percé le cœur de l'homme. Elle aussi s'apercevait, à cet horrible moment, qu'elle aimait violemment son mari. Jeune et brillante, elle avait pu voir avec plaisir l'hommage des militaires, celui du général Dillon, celui de Fréron, qui, l'épée à la main, sur les redoutes emportées de Toulon, lui écrivait sa victoire. Fréron était à Paris, et n'osa rien faire pour eux. Dillon était au Luxembourg, buvant en vrai Irlandais et jouant aux cartes avec le premier venu. Un seul de ceux qui admiraient Lucile, l'adorait du fond du cœur; c'était son mari. Lucile fut pour beaucoup dans l'audacieuse inspiration du fatal dernier numéro. Camille s'était perdu pour la France et pour Lucile.

Elle aussi se perdit pour lui.

Le premier jour, elle s'était adressée au cœur

de Robespierre. On avait cru autrefois que Robespierre l'épouserait. Elle rappelait dans sa lettre qu'il avait été le témoin de leur mariage, qu'il était leur premier ami, que Camille n'avait rien fait que travailler à sa gloire, ajoutant ce mot d'une femme qui se sent jeune, charmante, regrettable, qui sent sa vie précieuse : « Tu vas nous tuer tous deux ; le frapper, c'est me tuer, moi. »

Nulle réponse. Elle écrivit à son admirateur Dillon : « On parle de refaire Septembre..... Serait-il d'un homme de cœur de ne pas au moins défendre ses jours ! »

Les prisonniers rougirent de cette leçon d'une femme, et se résolurent d'agir. Il paraît toutefois qu'ils ne voulaient commencer qu'après Lucile, lorsque, d'abord, se jetant au milieu du peuple, elle aurait ameuté la foule.

Dillon, brave, parleur, indiscret, tout d'abord en jouant aux cartes avec un certain Laflotte, entre deux vins, lui conta toute l'affaire. Laflotte l'écouta et le fit parler. Laflotte était républicain ; mais là, enfermé, sans issue, sans espoir, il fut horriblement tenté. Il ne dénonça pas le soir (3 avril), attendit toute la nuit, hésitant encore peut-être. Le matin, il livra son âme, en échange de sa vie, vendit son honneur, dit tout. Sa déposition fut sur l'heure portée à Saint-Just, qui, armé ainsi, n'hésita pas un moment à frapper le coup de Robespierre.

Toute Assemblée, dans ces jours néfastes, est

ordinairement peu nombreuse. Au 5 septembre, au 21 décembre, la Convention n'avait que deux cents membres présents. Au 4 avril, selon toute apparence, surtout aux heures du matin, elle n'était guère peuplée. Le découragement était profond chez les Montagnards. Ils avaient vu, surtout le jour de Héron, et le 31 mars encore, qu'au premier mot de Robespierre, la droite, le centre, les muets, votaient comme un seul homme avec le petit groupe des robespierristes. Cela se vit exactement de même le 4 avril.

La séance s'était ouverte d'une manière ridicule et sinistre. Legendre naïvement avait exprimé sa peur et la peur « de son épouse, » se mettant en quelque sorte sous l'aile de l'Assemblée. On souriait. Les figures s'allongèrent terriblement quand l'archange de la mort, Saint-Just, parut à la tribune avec l'écrit meurtrier. Il disait les accusés en pleine révolte, et, de peur que ce mensonge n'agît pas assez, il hasarda un mot singulier d'intimidation : « *Marquez la distance* qui vous sépare des coupables. »

« Tout accusé qui résiste ou insulte, sera mis hors des débats. » Telle fut la formule de l'assassinat, immédiatement votée, comme l'était toute mesure pour décimer la Montagne.

Au moment du vote, la femme de Philippeaux était à la barre, en larmes. « Point de privilège ! » dit Robespierre ; et il la fit repousser au nom de l'Égalité.

Legendre, abîmé dans la peur, finit dignement la séance en demandant que Simon, un homme de son parti, compromis avec Dillon, fût envoyé au Tribunal révolutionnaire.

Herman traînait pendant ce temps. Tantôt il interrogeait les comparses, les accusés secondaires; tantôt, pour amuser Danton, Desmoulins, il répondait à leurs demandes que, l'accusateur public renonçant à faire entendre « *la foule des témoins* qu'il avait contre eux, » ils devaient aussi renoncer à leurs témoins à décharge. Pendant tout ce verbiage hypocrite, un mouvement se fait dans la salle. Fouquier est appelé et sort. Trois membres du Comité de Sûreté arrivaient avec le décret. Voulland, en feu, le lui met dans la main. David dit : « Nous les tenons, et ils n'échapperont pas. »

Amar, livide comme un mort, s'efforçait d'être furieux. Deux hommes de Robespierre, son imprimeur Nicolas, et son voisin, le papetier Arthur, meneur de sa section et membre de la Commune, allaient, venaient, frétillaient, se frottaient les mains.

Amar, voulant faire le brave, avança avec Voulland son visage à la lucarne. Ils furent rencontrés, traversés d'un éclair des yeux de Danton : « Regarde, dit-il à Desmoulins, regarde ces lâches assassins; ils nous suivent jusque dans la mort. »

Le décret fut lu (soir du 4), et alors tout semblait fini. On avait encore un reste de jour, assez pour les guillotiner. Mais les jurés arrêtaient. Ces fermes et *solides* jurés, contre toute attente, montraient de l'hésitation. La résistance de Naulin avait été contagieuse. Les paroles de Danton, vibrantes jusqu'au fond des âmes, leur avait révélé (plus encore que toute sa gloire populaire) quel grand homme ils allaient tuer. Sauf trois peut-être, Renaudin, Trinchard, Topino-Lebrun, les autres ne savaient plus ce qu'ils allaient faire.

Le dernier a assuré que jamais il n'eût pu se décider, si Herman ne leur eût montré une lettre qu'il dit venue de l'étranger et adressée à Danton.

Souberbielle a assuré que le cœur lui manquait aussi, qu'il avait quitté la salle pour respirer un moment, et que rencontrant dans un couloir Topino-Lebrun, ce peintre, homme d'esprit et républicain, mais à la façon de Machiavel, lui aurait dit : « Ceci n'est pas un procès, c'est *une mesure*... Nous ne sommes plus des jurés, nous sommes des *hommes d'État*... Deux sont impossibles ; il faut qu'un périsse... Veux-tu tuer Robespierre ? — Non. — Eh bien, par cela seul, tu viens de condamner Danton. »

Cette horrible discussion eut lieu la nuit du 4 au 5. Le matin, ils étaient tous ou hébétés de fatigue, ou vaincus et subjugués. Les portes s'ouvrent enfin (matin du 5, à 8 heures). Les jurés sortent, Trinchard en tête. Quelqu'un qui se trouva sur leur passage en resta saisi d'horreur. Ils allaient, non comme des hommes, mais comme les mannequins des Furies. Trinchard ne se connaissait plus; dans un mouvement singulier, faisant la roue de son bras, il se criait à lui-même : « Les scélérats vont périr ! »

« Les jurés étant satisfaits, les débats sont clos, dit Herman.

— « Clos ? dit Danton ; comment cela ? Ils n'ont pas encore commencé ! Vous n'avez point lu de pièces ! point entendu de témoins ! »

Camille Desmoulins avait apporté écrite une véhémente réfutation des calomnies de Saint-Just. Dans sa rage et son désespoir, voyant que décidément il ne serait point entendu, il froissa, roula ce papier, mouillé de brûlantes larmes, il le lança aux bourreaux.

Il y a un Dieu. Ce pauvre papier qui devait tomber aux mains les plus intéressées à le détruire, il a miraculeusement échappé, il est revenu aux mains pieuses de la mère de Lucile. Il a pu arriver au jour.

Qui le croirait? ce geste même d'un accusé, mort sans être entendu, a été exploité par ses ennemis. Ils ont dit que ce geste, du 5, était cause du décret du 4, que c'étaient là ces révoltes, ces violences contre lesquelles il avait bien fallu protéger le Tribunal en mettant hors des débats ces insolents furieux.

Cette allégation stupide, réfutée par les simples dates, l'est d'ailleurs expressément par le principal agent de leur mort. Herman, avant la sienne, a déclaré que ni Danton, ni Desmoulins, aucun des accusés, n'avait insulté le Tribunal.

Ce qu'Herman avoue encore, c'est que jamais ils ne surent leur jugement. Parmi leurs cris, leur fureur, leur désespoir, on les emporta. Le mot est vrai, à la lettre, pour Camille, qui, des deux mains, s'accrocha à son banc. Et comme contre les Lois, par la force seule, par un brigandage, on devait l'assassiner, il résista aux brigands. Il fallut, comme un taureau, l'abattre pour l'enchaîner.

Le jugement était imprimé dès le matin par Nicolas avant la *condamnation*.

Danton était redevenu tout à fait lui-même, fort calme, seulement inquiet de la France. A travers des mots cyniques, d'une apparente insouciance, il disait des choses très fortes, pleines de sens et de douleur :

« Ah ! f...... bêtes ! ils vont crier : Vive la République ! quand ils me verront passer ! »

« Voilà que tout va s'en aller dans un gâchis épouvantable... Encore, si je laissais mes jambes à Couthon et mes c....... à Robespierre, cela pourrait marcher encore quelque temps. »

Tous moururent très bien. Même Chabot se releva à la mort par un touchant remords de justice et d'amitié. Malade, demi-empoisonné (il ne put en venir à bout), il ne songea pas à lui-même, mais à Bazire qu'il entraînait : « Que je meure, à la bonne heure! disait-il; mais toi! pauvre Bazire!... mais toi! pauvre Bazire! qu'as-tu fait?»

Bazire avait été véritablement héroïque. Son violent ennemi Hébert, qui travaillait à le perdre, lui fit dire au commencement que, « s'il se séparait de Chabot, on le tirerait d'affaire. » Quelque indigne que fût Chabot, Bazire resta fidèle à l'amitié, et refusa de perdre celui qui l'avait perdu.

« Pauvre Bazire! qu'as-tu fait? » Tout son crime fut d'avoir un cœur. Et qui prouve que son humanité lui ait fait trahir ses devoirs? Quand il eût écrit à Barnave : « Aucune pièce contre vous...; » quand il aurait renvoyé une dame étrangère contre qui on n'avait ni témoins, ni preuves, de tels actes suffisaient-ils pour le mener à la mort?

« Pauvre Philippeaux, qu'as-tu fait? » On pouvait bien aussi le dire. La même charrette emportait, avec la victime de l'humanité, celle de la Justice héroïque. Philippeaux mourait pour n'avoir pas composé avec le crime, pour avoir refusé de fermer les yeux sur notre armée trahie, livrée; lui seul, dans l'indifférence publique, eut du cœur pour nos soldats; il fut juste, parce qu'il fut tendre, et juste jusqu'à la mort.

Combien il a raison, dans ses dernières lettres, de se recommander de Dieu! d'espérer dans l'immortalité de l'âme!... Camille même, souvent si léger, eut cette foi au dernier moment (ses lettres en témoignent aussi). Mourant pour l'humanité, ils sentaient profondément que Dieu était de leur parti. « Danton, dit un homme qui l'a bien connu, Danton regarda le ciel... Ah! qu'il en avait droit!... Il avait embrassé la pitié comme un autel où tout peut être expié... Il aurait sauvé Robespierre! »

Le grand rêve de Danton (ce fait singulier se trouve aux registres de la Commune), c'était une table immense où la France réconciliée se serait assise pour rompre, sans distinction de classes ni de partis, le pain de la Fraternité.

Trois choses restent aux dantonistes :

Ils ont renversé le trône et créé la République ;

Ils ont voulu la sauver en organisant la seule chose qui fait vivre : la Justice, une Justice efficace, parce qu'elle eût été humaine ;

Ils n'ont haï personne, et entre eux ils s'aimèrent jusqu'à la mort. La belle inscription grecque est la leur : « Inséparables dans la guerre et dans l'amitié. »

Que la République, qui était eux-mêmes, en vînt à ce renversement monstrueux de les tuer, ils ne le comprirent jamais. Danton, averti, avait dit : « On ne me touche pas... Je suis l'Arche. » Camille le croyait encore plus. Et pour rassurer Lucile, il lui disait (au 10 Août et ailleurs) : « Qu'as-tu à craindre?... Je serai avec Danton. »

Sur la charrette, il disait : « Quoi qu'il arrive à Danton, je partagerai son sort. »

A peine admettait-il encore que Danton pût mourir. Des amis désespérés étaient dans la foule, épiaient un réveil de l'âme du peuple. Brune, rôdant comme un lion : « Je périrai, avait-il dit, ou je les délivrerai. » Et Fréron, le frère chéri de Camille, l'admirateur enthousiaste de sa charmante Lucile, avait-il brisé l'épée de Toulon? Quelle plus belle occasion de mourir pour l'amour et l'amitié?

Mais c'était sur le peuple même que comptait le plus Desmoulins. L'auteur du *Vieux Cordelier* se sentait aimé, béni. Il avait la conscience d'avoir été la voix du peuple, et sa foi en lui était tout entière. Il donna, sur la charrette, le plus extraordinaire spectacle, s'agitant, s'obstinant à croire que jamais la France ne pouvait l'abandonner. « Peuple! pauvre peuple! criait-il, on te trompe! on tue tes amis!... Qui t'a appelé à la Bastille? Qui te donna la cocarde?... Je suis Camille Desmoulins! » Quoique lié, il s'agitait d'une manière si violente, que ses vêtements éclatèrent et laissèrent voir sa poitrine, ce pauvre corps si vivant que la terre allait couvrir, ce sein bondissant de vie, de fureur, d'amour encore. Personne n'endurait ce spectacle. Plusieurs s'enfuirent, croyant voir la Patrie s'arracher le cœur.

Quand on arriva rue Saint-Honoré, devant la maison de Robespierre, fermée, portes et fenêtres, muette comme le tombeau, le prétendu peuple qui suivait redoubla ses cris frénétiques, clameur de lâche abdication, sinistre salut à César au nom de la guillotine. Desmoulins, calmé à l'instant, se rassit et dit froidement : « Cette maison disparaîtra. » En vain on la cherche aujourd'hui, enveloppée qu'elle est de murs immenses, recluse dans une ombre éternelle.

On assure que Robespierre, enfermé chez lui, pâlit à ces cris sauvages, et sentit au cœur le mot de Danton : « J'entraîne Robespierre, Robespierre me suit ! »

Hérault de Séchelles, Camille et Bazire, ce touchant faisceau d'amis, se tenaient de cœur ensemble dans leur amour pour Danton. Il avait été, pour eux, l'énergie sublime, la vie de la Révolution, le cœur de la République, et elle mourait en lui. Ils ne la laissaient pas derrière eux : ils l'emportaient dans la tombe. Grande consolation de mourir avec l'idéal qu'on eut ici-bas.

Hérault descendit le premier, et, d'un mouvement aimable et tendre, se tourna pour embrasser Danton. Le bourreau les sépara : « Imbécile ! dit Danton, tu n'empêcheras pas nos têtes de se baiser dans le panier ! »

Camille regardait le couteau ruisselant de sang : « Digne récompense, dit-il, du premier apôtre de la Liberté ! »

Il se sépara alors d'une boucle de cheveux qu'il tenait entre ses doigts, et pria le bourreau de rendre à la mère de Lucile ce gage suprême d'amour.

Danton mourut simplement, royalement. Il regarda en pitié le peuple à droite et à gauche, et parlant à l'exécuteur avec autorité, lui dit : « Tu montreras ma tête au peuple ; elle en vaut la peine. »

L'exécuteur obéissant la releva en effet, la promena sur l'échafaud, la montra des quatre côtés.

Il y eut un moment de silence. Chacun ne respirait plus. Puis, par-dessus la voix grêle de la petite bande payée, un cri énorme s'éleva, et profondément arraché...

Cri confus des royalistes soulagés et délivrés, simulant l'applaudissement : « Qu'ainsi vive la République ! »

Cri sincère et désespéré des patriotes atteints au cœur : « Ils ont décapité la France ! »

LIVRE XVIII

CHAPITRE PREMIER

ÉPUISEMENT ET PARALYSIE DE ROBESPIERRE — L'ÊTRE SUPRÊME
(6 AVRIL 94)

Attitude de la Convention. — Irritation de Robespierre, 5 avril. — Annonce d'une fête à l'Être suprême, 6 avril. — Solitude de Robespierre. — Il avait brisé les fils qui dirigeaient les partis.

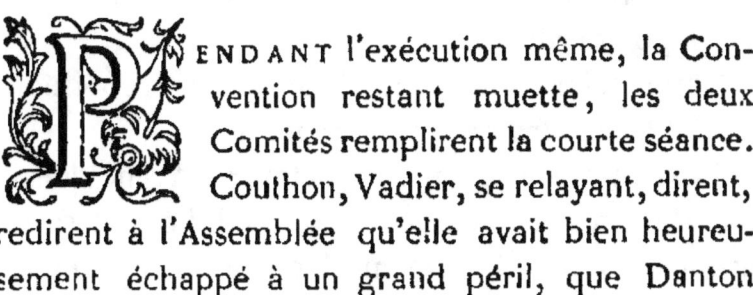ENDANT l'exécution même, la Convention restant muette, les deux Comités remplirent la courte séance. Couthon, Vadier, se relayant, dirent, redirent à l'Assemblée qu'elle avait bien heureusement échappé à un grand péril, que Danton

infailliblement l'aurait égorgée. Aux Jacobins, c'était plus : Danton méditait un massacre universel de Paris.

Vadier, gracieux et bon, ajouta qu'on savait bien que l'Assemblée, en général, était intègre, que tout membre serait à même de prouver sa délicatesse, en rendant compte de sa fortune. C'était dire : « Assez de sang. La Convention n'a rien à craindre. Les représentants revenus de mission ne resteront plus sous le poids de vagues accusations. Ce compte rendu finira tout. »

La chose, appuyée de Couthon, fut décrétée à l'instant même. S'échauffant alors à froid, les deux acteurs protestèrent qu'on avait tort de parler de dictateurs et de décemvirs : « Nous, dictateurs! » dit Couthon. Et alors, tous les deux levant leurs bras débiles, le vieillard et le podagre jurèrent que, si jamais il s'élevait un dictateur, il ne mourrait que de leur main.

Mais là, ils eurent infiniment plus de succès qu'ils ne le voulaient. La Convention, si morte jusqu'à ce moment, tout à coup vivante et ressuscitée, se leva comme un seul homme, jura, d'une voix de tonnerre, qu'en effet le dictateur serait poignardé.

Cette scène eut tout l'effet d'une répétition préalable du drame de Thermidor.

Robespierre visait-il à la dictature? Vaine question désormais. Quelque peu qu'il l'eût désirée jusque-là, elle lui devenait indispensable dans la terrible situation où il s'était mis. Elle était son seul asile, sa nécessité, sa fatalité. Il y était poussé et par son propre danger et par l'exigence de son parti.

En un mois ou six semaines, comme on le verra, il se trouva nanti de tout instrument de pouvoir. Mais cela n'était rien pour lui. Il voulait le pouvoir moral. Et ce violent cri de l'Assemblée, qui semblait venir à lui de l'échafaud de Danton, que voulait-il dire? « Jamais! »

Il y répondit, le soir, aux Jacobins, par un autre « Jamais! » non moins furieux. Ce que Vadier et Couthon avaient proposé et fait décréter, la reddition des comptes et l'exposé des fortunes, cette chose accordée, consentie, qu'on croyait généralement que Couthon disait au nom de Robespierre, il la combattit aigrement, soutenant que cette mesure favoriserait les fripons. C'était retenir sous le coup d'un procès, pour une époque inconnue, pour l'époque qui plairait au pouvoir, une foule de représentants, spécialement les deux cents membres qui avaient rempli des missions.

Jamais il ne se montra plus amer, plus sauvage, et cela, le soir du jour où il avait obtenu l'énorme concession d'un si horrible sacrifice! Que fallait-il donc pour l'apaiser? que pouvait-on prévoir de l'avenir?... Et le surprenant objet sur qui l'orage tomba fut un Dufourny, homme fort secondaire, absolument indigne de toute cette colère royale.

L'espoir trompé, l'implacabilité visible d'un maître qui ne se contenait plus, ajoutèrent un degré cuisant de haine et d'envenimement à la douloureuse plaie que Danton laissait dans les cœurs.

Aussi, quand, le 6 au matin, Couthon dit : « Nous préparons un *rapport* sur une fête à l'Éternel, » il y eut sur la Montagne comme un grincement de dents.

Quoique Couthon n'eût pas dit le complément de la chose, qu'on ne sut qu'un mois après (liberté des catholiques), tous odorèrent le Catholicisme qui venait derrière, le retour à l'ancien régime, qu'on venait déjà de flatter si cruellement par la mort des pères de la République !

Quoi ! le lendemain d'un tel jour ! et la tombe ouverte encore ! parler de fête et de dieu ! Où la fera-t-on, cette fête ? Sur la place où l'échafaud fume ? ou bien dans le parc maudit où la chaux dévore tout ce qu'adora la France, ces bons cœurs, ces nobles cœurs, amis de l'humanité ?

Et ce ne fut pas la Montagne seule qui sentit cela. Même à la droite et au centre, les croyants, pour qui on parlait, n'accueillirent point du tout ces avances à contre-temps. L'effet de cette parole fut sur eux celui d'une corde fausse qui déchire l'oreille. Ordonner la joie dans le deuil, une fête dans cette boucherie, parmi le printemps et les fleurs, faire chanter ceux qui pleuraient, qui mourraient demain peut-être, oser, entre deux guillotines, entonner des hymnes, était-ce là honorer..., ou souffleter Dieu?

Tous taxèrent également Robespierre d'une impudente hypocrisie.

Ils se trompaient. Son appel à Dieu, tout étrange que fût le moment, était spontané, sincère. Quelque aigrie et faussée que fût sa nature, si dévasté que fût son cœur, fils de Rousseau, il en gardait toujours une certaine idéalité religieuse. Et il y avait recours dans l'effroi qu'il éprouvait de son grand isolement.

Il avait eu l'épouvantable succès de raser tout à la fois. Deux hommes restaient, sur le monde détruit, et nul avec eux. L'un blême, épuisé, ayant donné son fruit, un homme désormais ouvert, tout entier révélé et vide. L'autre, ce jeune génie, obscure et redoutable énigme de l'avenir, qui devait tuer Danton (lui seul, et non pas Robespierre). Et maintenant il regardait son maître, attendait, exigeait son oracle. Robespierre sentait bien qu'il devait se renouveler, trouver, créer quelque chose, ou qu'il périrait. Mais peut-on créer, sans Dieu?

Rappelons en peu de lignes sa destinée depuis le 31 mai. Deux spectres l'avaient poursuivi.

Le spectre de la guerre sociale, qu'il ne combattit qu'en subissant longtemps la misérable alliance d'Hébert, par qui il écrasa Jacques Roux, pour qui il ménagea Ronsin, s'engrenant dans une série d'étonnantes contradictions, à Lyon surtout;

où les amis de Chalier furent tantôt combattus, tantôt défendus par lui.

Un autre spectre le suivait : la corruption publique, mal naturel d'un peuple esclave lancé tout à coup dans la Liberté. Robespierre vit partout la corruption, et la poursuivit partout, spécialement chez ceux qui notaient ses contradictions. Crut-il vraiment que tous ses ennemis étaient des hommes vendus ? Je le pense. Sa terrible imagination lui fit croire tout ce qu'il avait intérêt de croire. Ils disparurent. Mais après, qui les remplaça ? Personne. On a retrouvé les listes, qu'il faisait et refaisait, des hommes qui restaient possibles. Ce sont toujours les mêmes noms, infiniment peu nombreux. Cette stérilité est tragique. Il cherche et ressasse toujours, il fouille dans les inconnus, il va descendant et ne trouve rien. Plus d'hommes ! Quoi ! la vie est toute épuisée ? Non, sans doute, elle est ailleurs ; mais décidément elle n'est plus dans les voies de Robespierre.

C'est dans cette horreur du vide qu'il se retourna violemment vers la source de la vie. Mais la retrouve-t-on comme on veut ? L'idée de Dieu est féconde, quand elle jaillit du cœur, quand cette idée est sentie dans son essence vitale, qui est la Justice. Le mot Dieu n'est pas fécond ; abstraction, verbalité, forme scolastique et grammaticale, si c'est là tout, n'espérez rien.

Comme Être suprême, c'est-à-dire comme neutralité politique entre la Révolution et le Christianisme, entre la Justice et la Grâce, c'était la stérilité même, l'aridité et le vide.

Ainsi, par horreur du vide, Robespierre tournait vers un vide pire encore, — car, sous forme vague et neutre, cette équivoque abstraction, nullement neutre en réalité, arrêtait la vie nouvelle, tandis que la mort, le passé, à la faveur de ce nuage, relèveraient les vieilles pierres où pouvait heurter la Révolution.

L'idée bizarre de Robespierre était que la France avait perdu Dieu, et qu'il allait le lui rendre. Dieu! mais où n'était-il donc pas? qui ne le voyait aux frontières, illuminant de ses éclairs la marche de nos armées? qui ne le voyait dans l'humble dévouement de nos soldats, dans cette vie de sacrifices obscurs dont le type connu fut Desaix? Qui ne vit Dieu dans la grande âme de cette Église militante qui, par ses travaux anonymes, a fondé sans bruit les trente mille Lois où la France inaugura l'Égalité? Dieu était-il invisible sur la place de la Révolution dans les yeux de tant de martyrs de la Liberté, dans le dernier chant de Vergniaud, le dernier mot qu'écrivent Philippeaux et Desmoulins?... Disons plus : en des cœurs même, nullement irréprochables, en des cœurs que la mort lavait, en ce suprême regard que Danton jeta au ciel, quelque chose de Dieu fut encore.

L'infirmité du scolastique était de croire qu'il

fallait chercher Dieu dans un livre, à telle page de Rousseau, comme dans un dictionnaire, de ne pas le reconnaître dans les formes infinies de la vie et de l'action nationale. Blasphème énorme de dire que la France était sans dieu! Toute fatiguée qu'elle était, cette nation, et brûlée à la surface, elle bruissait au dedans de cent fleuves inconnus. Et c'était un individu, faible et pâle bâtard de Rousseau, et lui-même tellement dévasté, qui se chargeait de la rajeunir! A cette mer de fécondité qui verse les eaux à l'Europe, le désert disait : « Sois féconde! »

Le point par où il se rencontrait bien plus directement avec l'instinct populaire, c'est par ce que j'appellerai la croyance au Diable.

Le peuple attribue tous les maux aux personnes plus qu'aux choses. Il personnifie le Mal. Qu'est-ce que le Mal au moyen âge? C'est une personne, le Diable. Qu'est-ce que le Mal en 93? C'est une personne, *le traître*. Explication vraie et fausse. La République fut souvent trahie par les choses autant que par les personnes; elle le fut par le chaos, la désorganisation naturelle d'une telle crise. Robespierre n'admit jamais de coupables que les personnes; pour lui, comme pour le peuple, *le traître* fit tout. Comme tels, il désigna les grands meneurs des partis. Comme tels, en un coup de filet, il les fit tous disparaître. Mais, en ce même moment, il se suicida, s'ôtant ce dont il vivait, la matière et l'occasion de cette force accusatrice qui associait sa scolastique aux passions vivantes du peuple.

Jusque-là, on avait pu croire que ces meneurs, tant haïs, étaient les entraves, les obstacles de la Révolution. Eux morts, elle ne put plus avancer ni reculer. On fut à même de voir qu'ils en avaient été les organes nécessaires. En chacun d'eux se résumait la force active d'un parti ; par eux, ces partis étaient susceptibles d'être dirigés, ils en étaient les agents intermédiaires, les fils conducteurs. Robespierre, maître de la machine, ne s'en trouva pas moins impuissant à la mouvoir, pour une raison toute simple : il avait cassé les fils.

Comment, en 93, avait-il si habilement joué de ce vaste clavier? En tirant ces fils, en frappant ces touches, en se servant de ces meneurs. Il avait tour à tour incliné vers l'un, vers l'autre, son influence centrale. Sans son alliance éphémère avec Collot, avec Hébert, dans plusieurs moments décisifs, un monde lui restait fermé, les six cent mille lecteurs pour qui tirait *Le Père Duchêne* (par exemple, au 4 octobre). Sans l'amitié de Danton et de Desmoulins, il ne pouvait, en décembre, liguer les quelques millions d'hommes qu'on appelait *indulgents*, contre Chaumette et Clootz, qui devenaient *indulgents*.

Il y avait des bas-fonds, où Robespierre ne regardait qu'avec terreur. Nul moyen ne lui coûta pour tuer les êtres bizarres qui avaient surgi sur ce sol ultra-révolutionnaire, Jacques Roux, par exemple. Eh bien! ce furieux Jacques Roux fut plus mauvais mort que vivant. Les Gravilliers, qui avaient en lui leur tribun, auraient-ils, en Thermidor, combattu sous le parti mixte? Non, sans doute, si Roux eût vécu; il était incapable de tout compromis. De même, le faubourg Saint-Antoine, si on n'eût détruit, éloigné ou négligé ses meneurs, n'eût pas gardé, en cette journée, la neutralité terrible qui livra à la mort la Commune et Robespierre. Celui-ci se trouva avoir détruit les agents qui le gênaient et qui pourtant l'auraient sauvé.

CHAPITRE II

MORT DE CONDORCET

(9 AVRIL 94)

On espère une amnistie. — L'amour en 1794. — Madame de Condorcet. — Péril de Condorcet. — Son dernier livre. — Il échappe de Paris. — Sa mort, 9 avril.

E nom de Dieu, lancé ainsi de façon inattendue sur la tombe de Danton, parut à l'Europe, à la France, synonyme d'amnistie. Si la Convention menacée, si la Montagne décimée, se sentaient toujours sous le glaive, il n'en était pas de même de ceux qui, loin de la scène, et ne voyant pas les acteurs, prenaient pour guide la logique, qui nous trompe si souvent, ou la trop crédule espérance. Dans les prisons, dans les retraites où se cachaient les proscrits, on disait, on tâchait de croire que Robespierre allait inaugurer une politique nouvelle, qu'il n'avait immolé les *indulgents*

que pour reprendre leurs idées, pour avoir le monopole de ce Comité de Clémence qui devait fonder son pouvoir. N'était-ce pas assez de sang? La guillotine, trempée, retrempée et inondée, après l'affreuse orgie de mort qu'elle fit au 5 avril, devait être ivre et blasée. Que lui donner maintenant? Du sang de roi, du sang d'apôtre, et la fleur de tous les partis, elle avait eu toute chose.

Ces idées tombaient dans les cœurs au moment charmant de l'année où la vie réveillée tout à coup donne espoir et sécurité aux plus inquiets. Comment mourir au temps béni où la création recommence? La Nature, en son langage, en ses fleurs ressuscitées, en son soleil brillant, vainqueur, semble dire que la mort n'est plus.

Violentes furent ces pensées et ce bouillonnement d'espérance chez tant de proscrits, tant de fugitifs, qui, dans les caves ou les greniers, dans les bois et dans les cavernes, s'étaient arrangé des sépulcres pour essayer de vivre encore. Elles durent arriver aux grottes profondes de Saint-Émilion, retraite de la Gironde. Mais plus vives furent-elles peut-être pour les infortunés cachés dans les noirs murs de Paris, tel (comme Isnard) dans une étroite soupente du faubourg Saint-Antoine, tel (comme Julien) dans un dessous d'escalier, tel Louvet, dans cette armoire que sa tendre et courageuse Lodoïska lui fabriqua de ses mains.

« L'amour est fort comme la mort. » Et ce

sont ces temps de mort qui sont ses triomphes peut-être. Car la mort verse à l'amour je ne sais quoi d'âcre et de brûlant, d'amères et divines saveurs qui ne sont point d'ici-bas.

En lisant l'audacieux voyage de Louvet à travers toute la France pour retrouver ce qu'il aimait, en assistant à ces moments où, réunis par le sort dans la cachette de Paris ou la caverne du Jura, ils tombent dans les bras l'un de l'autre, défaillants, anéantis, qui n'a dit cent fois : « O mort, si tu as cette puissance de centupler, transfigurer à ce point les joies de la vie, tu tiens vraiment les clefs du ciel ! »

L'amour a sauvé Louvet. Il avait perdu Desmoulins en le confirmant dans son héroïsme. Il n'a pas été étranger à la mort de Condorcet.

Le 6 avril, Louvet rentrait dans Paris pour revoir Lodoïska ; Condorcet en sortait, pour diminuer les dangers de sa Sophie.

C'est du moins la seule explication qu'on puisse trouver à cette fuite de proscrit qui lui fit quitter son asile.

Dire, comme on l'a fait, que Condorcet sortit de Paris uniquement pour voir la campagne et séduit par le printemps, c'est une étrange explication, invraisemblable et peu sérieuse.

Pour comprendre, il faut voir la situation de cette famille.

Madame de Condorcet, belle, jeune et vertueuse, épouse de l'illustre proscrit, qui eût pu être son père, s'était trouvée, au moment de la proscription et du séquestre des biens, dans un complet dénûment. Ni l'un ni l'autre n'avait les moyens de fuir. Cabanis, leur ami, s'adressa à deux élèves en médecine, célèbres depuis, Pinel et Boyer. Condorcet fut mis par eux dans un lieu quasi public, chez une dame Vernet, près du Luxembourg, qui prenait quelques pensionnaires pour le logis et la table. Cette dame fut admirable. Un Montagnard qui demeurait dans la maison se montra bon et discret, rencontrant Condorcet tous les jours sans vouloir le reconnaître. Madame de Condorcet logeait à Auteuil, et, chaque jour, venait à Paris à pied. Chargée d'une sœur malade, de sa vieille gouvernante, embarrassée d'un jeune enfant, il lui fallait pourtant vivre, faire vivre les siens. Un jeune frère du secrétaire de Condorcet tenait pour elle, rue Saint-Honoré, n° 352 (à deux pas de Robespierre), une petite boutique de lingerie. Dans l'entresol au-dessus de la boutique, elle faisait des portraits. Plusieurs des puissants du moment venaient se faire peindre. Nulle industrie ne prospéra davantage sous la Terreur : on se hâtait de fixer sur la toile une ombre de cette vie si peu sûre. L'attrait singulier de pureté, de dignité, qui était en cette jeune femme, amenait là les *violents*, les ennemis de son mari. Que ne dut-elle entendre ? quelles dures et cruelles paroles ! Elle en est restée atteinte, languissante, maladive pour toujours. Le soir, parfois, quand elle osait, tremblante et le cœur brisé, elle se glissait dans l'ombre jusqu'à la rue Servandoni, sombre, humide ruelle, cachée sous les murs de Saint-Sulpice. Frémissant d'être rencontrée, elle montait d'un pas léger au pauvre réduit du grand homme; l'amour et l'amour filial donnaient à Condorcet quelques heures de joie, de bonheur. Inutile de dire ici combien elle cachait les épreuves du jour, les humiliations, les duretés, les légèretés barbares, ces supplices d'une âme blessée, au prix desquels elle soutenait son mari, sa famille, diminuant les haines par sa patience, charmant les colères, peut-être retenant le fer suspendu. Mais Condorcet était trop pénétrant pour ne pas deviner toute chose; il lisait tout, sur ce pâle sourire dont elle déguisait sa mort intérieure. Si mal caché, pouvant à tout moment se perdre et la perdre, comprenant parfaitement tout ce qu'elle souffrait et risquait pour lui, il ressentait le plus cuisant aiguillon de la Terreur. Peu expansif, il gardait tout, mais haïssait de plus en plus une vie qui compromettait ce qu'il aimait plus que la vie.

Qu'avait-il fait pour mériter ce supplice? Nulle des fautes des Girondins. Loin d'être fédéraliste, il avait, dans un livre ingénieux, défendu le Droit de Paris, démontré l'avantage d'une telle capitale comme instrument de centralisation. Le nom de la République, le premier écrit, manifeste républicain, avait été écrit chez lui et lancé par ses amis, quand Robespierre, Danton, Vergniaud, tous enfin, hésitaient encore. Il avait écrit, il est vrai, ce premier *projet de Constitution*, impraticable, inapplicable, dont on n'eût jamais pu mettre la machine en mouvement, tant elle est chargée, surchargée de garanties, de barrières, d'entraves pour le pouvoir, d'assurances pour l'individu. Le mot terrible de Chabot, que la Constitution préférée, celle de 93, n'est qu'un piège, un moyen habile d'organiser la dictature, Condorcet ne l'avait pas dit; mais il l'avait démontré dans une brochure violente. On a vu comment Chabot, effrayé de sa propre audace, crut se concilier Robespierre en faisant proscrire Condorcet.

Celui-ci, qui avait fait cette chose hardie le lendemain du 31 mai, savait bien qu'il jouait sa vie. Il s'était fait donner un poison sûr par Cabanis. Fort de cette arme et pouvant toujours disposer de lui, il voulait, de son asile, continuer la polémique, le duel de la logique contre le couteau, terrifier la Terreur des traits vainqueurs de la Raison. Telle était sa foi profonde dans ce dieu du dix-huitième siècle, dans son infaillible victoire par le bon sens du genre humain.

Une douce puissance l'arrêta, invincible et souveraine, la voix de cette femme aimée, souffrante fleur, laissée là en otage aux violences du monde, tellement exposée par lui, qui pour lui vivait, mourait. Madame de Condorcet lui demanda le sacrifice le plus fort, celui de sa passion, de son combat engagé, c'est-à-dire celui de son cœur. Elle lui dit de laisser là ses ennemis d'un jour, tout ce monde de furieux qui allait passer, et de s'établir hors du temps, de prendre déjà possession de son immortalité, de réaliser l'idée qu'il avait nourrie d'écrire un *Tableau des progrès de l'esprit humain.*

Grand fut l'effort. Il y paraît à l'absence apparente de passion, à la froideur austère et triste que l'auteur s'est imposée. Bien des choses sont élevées, beaucoup sèchement indiquées*. Le temps pressait. Comment savoir s'il y avait un lendemain? Le solitaire, sous son toit glacé, ne voyant de sa lucarne que le sommet dépouillé des arbres du Luxembourg, dont l'hiver de 93 précipitait l'âpre travail, les jours sur les jours, les nuits sur les nuits, heureux de dire à chaque feuille, à chaque siècle de son Histoire : « Encore un âge du monde soustrait à la mort. »

Il avait, à la fin de mars, revécu, sauvé, consacré tous les siècles et tous les âges; la vitalité des sciences, leur puissance d'éternité, semblait dans son livre et dans lui. Qu'est-ce que l'Histoire et la science? La lutte contre la mort. La véhémente aspiration d'une grande âme immortelle pour communiquer l'immortalité emporta alors le sage jusqu'à élever son vœu à cette forme prophétique : « La science aura vaincu la mort. Et alors, on ne mourra plus. »

Défi sublime au règne de la mort, dont il était environné. Noble et touchante vengeance!... Ayant réfugié son âme dans le bonheur à venir du genre humain, dans ses espérances infinies, sauvé par le salut futur, Condorcet, le 6 avril, la dernière ligne achevée, enfonça son bonnet de laine, et, dans sa veste d'ouvrier, franchit au matin le seuil de la bonne madame Vernet. Elle avait deviné son projet, et le surveillait; il n'échappa que par ruse. Dans une poche, il avait son ami fidèle, son libérateur; dans l'autre, le poète romain qui a écrit les hymnes funèbres de la Liberté mourante*.

Il erra tout le jour dans la campagne. Le soir, il entra dans le charmant village de Fontenay-aux-Roses, fort peuplé de gens de lettres, beau lieu où lui-même, secrétaire de l'Académie des sciences, associé pour ainsi dire à la royauté de Voltaire, il avait eu tant d'amis, et presque des courtisans. Tous en fuite, ou écartés. Restait la maison du *Petit Ménage;* on nommait ainsi M. et madame Suard. Véritable miniature de taille et d'esprit, Suard, joli petit homme, Madame, vive et gentille, étaient tous deux gens de lettres, sans faire de livres pourtant, seulement de courts articles, quelques travaux pour les ministres, des nouvelles sentimentales (en cela excellait Madame). Jamais il n'y eut personne pour mieux arranger sa vie. Tous deux aimés, influents et considérés jusqu'au dernier jour. Suard est mort censeur royal.

Ils se tenaient tapis là, sous la terre, attendant que passât l'orage et se faisant tout petits. Quand ce proscrit fatigué, à mine hâve, à barbe sale, dans son triste déguisement, leur tomba à l'improviste, le joli petit ménage en fut cruellement dérangé. Que se passa-t-il? on l'ignore. Ce qui est sûr, c'est que Condorcet ressortit immédiatement par une porte du jardin. Il devait revenir, dit-on; la porte devait rester ouverte; il la retrouva fermée. L'égoïsme connu des Suard ne me paraît pas suffisant pour autoriser cette tradition. Ils affirment, et je les crois, que Condorcet, qui quittait Paris pour ne compromettre personne, ne voulut point les compromettre; il aurait demandé, reçu des aliments : voilà tout.

Il passa la nuit dans les bois, et le jour encore. Mais la marche l'épuisait. Un homme, assis depuis un an, tout à coup marchant sans repos, fut bientôt mort de fatigue. Force donc lui fut, avec sa longue barbe, ses yeux égarés, d'entrer, pauvre famélique, dans un cabaret de Clamart. Il mangea avidement, et, en même temps, pour soutenir son cœur, il ouvrit le poëte romain. Cet air, ce livre, ces mains blanches, tout le dénonçait. Des paysans qui buvaient là (c'était le Comité révolutionnaire de Clamart) virent bientôt tout de suite que c'était un ennemi de la République. Ils le traînèrent au district. La difficulté était qu'il ne pouvait plus faire un pas. Ses pieds étaient déchirés. On le hissa sur une misérable haridelle d'un vigneron qui passait. Ce fut dans cet équipage que cet illustre représentant du dix-huitième siècle fut solennellement conduit à la prison de Bourg-la-Reine. Il épargna à la République la honte du parricide, le crime de frapper le dernier des philosophes sans qui elle n'eût point existé.

Deux révolutions frappées, deux siècles, en deux hommes : le dix-huitième en Condorcet, le dix-neuvième en Lavoisier.

Le premier avait fermé les temps polémiques ; le second ouvrait les temps organiques, commençait l'âge nouveau par la création d'une science, celle qui non seulement ouvrit le sein de la Nature, mais fit de l'homme un créateur et une seconde Nature.

Nous en parlerons tout à l'heure ; mais nous devons auparavant terminer un grand sacrifice, l'extermination de la Commune, l'extinction (en Chaumette) de cette force populaire qui, sous forme triviale, si l'on veut, n'en avait pas moins été, un an durant, la plus intense fécondité de la Révolution. Dans ses misères, dans ses bassesses, Paris engendrait pour le monde.

CHAPITRE III

MORT
DE CHAUMETTE ET DE LA COMMUNE
(12 AVRIL 94)

Paris creuset de la grande chimie. — Rien ne remplaça la Commune de Chaumette. — Ce qu'était Chaumette. — Conspirations des moutons. — Courage de Lucile Desmoulins, sa mort. — Zèle religieux de Dumas et Fouquier-Tinville. — Mort de Chaumette.

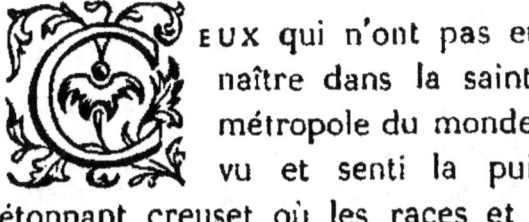EUX qui n'ont pas eu l'honneur de naître dans la sainte boue de la métropole du monde, qui n'ont pas vu et senti la puissance de cet étonnant creuset où les races et les idées vont se transformant et créant sans cesse, arrivent rarement à savoir ce que c'est que la grande chimie sociale. Qu'ils aient la science, l'intelligence et le génie même, ils sortent difficilement des classifications étroites; à grand'peine com-

prennent-ils la fluidité de la vie. Qu'ils humilient leur science, qu'ils viennent étudier, ces docteurs. A ce point central du globe où se rencontrent et se combinent tous les courants magnétiques, ils pénétreront, à la longue, le souverain mystère, invisible, intangible, des mélanges de l'Esprit.

Rien ne caractérise plus la rare originalité d'Anacharsis Clootz que le sentiment profond qu'il eut de Paris, sa déférence docile pour la Commune de Paris, en qui il reconnaissait le *Précurseur du genre humain*, l'ardent, l'aveugle messager, instinctif et inspiré, qui, sans savoir ce qu'il fait, court devant la Révolution, portant son flambeau.

Il vit là la Révolution, et non pas ailleurs, — là l'orthodoxie. Il ne fut point rebuté des accidents, des souillures qui accompagnent toute grande opération sociale. Il suivit, naïf et docile, attentif (comme, après tout, on marchait en pleine nuit) à serrer de très près la voie, à ne point s'écarter d'un pas. De là, sa dévotion un peu littérale. Il s'en excuse très bien dans sa réponse à Desmoulins : « Suivons toujours, et de près, la sainte sans-culotterie. »

Touchant spectacle de voir ce génie idéaliste écouter religieusement les triviales prédications, toutes basses et terre à terre, de l'apôtre des Filles-Dieu. L'Allemand, par un noble effort, sorti de tout panthéisme, libre de toute scolastique, apprenait, sous un gamin de Paris, à matérialiser suffisamment sa pensée, pour qu'elle s'assimilât la matière vivante et qu'elle en dégageât l'esprit.

L'apôtre Chaumette en lui-même était peu de chose, mais il était beaucoup comme fétiche de Paris. Cela ne se discute pas. Un fétiche comme saint Janvier pour les lazzaroni de Naples, est ou adoré ou battu; mais il ne se discute pas, il ne se remplace pas.

Robespierre remplaça Chaumette par un homme de grand mérite, plein d'esprit, de feu, le méridional Payan. Tout fut inutile. Le peuple ne mit plus les pieds à l'Hôtel de Ville. La nouvelle Commune eut beau payer les mendiants. Cela ne réussit pas mieux. La foule décidément avait pris un autre chemin.

Rien ne remplaça jamais l'ancienne Commune, Pache, Hébert, Chaumette. Hébert même était populaire, quoique muscadin (portant deux montres à sa culotte); Paris était habitué à entendre de bonne heure la gueule infernale de ses colporteurs : « Il est b..... en colère, ce matin, le *Père Duchêne!* » Le maire Pache était populaire par sa bonne représentation, son apparente honnêteté, sa calme et large face suisse. Chaumette était populaire par je ne sais quoi de bonhomme, par ses cheveux plats, luisants, exactement divisés, par ses trivialités et ses apophthegmes. Rarement, très rarement, il ceignait l'écharpe. Il était peuple dans le peuple. Ses textes ordinaires, la guerre aux jeux et aux filles, ses exhortations banales d'être bon époux, bon père, etc., tout était fort bien reçu. Il ne bougeait de la Commune, sauf pour prêcher aux Filles-Dieu. Il vivait là, infatigable, dans la grande salle Saint-Jean, au milieu d'une foule bruyante qui se renouvelait sans cesse, doux, poli, facile, ayant toujours la réponse, trouvant toujours sans se lasser les mots de la situation. Si la séance trop longue envahissait l'heure des repas, l'assistance avait le plaisir de voir Anaxagoras tirer un petit morceau de pain de sa poche et le manger sobrement, à sa grande édification. Le Parisien d'autrefois disait aux nouveaux débarqués : « Vous avez vu au pont Neuf la Samaritaine battre les heures au carillon ? » et le Parisien de 93 disait de même : « Avez-vous vu Anaxagoras Chaumette ? »

Nous entrons dans un temps sombre avec 94, tellement que je me surprends à croire qu'il y eut du soleil encore dans la nuit de 93. Le volcan, au moins, y fit la lumière. On mourait, mais on vivait. Une page de Desmoulins ou Clootz, une boutade de Marat, faisaient tressaillir. Les carrefours avaient encore leurs orateurs, leurs assemblées ; Varlet criait sur ses tréteaux. Vous auriez entendu dire : « N'est-ce pas là Danton qui passe ?... » Ah ! la coupe était encore pleine.

Tout cela, c'étaient des forces, — discordantes, — mais c'étaient des forces.

Où est-il, celui qui disait : « Irez-vous aux catacombes fouiller les ossements ?... Direz-vous au

peuple affamé : « Voici les cendres des morts...
« Mange, peuple, rassasie-toi..., car nous n'avons
« rien de plus ! »

Ce temps est venu. La vie, la force, la substance, ce qui nourrissait la Révolution, cela a déjà passé dans la terre.

D'autant plus vivante et terrible se réveille et se relève la contre-révolution. Elle va centupler ses efforts.

Et que ferait-on contre elle ? peut-on centupler la Terreur ?

Nous avons déjà caractérisé Chaumette. C'était un petit homme, d'une figure agréable et commune, avec des yeux noirs et vifs. Fils d'un cordonnier de Nevers, mousse à treize ans, un moment soldat, puis de nouveau pilotin, il imagina de se faire le pilote de l'esprit public, s'en vint écrire à Paris. Il s'intitulait alors étudiant en médecine, mais travaillait chez Prudhomme, sous l'excellente direction de Loustalot. Il était juste au niveau de la foule, ni au-dessus ni au-dessous. Sa carrière toute mêlée, très pratique, son habitude de vie collective, lui donna un bon sens et une bienveillance qu'Hébert n'eut jamais. Nous avons marqué ailleurs ses dissentiments avec Hébert. Hebert reprochait à Chaumette de trop attaquer les filles, soutenant qu'elles étaient nécessaires. Chaumette, en revanche, ne suivait pas Hébert dans sa cruelle persécution des orateurs en plein vent, dans sa ligue avec Robespierre contre Roux et autres. Enfin, loin de demander, comme Hébert, qu'on exterminât la Vendée, il voulait qu'on y envoyât une mission de prédicateurs révolutionnaires (voy. *Journal de la Montagne*, 3, 15 et 23 octobre).

Chaumette, nous l'avons dit, était d'un caractère très faible. Du reste, fort honnête et les mains très nettes, il ne fit pas ses affaires comme Hébert. Son fils a été laboureur; son petit-fils, bon pépiniériste à Nevers, ruiné par sa probité même, est maintenant jardinier.

Le peuple sentait d'instinct qu'il devait être honnête homme, et ne se lassait pas de l'écouter. Tout ouvrier sans ouvrage, au lieu de traîner à la Grève, entrait et ne s'en allait pas sans emporter quelque bon sermon de Chaumette. Sa figure banale était entrée dans les yeux et dans la pensée populaire.

Nous avons vu comment Chaumette, fort abattu depuis décembre par la trahison d'Hébert, très docile aux Comités, et nullement dangereux, fut enlevé de la Commune par un simple jeu de bascule, pour équilibrer par ce coup à gauche le coup qu'on venait de frapper à droite. Jusqu'au bout, il ne put pas croire qu'on l'associât à Hébert, ayant spécialement refusé de faire appuyer par la Commune le mouvement hébertiste. Encore moins imaginait-il qu'il pût jamais être frappé comme complice de Danton et de Camille Desmoulins. C'est pourtant ce qui arriva, et ce qu'on lit expressément dans le texte du jugement. Chaumette, à son grand étonnement, mourut avec la veuve Hébert et la veuve Desmoulins.

Cette affaire est la première de celles qu'on appelle *les grandes fournées*, et la première aussi des fameuses *conspirations de prisons*, meurtrières fictions que la Terreur agonisante inventa, multiplia, dans son horrible dernier mois, pour soûler la guillotine de plus en plus affamée, et qui, faute d'aliment, allait dévorer ses maîtres.

Là parut pour la première fois la race nouvelle des *moutons*, c'est-à-dire des bons prisonniers qui écoutaient et dénonçaient les autres. Cette race multiplia. Le *mouton* Laflotte, qui, par sa délation du Luxembourg, avait fourni le moyen de tuer Danton, donna l'exemple aux *moutons* Benoît et Beausire, qui firent ici leurs premières armes, et s'illustrèrent en messidor.

Les accusés ne se connaissaient pas. A peine s'étaient-ils vus. Tout ce qui les rapprochait, c'était la crainte commune qu'ils avaient eue d'un 2 Septembre. L'apôtre Chaumette vit pour la première fois le général des Girondins de Nantes, le joyeux Beysser, qui continuait de boire et faire des chansons. La jeune Lucile Desmoulins y rencontra madame Hébert, ex-religieuse, spirituelle, intrigante, qui avait tripoté avec les agioteurs, mais conspiré nullement. Le dantoniste Simon, Grammont l'hébertiste, Gobel, évêque de Paris, tous ensemble, sans savoir pourquoi. Le royaliste

Dillon s'y trouva en compagnie d'un des grands exécuteurs des royalistes de Lyon, le commissaire Lapallus. Que faisait là celui-ci ? C'était une pièce d'attente. Cet ingénieux procès, fils du grand procès (Hébert et Danton), engendrait, par Lapallus, un autre procès non moins grave, celui des affaires de Lyon, qu'on entama en guillotinant Marino, qu'on poursuivit en Fouché, et qui eût atteint Collot, sans le 9 Thermidor.

Le président n'était plus le louche et perfide Herman. C'était Dumas, violent, furieux robespierriste, qui jugeait pistolets sur table. Il insultait les accusés, méprisait si outrageusement toute forme de Justice, qu'il fit passer un juré (Renaudin) au rang des témoins; puis, quand il eut témoigné, il revint au banc des jurés, se refaisant ainsi juge de son propre témoignage.

Le seul des accusés qui montra un grand courage, fut Lucile Desmoulins. Elle parut intrépide et digne de son glorieux nom. Elle déclara qu'elle avait dit à Dillon, aux prisonniers, que si l'on faisait un 2 Septembre, « c'était pour eux un devoir de défendre leur vie. »

Il n'y eut pas un homme, de quelque opinion qu'il fût, qui n'eût le cœur arraché de cette mort. Ce n'était pas une femme politique, une Corday, une Roland; c'était simplement une femme, une jeune fille, à la voir, une enfant pour l'apparence. Hélas! qu'avait-elle fait? Voulu sauver un amant?.... Son mari, le bon Camille, l'avocat du genre humain. Elle mourait pour sa vertu, l'intrépide et charmante femme, pour l'accomplissement du plus saint devoir.

Sa mère, la belle, la bonne madame Duplessis, épouvantée de cette chose qu'elle n'eût jamais pu soupçonner, écrivit à Robespierre, qui ne put ou n'osa y répondre. Il avait aimé Lucile, dit-on, voulu l'épouser. On eût cru, s'il eût répondu, qu'il l'aimait encore. Il aurait donné une prise qui l'eût fortement compromis.

Tout le monde exécra cette prudence. Le sens humain fut soulevé. Chaque homme souffrit et pâtit. Une voix fut dans tout un peuple, sans distinction de parti (de ces voix qui portent malheur) : « Oh ! ceci, c'est trop ! »

Qu'avait-on fait en infligeant cette torture à l'âme humaine ? On avait suscité aux idées une cruelle guerre, éveillé contre elles une redoutable puissance, aveugle, bestiale et terrible, la sensibilité sauvage qui marche sur les principes, qui, pour venger le sang, en verse des fleuves, qui tuerait des nations pour sauver des hommes.

Sans preuves, pièces ni témoins (on ne peut nommer ainsi trois mouchards), ils furent tous *convaincus* d'avoir voulu égorger la Convention, rétablir la monarchie, usurper la souveraineté, etc., etc. Le peuple, quoique habitué, ne put voir sans étonnement, confondu sur les charrettes, cet horrible *plum-pudding*, où l'on avait trouvé moyen de mêler toute nuance, toute opinion, tout parti.

L'évêque de Paris, placé là, était un grand enseignement pour les prêtres de ne plus se faire révolutionnaires. Avis à eux qu'ils seraient mis à mort par la République s'ils étaient républicains. Qui en rit? L'ancien Clergé! Pour les gallicans, les assermentés, ils crurent que Robespierre décidément marchait avec eux, et conçurent beaucoup d'espoir.

Si Dumas, si Fouquier-Tinville, eussent eu un peu plus d'esprit, un peu de l'adresse d'Herman, ils auraient évité de donner au procès la moindre apparence religieuse. Loin de là, maladroits flatteurs de Robespierre et du nouveau mouvement indiqué, le 6, par Couthon, ils prirent le langage à la mode. Ils parlèrent souvent, fort et ferme, de divinité, d'athéisme, d'Être suprême, etc. Ils reprochèrent expressément à Gobel d'avoir abjuré, à Lapallus d'avoir dépouillé les églises de Lyon, à Chaumette d'avoir fermé les églises de Paris, de s'être coalisé avec Clootz, « pour effacer toute idée de la Divinité. » Pour comble de maladresse, ce fut à cette occasion que le juré Renaudin, intime de Robespierre, changea tout à coup de rôle par une bizarre sortie, exprimant son indignation d'avoir entendu Gobel, Clootz et Fabre d'Églantine « se réjouir de ce que les églises étaient fermées. »

Le président fut prodigieusement ridicule contre Chaumette. Chaumette, dit-il, fermait les églises et mettait les filles en prison. Pourquoi? Afin que, d'une part, les libertins désespérés outrageassent les honnêtes femmes, et que, d'autre part, les fanatiques se réunissent aux libertins pour renverser le gouvernement!

Chaumette pouvait les écraser. Mais il plaida à plat ventre, se montra ce qu'il était, un pauvre homme de lettres, craintif et tremblant, jusqu'à dire qu'il n'avait pas eu beaucoup de rapports avec Anacharsis Clootz. Il croyait que, s'il se lavait de l'amitié du grand hérétique, il trouverait grâce peut-être devant Robespierre.

L'hérétique, au fond, l'impie, le martyr de la Liberté, n'était pas tant Chaumette ou Clootz que Paris même. C'était lui qu'on frappait en eux, c'était l'audacieuse avant-garde de la pensée humaine, du libre génie de la terre, qui eut son *Précurseur* dans la grande Commune. Après ce coup de massue, Paris, un moment retardé (un demi-siècle est un moment), s'écarta des voies religieuses et de l'initiation philosophique, pour y retourner plus tard par le circuit du socialisme, qui l'y ramènera sans nul doute.

Chaumette, malgré sa faiblesse, a emporté un double titre. Jamais magistrat populaire ne se montra si inépuisablement fécond en idées bienveillantes, utiles*.

D'autre part, grâce à la farouche intolérance de ses ennemis, il tient sa place dans la glorieuse série de ceux qui payèrent de leur sang pour la liberté religieuse. Les Bruno, les Morin (celui-ci brûlé sous Louis XIV, 1664!), ont pour successeur légitime le pauvre Anaxagoras. Les six cent mille protestants émigrés sous le grand roi, les cinquante mille jansénistes mis à la Bastille, les martyrs bien plus nombreux de la liberté de pensée qu'une intolérance plus machiavélique fait depuis mourir de faim, ils doivent reconnaître un frère dans l'apôtre de la Raison, qui fut la voix de Paris.

CHAPITRE IV

CAMBON MENACÉ
ASSIGNATS, BIENS NATIONAUX
(16 AVRIL 94)

Haine de Robespierre et de Saint-Just pour Cambon. — Accusations publiques contre lui. — Ce qu'il eût pu répondre. — Difficulté insurmontable de la situation.

A dictature qui se faisait d'elle-même et fatalement, pouvait-elle s'arrêter dans la proscription? Elle l'eût voulu en vain. Elle était menée, poussée par la force des choses à proscrire et les rois déchus, j'appelle ainsi les représentants revenus des missions de 93, et tôt ou tard les rois régnants, j'appelle ainsi le roi des Finances, le roi de la Guerre, Cambon et Carnot.

Celui-ci, qui, par la suppression du ministère de la Guerre, avait désormais endossé la responsabilité complète, allait être seul accusé en cas de revers. Robespierre se fit une loi de ne jamais signer une seule pièce de la Guerre, tandis qu'à chaque instant ses actes, ceux de Saint-Just et Couthon, recevaient de Carnot la signature de complaisance qu'on ne se refusait pas entre collègues. Il se tint, par cette réserve, en état de pouvoir toujours l'accuser, pour toute mesure dont l'utilité serait contestable, ce qui eut lieu en Thermidor.

Quant à Cambon, c'est l'homme que Robespierre et Saint-Just ont haï le plus.

Plus que Danton, plus que Vergniaud. Ceux-ci furent des individualités, mais Cambon fut un système. Ils le haïrent, non d'une haine éphémère et personnelle, mais d'une haine intrinsèque, inhérente au fond même de leurs systèmes et de leurs idées.

Le premier discours de Saint-Just a été dirigé contre Cambon. Le dernier discours de Robespierre finira contre Cambon.

L'intelligent et perfide baron de Batz, habile agent royaliste, avait deviné la seule chance par où peut-être il eût pu entrer en rapport avec Robespierre *(Déposition de Chabot)*. C'était de lui adresser des *plans de finances* propres à faire sauter Cambon.

L'antipathie des deux grands utopistes de la Révolution contre son grand homme d'affaires était tout à fait conforme au sentiment de leur parti et du peuple en général. La tyrannie de l'assignat, l'effrayante augmentation du papier, la disparition du numéraire, la déperdition si rapide des ressources de l'État, que sais-je, le maximum, la famine..., tout cela s'appelait Cambon.

« Qui seul a fait tout le mal de la Révolution ? qui fut son mauvais génie, si ce n'est cet homme ?... Un homme ? non, un gouffre, où la France s'est abîmée !

« Qu'a-t-il fait de nos espérances ? où est cette superbe dépouille des biens ecclésiastiques ? quatre milliards !... Absorbés. Où est le Domaine royal ?... Et les biens des émigrés ? Voilà qu'ils fondent, ils disparaissent... Demain, ils seront dévorés.

« Cette grande dot de la nation, ce patrimoine du pauvre, cette restitution naturelle des oisifs au peuple, le rêve de la Révolution, qu'est-ce que tout cela est devenu ? Tout a péri entre les mains ineptes, perfides peut-être, de cet exterminateur de la fortune publique.

« Qu'a-t-il su et qu'a-t-il fait ? quelle fut la recette de cet empirique ? Une seule : la planche aux assignats. Cette planche, il s'y acharne, la roulant, la nuit, le jour. A tout, une seule parole, toujours la même réponse : « Encore un milliard ! » Non content des gros assignats, il les a divisés menus, partout divisés en parcelles. Et voilà que l'agiotage s'est répandu jusque dans les moindres villages.

« Tout cela est-il innocent? la faculté d'acheter les biens nationaux par annuités, qui a-t-elle favorisé? L'homme d'argent, le spéculateur, qui, dès qu'il a jeté son premier payement minime, son sou à la nation, revend à profit, embourse, et, de ce prix de revente, spécule, agiote et accapare, cache les denrées, organise la disette et regagne encore.

« N'avait-on pas dit à Cambon, l'autre hiver, que ses ventes précipitées des églises amenaient la guerre civile?... *Qui fit la Vendée? C'est lui.*

« Homme fatal!... Et le pis, les maux qu'il a faits dureront toujours. Tout a passé aux voleurs; nous restons la faim aux dents. La ruse triomphe à jamais. Décidément, l'ancien régime pourra se moquer de nous, et nous dire en ricanant la parole d'Évangile : « Vous aurez toujours des « pauvres. »

« C'est fait de la Révolution. Elle a mangé un peu de miel, et voilà déjà qu'elle meurt. Elle avait cru mordre aux pommes du jardin des Hespérides, elle n'a trouvé sous la dent que fiel et que cendre. »

Telle était la douleur publique, les injustes accusations, qui rapportaient à un homme tout ce que la situation avait fatalement engendré de maux.

Ce qui défendait Cambon, c'est qu'en l'attaquant, on ébranlait les lois qu'il avait proposées;

on portait un coup terrible au crédit, à la confiance.

Frapper Cambon! mais qu'était-ce? Frapper la fatalité de la France en 93. Cambon n'était pas autre chose.

Ce n'était pas lui qui avait agi, c'était la situation, le péril, la crise désespérée. Ce temps, déjà trop oublié, où la France désarmée vit le monde entier contre elle, cette misère du 12 mars où le Trésor n'eut plus que quelques mille francs, en papier, permettait-elle de choisir les moyens? laissait-elle les loisirs d'organiser des républiques de Lycurgue et de Numa?

Ce grand homme eût d'ailleurs pu faire une foudroyante réponse : « Voulez-vous savoir pourquoi il m'a fallu vous ruiner? pourquoi la guerre a dévoré les ressources de la France? Parce que vous n'avez pas voulu la guerre que je demandais. Ma guerre n'eût pas été la vôtre. Je la voulais offensive, et toute en pays ennemi. Vous l'avez prêchée défensive. Je l'ai voulue sociale; vous l'avez faite politique. Vous déclariez aux Jacobins que la République française ne se mêlait point des autres peuples. Moi, je lançais la croisade, attribuant à la guerre les biens nationaux des peuples affranchis. Enfin, je sonnais le tocsin, et vous y mettiez la sourdine... Les rois, aujourd'hui rassurés, vous font des avances; c'est bien. Ils voient que décidément vous n'avez pas remué en Europe la question capitale, celle des biens nationaux. La Révolution française restera chose isolée, et la France en payera les frais.

« Qu'ai-je fait, dans cette misère ? Une grande chose : j'ai sauvé l'honneur. La République française, dans sa plus terrible crise, août 93, devant les banqueroutes des rois, a recueilli, accepté, consacré dans son *Grand-Livre* tous les engagements du passé. Si elle n'a pu payer le fonds, elle a garanti la rente, s'obligeant à payer toujours pour des fautes qui ne furent pas siennes, expiant l'injure du passé qu'elle pouvait repousser, et bâtissant l'avenir sur cette libre et généreuse expiation.

« Du reste, qu'ai-je pu, malheureux, en face des plus terribles exigences dont l'Histoire ait parlé jamais ? Impossible d'emprunter, impossible d'imposer. On feignait de croire que le but de la Révolution était de ne rien payer. Nous avions beau rappeler la suppression des dîmes, des aides, des corvées, des gabelles ; toutes choses déjà oubliées. Mais on soupirait toujours sur la contribution mobilière ; on pleurait sur le pauvre peuple. Les enfouisseurs se lamentaient. Les vieilles qui donnaient tout aux prêtres ne laissaient lever l'impôt chez elles que le sabre à la main. Donc, je ne pouvais que vendre, vendre vite, vendre à tout prix. Plus on avançait, plus les ventes étaient difficiles. Le pauvre fut de suite à sec ; au second des douze payements, arrivait le spéculateur. Et nous en étions bien heureux ; nous proclamions patriotes ceux qui se portaient acquéreurs et voulaient bien faire fortune... La République, hélas! eut à faire sa cour aux riches. Sans argent, nous périssions. On les laissa acheter les biens communaux, ce patrimoine des pauvres. On les laissa acheter les biens ecclésiastiques, les plus faciles à revendre. On fit effort pour s'assurer qu'au moins les biens des émigrés seraient divisés en parcelles; on défendit d'en acheter pour plus de 500 francs, plus de quatre arpents. Eh bien, impossible de vendre. La spéculation s'éloignait. Il fallut bien fermer les yeux sur la violation des Lois. »

Cambon, du reste, est justifié par un mot même de Saint-Just.

Dans ce discours du 16 avril, il dit que le mode d'acquisition par annuités permettait d'agioter, et un peu plus loin : Qu'il faut *tranquilliser les acquisitions, innover le moins possible dans le régime des annuités.* — Établissant ainsi : 1° que ce mode est détestable; 2° qu'il faut le maintenir.

Fatalité! infranchissable mur où venait heurter la Révolution.

Au fond même des Lois révolutionnaires, l'ennemi s'est glissé, caché. L'insecte vit au fond du fruit; on ne l'en sortira pas. Les Lois de l'Égalité ont refait l'aristocratie.

Mais, dira-t-on, si les Lois sont impuissantes, pourquoi l'homme ne suppléerait-il? Que sert d'avoir couvert la France d'autorités révolutionnaires, de sociétés populaires? L'œil ouvert parmi les nuages qu'on voit sur le drapeau de la société jacobine, est-ce un insigne mensonger? Tous attaquent les agioteurs, tous maudissent les accapareurs. Sont-ce là de vaines paroles? Cette réquisition immense, morale autant que politique, ne peut-elle observer de près les acquéreurs équivoques, les prête-noms, les hommes de paille, et saisir, derrière la ruse du spéculateur, le secret des coalitions?

La réponse à cette question, c'est la révélation d'un terrible mystère.

CHAPITRE V

LA BANDE NOIRE

La bourgeoisie rentre dans les affaires. — Les Comités de Surveillance ne surveillent pas. — Les spéculateurs s'abritent derrière les autorités. — Les contre-révolutionnaires maîtres des Comités des campagnes. — Spéculations de Jourdan et de Rovère. — Nécessité d'une épuration. — La Bande noire insaisissable.

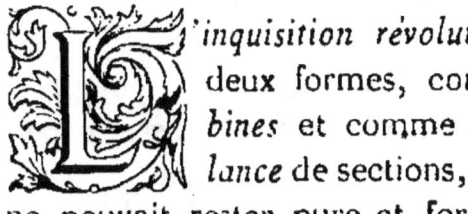'inquisition révolutionnaire, sous ces deux formes, comme *sociétés jacobines* et comme *Comités de Surveillance* de sections, de villes ou villages, ne pouvait rester pure et forte qu'autant qu'elle restait simplement inquisition. Si elle quittait son rôle de surveillance pour entrer dans les affaires, si le Jacobin surveillant était justement le même homme que le fonctionnaire public qu'il avait à surveiller, on pouvait prédire hardiment qu'il serait indulgent pour lui, que cette fantasmagorie terrible d'inquisition deviendrait illusoire, que si

elle continuait son rôle, ce serait de manière à donner le change, à détourner l'attention, dirigeant ses sévérités ailleurs que sur elle-même, se corrompant de plus en plus, comme tout pouvoir sans contrôle.

Cela arriva par trois fois, aux Jacobins des Lameth, aux Jacobins de Brissot, aux Jacobins de Robespierre. Trois fois, la grande société quitta son rôle de surveillante pour celui de fonctionnaire; les Jacobins entrèrent dans l'Administration, dix mille en une seule fois (1792).

A chaque évacuation de ce genre, la société, purifiée, ce semble, recrutée dans une classe plus populaire, paraissait entrer d'un degré de plus dans la démocratie : 93 y fit le dernier effort, et se crut décidément tout près de l'Égalité. Erreur, profonde erreur! En 93, comme auparavant, par des moyens plus détournés, la bourgeoisie domina.

J'entends ici, par bourgeoisie, la classe, peu nombreuse alors, qui savait lire, écrire, compter, qui pouvait (peu ou beaucoup) verbaliser, paperasser, le bureaucrate, le commis, celui qui peut l'être, l'ex-procureur, l'ex-clerc, — le vrai roi moderne, *le scribe*.

Tel est le fruit savoureux que la société européenne recueille d'avoir eu douze cents ans le prêtre pour seul instituteur. La masse entière (moins un centième) est restée à l'état barbare; c'est-à-dire mineure, incapable; à la moindre affaire, la tête leur tourne; il leur faut se remettre à cette minorité minime qui seule sait compter, griffonner. Elle se trouva peu à peu, alors comme aujourd'hui, maîtresse des affaires.

Des dix ou douze membres d'un Comité de Surveillance, des quarante, cinquante, cent membres d'une société jacobine, presque tous alors étaient illettrés. Ces patriotes, généralement très embarrassés de leur royauté, ne manquaient pas d'aviser dans un coin l'homme modeste et discret qui pouvait tenir la plume. Il se faisait prier, presser, sommer au nom de la patrie; c'était ainsi, malgré lui, qu'il s'emparait des affaires. Les autres croyaient rester maîtres. Il ne les contrariait pas. Seulement, à toute chose qui n'était pas dans ses vues, il les arrêtait par des textes : « Oui, si le décret de brumaire, oui, si la loi de ventôse, n'y étaient contraires, etc., etc. » A cela, ils ne savaient que dire, et suivaient comme des moutons.

La bourgeoisie, fort mêlée aux Clubs en 89, effrayée en 91 et un moment éloignée, y revint timidement, par peur, en 93, y régna peu à peu ensuite, les exploita à son profit.

Était-ce la même bourgeoisie? Comme classe, non. Comme individus, c'était en partie la même, les procureurs d'autrefois, huissiers et autres gens semblables, auxquels se mêlèrent ceux des marchands, artisans, qui pouvaient écrivailler, citer bien ou mal les décrets.

Les mêmes hommes furent les meneurs des sociétés populaires, et des Comités révolutionnaires ou de Surveillance.

Sociétés et Comités, au fond, c'était la même chose. Les Jacobins ayant déclaré qu'ils ne reconnaîtraient comme sociétés populaires que celles dont ces Comités, essentiellement jacobins, seraient le noyau (23 septembre 93), les autres sociétés fermèrent peu à peu.

Dans chaque localité, ce que les meneurs avaient préparé, proclamé, comme *société*, les mêmes hommes l'exécutaient ensuite comme *Comité*. Tout s'étant trouvé ainsi réduit dans chaque endroit à douze ou quinze personnes, qui menait ces douze était maître.

L'homme d'affaires qui tenait la plume, ou le spéculateur caché qui se liguait avec lui, pouvait opérer à l'aise, couvert, défendu, enhardi par la Terreur elle-même, je veux dire, par ce Comité de Surveillance qui ne surveillait pas.

Le danger, on se le rappelle, avait fait cette tyrannie. Le gouvernement central l'avait augmenté en supprimant, énervant les pouvoirs intermédiaires qui gênaient ces Comités, sans oser en prendre lui-même l'inspection. Il craignait de se dépopulariser, s'il partageait avec eux, en les surveillant, la responsabilité de l'action révolutionnaire.

Il résulta malheureusement de cette timidité des deux Comités gouvernants, que ces petits Comités révolutionnaires, quelque patriotes qu'ils fussent, devinrent, souvent sans le savoir, l'instrument des spéculateurs.

L'araignée, en sûreté derrière une telle protection, travaillait à l'aise. Non seulement elle participait à l'inviolabilité de la société et du Comité, à leur puissance de Terreur, mais elle employait cette Terreur au profit de ses affaires, terrifiait ses concurrents ; il ne se trouvait aux enchères nul autre acquéreur patriote.

Et si on l'accusait plus haut, on ne pouvait frapper cet homme qu'à travers le Comité, à travers *le bouclier trois fois saint, trois fois sacré*. de la société populaire.

Quelques faits feront connaître l'intérieur des Comités.

On a vu comment se fit l'arrestation de Prudhomme. Ce journaliste avisé, qui toujours avait tourné selon le soleil et le vent, se croyait en sûreté parce qu'il avait défendu contre la Gironde Marat et Hébert (avril-mai 93). Les hébertistes, en juin, n'en crurent pas moins le moment favorable pour tuer son journal, *Les Révolutions de Paris*, et délivrer *Le Père Duchêne* de ce concurrent.

Un hébertiste qui menait la section des Quatre-Nations, dans laquelle demeurait Prudhomme, fit à lui seul toute l'affaire. 1° Il dénonça Prudhomme à l'assemblée générale de la section (ces assemblées, à cette époque, étaient à peu près désertes) ; 2° président de cette assemblée, il prononça lui-même la prise en considération de la dénonciation, et fit décider que l'accusé irait au Comité révolutionnaire ; 3° il présida le Comité et lui fit décider l'arrestation ; 4° il la fit lui-même, à la tête de la force armée. Prudhomme, relâché bientôt, mais alarmé, découragé, cessa bientôt de paraître. C'est ce qu'on voulait. Il reparaît le 3 octobre, mais dompté, au profit d'Hébert et des hébertistes, dont il porte les couleurs.

Autre affaire, plus étonnante. A Paris, sous les yeux mêmes du Comité de Sûreté, un Comité révolutionnaire, celui de la Croix-Rouge ou du faubourg Saint-Germain, imitant les spéculateurs qui créaient des maisons de santé pour recevoir les prisonniers qu'on favorisait, avait créé, rue de Sèvres, une prison confortable où l'on payait des prix énormes, de sorte que ceux dont il avait prononcé l'arrestation, il les recevait et les exploitait comme pensionnaires.

Ceux-ci, du reste, n'avaient garde de se plaindre. C'était un brevet de vie. Le Comité choyait, gardait, cachait son petit troupeau. On n'y toucha pas avant le 7 thermidor. Ce ne fut qu'alors enfin que la Terreur, qui ne respectait rien, troubla la spéculation du Comité de la Croix-Rouge et guillotina quelques-uns de ses précieux pensionnaires.

Comment était composé ce Comité ?

Il y avait quatre artistes, un musicien et trois peintres, pauvres diables qui, vivant mal de leur art, avaient pris cette position. Il y avait quatre domestiques d'anciennes maisons, qui pouvaient bien renseigner. Un homme d'exécution, ex-gendarme, et deux hommes forts, deux commissionnaires du coin de la rue. Trois marchands, et enfin un ancien notaire, qui probablement menait toute l'affaire et dressait le Comité à la spéculation.

Tout cela se passait à Paris. En province, la surveillance était moindre encore. Les registres du Comité de Sûreté générale, mutilés aux derniers mois, mais entiers jusqu'en mai 94, ne donnent presque aucun acte relatif aux départements.

Si quelque chose transpirait des départements à Paris, c'était un miracle, un vrai coup du ciel. Je n'en connais qu'un exemple.

Le 24 pluviôse 94, on dénonça à la Convention un huissier (du district de La Souterraine, département de la Creuse), lequel, cumulant dans son village les fonctions de maire et de membre du Comité de Surveillance, exerçait sur les paysans une Terreur lucrative, étonnamment audacieuse. Il les emprisonnait et les rançonnait à quatre, cinq, six cents livres par tête. Il leur vendait des exemptions de la *réquisition*. Il les faisait travailler à son profit par corvée sur un bien national dont il s'était fait fermier. Il les fit contribuer pour acheter des blés, dans un moment de disette, puis, ces blés, les leur vendit trente sous plus cher par boisseau qu'ils ne lui avaient coûté. Ce tyran, à l'exemple des anciens seigneurs, mariait à sa volonté. Un homme qu'il mit en prison n'en sortit qu'en épousant une fille qu'il lui imposa. Le curé voulait se marier, il ne le permit pas, et, pour plus de sûreté, il enferma la fiancée, puis la bannit de la commune.

Ce qui le rendait si hardi, c'est qu'à bon marché il s'était fait un renom de patriotisme en célébrant avec éclat l'abolition de la féodalité. Pour la fête, il avait levé une somme énorme de 2,400 livres, et coupé dans les forêts de l'État cent cordes de bois dont il fit un feu de joie sur une montagne voisine.

On se plaignit au district. Mais un des administrateurs était parent de l'huissier. Le district ne souffla mot.

Le Tribunal criminel du département n'osait trop mettre en accusation ce grand patriote. Il demanda à la Convention s'il était compétent pour le faire. La Convention, indignée, décréta qu'on l'arrêterait sur-le-champ, lui et ses protecteurs, les administrateurs du district, et les envoya tous au Tribunal révolutionnaire.

Le 19 ventôse, aux Jacobins, le dantoniste Thirion déclara à la société que les Comités de Surveillance des petites communes étaient profondément corrompus, que les aristocrates, les intendants, économes, valets des anciens seigneurs, y étaient les maîtres; que c'étaient eux qui empêchaient les paysans d'apporter leurs denrées aux villes.

L'observation porta coup. Peu après, la Convention, sur la très sage *proposition* de Couthon, décida *qu'il n'y avait plus de Comité de Surveillance qu'aux villes de district*, où sans doute le Comité devait mieux marcher sous les yeux des Jacobins. Changement immense et trop peu remarqué! Ce n'est pas moins que le reflux révolutionnaire. La Révolution, par une défiance tardive, se retire des campagnes, se concentre dans les villes.

Eh quoi! les acquéreurs de biens nationaux ne lui constituent-ils pas dans les campagnes une phalange invincible contre l'aristocratie?... Mais, s'ils sont aristocrates?

Je crains que même au district la spéculation concentrée n'y soit pas moins cupide, pas moins contre-révolutionnaire. L'âge des principes s'en va, celui des intérêts commence. Là, se fera, sans nulle peine, la monstrueuse alliance des partis. Faux patriotes, aristocrates, tous vont spéculer ensemble.

On se rappelle Jourdan, l'homme de la Glacière, chassé par les constitutionnels, ramené par Barbaroux en triomphe dans Avignon. Cet homme portait alors le drapeau des Girondins. En 94, il s'était rapproché des royalistes et spéculait avec eux. Du reste, grand patriote, bien reçu des Jacobins de Paris, le 11 nivôse il reçoit l'accolade de leur président; le 28, il est reçu membre. On n'eût osé l'entamer, si, par un excès d'audace et d'effronterie, il n'avait soulevé contre lui la colère de l'Assemblée.

Le représentant Maignet envoya à la Convention une lettre où Jourdan, colonel de gendarmerie, désignait comme suspect un représentant qui avait passé à Avignon *avec un congé de l'Assemblée.* Jourdan se portait pour plus patriote que la Convention même. Merlin de Thionville et Legendre demandèrent que ce drôle fût envoyé au Comité de Sûreté générale. D'autres appuyèrent. Jourdan fut arrêté, amené, épluché.

Et alors, on en vit plus qu'on n'en voulait voir. Dans ses spéculations, il était l'associé du représentant Rovère, du Comtat-d'Avignon. Demi-Italien, ex-Garde du corps du pape, riche, marquis de Fonvielle, changeant de figure tous les jours, tantôt des illustres Rovère d'Italie, tantôt petit-fils d'un boucher. Ce caméléon donna le plus surprenant spectacle. Avec Jourdan, il organisa dans le Midi la première de ces *Bandes noires* qui achetaient à vil prix les biens nationaux. Les complices furent des royalistes, les agents des émigrés, les parents, amis de ceux que Jourdan avait massacrés. Cet intelligent Rovère leur fit aisément comprendre qu'ils pouvaient, en profitant de la simplicité révolutionnaire, sur les dépouilles des morts, de leurs propres morts, faire les plus beaux coups. La Révolution elle-même avait travaillé pour eux ; elle les faisait peu nombreux, et il ne tenait qu'à eux qu'elle ne les fît héritiers. Ils commencèrent à reconnaître que la Terreur avait du bon. Les marquises sympathisèrent fort avec M. de Fonvielle, que dis-je? avec *monsieur Jourdan*. « Hélas! disaient-elles en soupirant quand on lui fît son procès, on nous ôte *monsieur Jourdan* quand il revient aux bons principes. »

On guillotina Jourdan. Rovère resta à la Montagne, muet, tapi dans les rangs des dantonistes, qu'il déshonorait. Ce furent eux cependant, précisément les dantonistes, qui firent, comme on vient de le voir, arrêter son associé.

Les faits qui précèdent indiquent combien rarement, difficilement, venait la lumière.

Même chez les robespierristes, qui, d'après les vertus de leur maître, affectaient de grands dehors d'abstinence et d'austérité, on a vu la fortune subite du jacobin Nicolas, ouvrier en 92, possesseur en 93 d'une vaste imprimerie, et qui, sur le Tribunal seulement, avait déjà gagné cent mille francs.

Dubois-Crancé fît, en avril, une *proposition* hardie. De Rennes, où il était alors, il écrivit aux Jacobins que leur rôle de *surveillants et censeurs de fonctionnaires* ne leur permettait pas d'être *fonctionnaires* eux-mêmes, qu'il fallait opter.

La chose était-elle possible? le personnel révolutionnaire étant devenu si peu nombreux, les Jacobins n'étaient-ils pas obligés de cumuler ces choses peu conciliables? Les places délaissées par eux n'eussent-elles pas passé en des mains peu sûres? Quoi qu'il en soit, au seul énoncé de la *proposition*, la salle pensa s'écrouler. Les zélés se mettaient la main aux oreilles pour n'entendre un tel blasphème. Robespierre faillit en faire le point de départ d'une accusation de haute trahison.

Nul doute cependant que l'affaissement précoce du gouvernement révolutionnaire ne tînt à deux choses :

Premièrement, ce cumul du *surveillant fonctionnaire*, n'ayant de contrôle que lui-même ;

Deuxièmement, *la tolérance* de plusieurs sociétés ou Comités *pour la spéculation*, et l'agiotage exercé souvent par leurs propres membres, acquéreurs, vendeurs, trafiquants de biens nationaux, brocantant et s'enrichissant « pour le salut de la patrie. »

Ces deux fléaux minaient la République.

Elle triomphait de l'Europe, et elle dépérissait en dessous.

Il devait lui arriver comme à un vaisseau superbe qui règne sur l'Océan, et qui porte dans son sein un monde de vers acharné à le dévorer.

Il est une ville de France, un port, dont plusieurs maisons, habitées par de nouveaux hôtes, peuvent s'écrouler un matin. Un vaisseau probablement les apporta des colonies. Depuis, maîtres absolus dans un quartier de La Rochelle, les *termites*, c'est leur nom, laborieux, silencieux, invisibles ouvriers, travaillent, sans que rien les arrête. Un pieu neuf planté dans la terre est dévoré en vingt-quatre heures. Solives, lambris, portes, châssis de fenêtres, marches et rampes d'escaliers, tout mangé sans qu'il y paraisse. La forme seule reste. Vous appuyez sur ce bois, ferme en apparence, verni, reluisant, et la main enfonce: ce n'est que poussière. Les parquets cèdent sous les pieds; on tâche de marcher doucement. Que sont les poutres en dessous? on n'ose y penser. On vit suspendu à l'abîme…

Tel fut le réveil étrange de la Révolution, lorsque, toute préoccupée d'idées, de principes, de disputes et de factions, elle vit que par-dessous on pensait à autre chose, qu'il s'agissait d'intérêts, d'agio, de coalition, que tous s'entendaient avec tous.

De ces *termites* de 94 et 95, le nom était: *Bande noire*. Mais comment les reconnaître? L'insecte, plus dangereux que celui de La Rochelle, vivait, non dans la maison seulement et dans le bois, mais dans l'homme, la chair et le sang, et jusque dans les entrailles des sociétés créées pour lui faire la guerre, de sorte que, trop souvent, là où l'on cherchait le moyen de détruire le monstre, on trouvait le monstre même.

CHAPITRE VI

LAVOISIER — LA GRANDE CHIMIE
LES MOEURS EN 1794

Pouvait-on en un jour guérir un mal de mille ans ? — Ennui, blasement, mépris de la vie. — Puissance, activité des femmes. — Galanteries funèbres. — Rapides transformations, avènement de la chimie. — On tue l'inventeur, 8 mai. — Férocité libertine de l'ancien régime, continuée sous la République. — Un noble, professeur de crime.

RAPPROCHEZ les deux mots qui suivent :

Un Constituant disait ce mot amer et sceptique :

« Maintenant que nous avons fait des *lois* pour une *nation*, il ne nous reste plus qu'à faire une *nation* pour ces *lois*. »

Et un Conventionnel, héroïquement : « Si nous décrétons l'*éducation*, nous aurons assez vécu. »

Décréter l'*éducation* était difficile pour une Révolution commencée qui n'apercevait elle-même qu'un côté de ses principes, et devait recevoir du temps sa complète révélation.

Et c'était peu de décréter l'*éducation*, la création d'un peuple nouveau; il fallait changer l'ancien.

Mille ans d'une éducation antihumaine, où l'on enseigna systématiquement la dégradation de l'homme, posant comme vertu parfaite la résignation au servage, c'est-à-dire l'acceptation de l'état de brute (pour l'homme l'éternité du fouet, pour la femme celle du viol, le servage n'est pas autre chose), — voilà l'œuvre longue et terrible que la Révolution était appelée à effacer en un jour.

Il lui fallait improviser un remède assez puissant pour guérir du premier coup ce chancre envieilli pendant tant de siècles.

Beaucoup avaient le sentiment triste, amer, qu'on ne guérit pas de telles choses.

Plusieurs se jetaient dans l'idée d'une épuration terrible, universelle, absolue.

Là, une difficulté restait. Cette épuration pouvait-elle être individuelle? En frappant tel individu et tel autre encore, était-on sûr d'épurer? Le mal se trouvant en tous, ne fallait-il pas épurer en chaque individu même? Pas un, non, pas un n'était pur. Tous avaient en eux de quoi condamner, trier et proscrire. Robespierre crut que, Danton mort, tout était fini. Erreur. En lui-même, il restait matière à proscription. Il y eut un prêtre en Robespierre, comme un tyran dans Saint-Just. Dans son âme ardente et malade, combattu de plusieurs âmes, il devait du Robespierre pur proscrire le Robespierre impur, tuer la haine en lui, la vengeance, guillotiner l'hypocrisie.

La plupart, sans se bien expliquer ceci, n'en ressentaient pas moins confusément, instinctivement, l'inutilité de ce qui se faisait. La Terreur généralement frappait à côté. Cet énorme sacrifice d'efforts et de sang était en pure perte. De là, un grand découragement, une rapide et funeste démoralisation, une sorte de choléra moral.

Quand le nerf moral se brise, deux choses contraires en adviennent. Les uns, décidés à vivre à tout prix, s'établissent en pleine boue. Les autres, d'ennui, de nausée, vont au-devant de la mort, ou du moins ne la fuient plus.

Cela avait commencé à Lyon, les exécutions trop fréquentes avaient blasé les spectateurs; un d'eux disait en revenant : « Que ferais-je, pour être guillotiné? » Un des condamnés, qui lisait quand on l'appela, continua jusqu'à l'échafaud; au pied de la guillotine, il mit le signet. Cinq prisonniers à Paris échappent aux gendarmes; ils avaient voulu seulement aller encore au Vaudeville. L'un revient au Tribunal : « Je ne puis plus retrouver les autres. Pourriez-vous me dire où sont nos gendarmes? donnez-moi des renseignements. » Le plus fort fut à l'Assemblée: un homme qui voulait tuer Robespierre ou Collot d'Herbois, alla, en attendant, à la Convention ; Barère occupait le tapis en contant je ne sais quelle histoire de Madagascar ; l'homme s'endormit profondément.

De pareils signes indiquaient trop que décidément la Terreur s'usait. Cet effort contre nature ne pouvait plus se soutenir. La Nature, la toute puissante, l'indomptable Nature, qui ne germe nulle part plus énergiquement que sur les tombeaux, reparaissait victorieuse, sous mille formes inattendues. La guerre, la terreur, la mort, tout ce qui semblait contre elle, lui donnaient de nouveaux triomphes. Les femmes ne furent jamais si fortes. Elles se multipliaient, remuaient tout. L'atrocité de la Loi rendait quasi légitimes les faiblesses de la grâce. Elles disaient hardiment en consolant le prisonnier : « Si je ne suis bonne aujourd'hui, il sera trop tard demain. » Le matin, on rencontrait de jolis jeunes imberbes menant le cabriolet à bride abattue ; c'étaient des femmes humaines qui sollicitaient, couraient les puissants du jour. De là, aux prisons. La charité les menait loin. Consolatrices du dehors, ou prisonnières du dedans, aucune ne disputait. Être enceinte, pour ces dernières, c'était une chance de vivre.

Un mot était répété sans cesse, employé à tout : « *La Nature!* suivre la Nature ! Livrez-vous à la Nature, etc. » Le mot *vie* succéda en 95 : « Coulons la *vie!*... Manquer sa *vie*, etc. »

On frémissait de la manquer, on la saisissait

au passage, on en économisait les miettes. On en volait au destin tout ce qu'on pouvait dérober. De respect humain, aucun souvenir. La captivité était, en ce sens, un complet affranchissement. Des hommes graves, des femmes sérieuses, se livraient aux folles parades, aux dérisions de la mort. Leur récréation favorite était la répétition préalable du drame suprême, l'essai de la dernière toilette et les grâces de la guillotine. Ces lugubres parodies comportaient d'audacieuses exhibitions de la beauté; on voulait faire regretter ce que la mort allait atteindre. Si l'on en croit un royaliste, de grandes dames humanisées, sur des chaises mal assurées, hasardaient cette gymnastique. Même à la sombre Conciergerie, où l'on ne venait guère que pour mourir, la grille tragique et sacrée, témoin des prédications viriles de madame Roland, vit souvent à certaines heures des scènes bien moins sérieuses; la nuit et la mort gardaient le secret.

De même que, l'assignat n'inspirant aucune confiance, on hâtait les transactions, l'homme aussi n'étant pas plus sûr de durer que le papier, les liaisons se brusquaient, se rompaient, se reformaient avec une mobilité extraordinaire. L'existence, pour ainsi parler, était volatilisée. Plus de solide, tout fluide, et bientôt gaz évanoui.

Lavoisier venait d'établir et démontrer la grande idée moderne : Solide, fluide et gazeux, trois formes d'une même substance.

Qu'est-ce que l'homme physique et la vie? Un gaz solidifié *.

Le découvreur de cette idée, grande, terrible, féconde, qui, sur son chemin, supprimait l'immortalité des corps et le Jugement dernier, Lavoisier, était la Révolution elle-même contre l'esprit du moyen âge.

C'était lui qui, sans s'arrêter aux superstitions locales, avait vidé le vieux Paris de ses morts, enlevé tous ses cimetières, pour les verser aux catacombes.

Quelle révolution plus grande que celle qui introduit au fond même de la composition des êtres l'homme jusque-là errant autour ? Il les palpait, il les pénètre; le voilà dans leur essence, tête à tête avec le Créateur... Que dis-je ? le voilà créateur et devenu lui-même le rival de la Nature !

Cette science, à ce moment, faisait ses premiers miracles. Aussi féconde d'applications que sublime en son principe, elle enfantait, de moment en moment, des armes pour la patrie. Elle lui mettait en main la foudre. Elle fouillait à fond la France, et elle en tirait de quoi terrifier l'Europe. Ce n'était pas seulement une science que Lavoisier avait faite, il avait engendré un peuple. Une immense tribu de chimistes, *les élèves du salpêtre*, comme on les appelait, remplissaient tout de leur activité. Partout les chaudières et les appareils où le salpêtre était fondu. Partout les députations qui portaient à l'Assemblée ces offrandes patriotiques. Une grande fête fut donnée à l'école, qu'on eût pu appeler la fête de la chimie. « Un siège, un trône, y était sans doute dressé pour ce créateur? » Oui, sur la fatale charrette, à la place de la Révolution.

Pas un mot de plus. Ceci parle assez. Avec la grandeur du mouvement, on voit sa brutalité, son aveuglement, son vertige.

Elle commence, la grande, la terrible opération, qui, par jugements, proscriptions, batailles, famines, hôpitaux, va, de 1794 à 1815, pendant plus de vingt années, dissoudre, décomposer, rendre au repos de la Nature cette énorme masse vivante de tant de millions d'hommes.

Une émotion de plaisir, sauvage, homicide, est attachée, chez beaucoup d'hommes, à la destruction. Chose sombre et triste à dire : ils aiment à détruire autant qu'à créer. Dans les basses et stériles natures, c'est à détruire qu'on se sent dieu.

Et plus la Nature est stérile, pauvre et tarie de jouissances, plus elle demande ses joies à la mort, à la douleur. Les récréations d'un peuple serf, délaissé sans vie morale, sans idée, sans espoir d'amélioration, c'étaient la potence et la roue. Les récréations de ses maîtres, c'étaient l'outrage et les coups, c'étaient le fouet et le bâton. Ce que nous voyons en Russie, où, de relais en relais, le postillon est fouetté, de quelque façon qu'il aille, pour l'amusement du conducteur, offre une image affaiblie de ce joyeux moyen âge. *Joyeuse France, joyeuse Angleterre,* c'est un mot proverbial : tout pays alors est joyeux.

Au dix-septième siècle encore, il y avait beaucoup de *joyeux* seigneurs. La guerre, la chasse, le duel, trois manières de verser le sang, et sans préjudice de l'assassinat. Lisez aux *Mémoires* de Fléchier les plaisanteries un peu fortes de la Noblesse d'Auvergne, un homme entre autres qu'on s'amuse à murer, pour le faire mourir de faim.

Le grand Condé avait dit à je ne sais quel carnage : « Bah! ce n'est qu'une nuit de Paris! » Les Condé, chasseurs sauvages, trop faits à la vue du sang dans ces immenses tueries qu'on appelait grandes chasses, vivaient volontiers dans les forêts, avec mille caprices étranges. Le grand Condé se croyait souvent chien de chasse, et, comme tel, aboyait des heures. Son petits-fils *(voy.* Saint-Simon) fut un nain fantasque et féroce. Ces princes, éloignés des armées par la défiance des rois, étaient soufferts comme rois, dans la liberté sauvage de leurs plus damnables fantaisies. L'un d'eux, Charolais, pour se distraire, assassinait de temps à autre. La tyrannie illimitée de ces grandes maisons sur leurs domestiques et vassaux durait en plein dix-huitième siècle. « Ces gens-là vivent de nous, disaient-ils; qu'importe, s'ils meurent par nous? »

Ce 93 obscur des bons temps de la monarchie,

très soigneusement obscurci par la connivence des rois, *qui sauvaient l'honneur des familles*, gêné par le progrès de l'ordre, était en revanche animé, irrité par les résistances croissantes de la dignité humaine. L'outrage était plus savoureux, ne tombant plus sur des brutes, comme celles du moyen âge. Le plaisir n'était plus de jouir, mais de briser. Misérables générations, lie dernière d'un monde fini, sans cœur, sans imagination et dépourvues de sens même, qui du plaisir ne savent plus rien que la douleur, et pour qui, dans leur vice impuissant, un enfer commence.

Dans les châteaux des Condé, d'une de leurs dames d'honneur, naquit le héros du genre. M. de Sade, de la noble famille d'Avignon, illustrée par la Laure de Pétrarque, était un aimable viveur; seulement, ses gaietés de prince le brouillaient avec la Justice. La première fois, une femme qu'il battait et torturait se jeta par la fenêtre. Pour cent louis, il en fut quitte. Une autre fois, il donne à dîner à des filles de Marseille, et, *pour rire*, les empoisonne. Le Parlement d'Aix se fâche; de Sade se sauve, et, sur la route, il enlève sa belle-sœur. Comme il recommençait toujours, le Roi, las de le gracier, l'avait mis à la Bastille. Qu'un tel homme vécût encore, rien ne prouvait mieux la nécessité de détruire l'arbitraire hideux de l'ancienne monarchie. Il vivait, mais enfin, la Justice rentrant en ce monde, le premier essai de la guillotine lui appartenait de droit.

Prisonnier de la Bastille, il se posa en victime. On accueillait crédulement toute menterie de ce genre. Il fut bien reçu, dit-on, de M. Clermont-Tonnerre et des constitutionnels; bien reçu des hommes de 93, assez bien pour présider sa section, celle des Piques ou de la place Vendôme, la section de Robespierre.

Comment s'y était-il glissé? dans le trouble du 2 Septembre. Dans ce jour où tout le monde se tenait chez soi, il jugea, non sans raison, qu'il y avait plus de sûreté pour un ci-devant au sein même de sa section. Il quitta sa rue (déserte alors), la rue Neuve-des-Mathurins, et vint, le soir, aux Capucines, près de la place Vendôme. Les amis de Robespierre n'y étaient pas, s'étant portés aux Jacobins. Il n'y avait pas grand monde, et personne qui sût bien écrire. De Sade n'était connu que comme un homme qui avait été en prison sous l'ancien régime. Il avait l'air doux et fin, était blond, un peu chauve et grisonnant. « Voulez-vous être secrétaire? — Volontiers. » Il prend la plume.

Notre homme calcula fort juste qu'il ne fallait pas, avec tous ses précédents, se mettre trop en avant. Il prit un rôle tout à la fois actif et paisible, le métier de philanthrope. Bonne âme, qui employait tout son temps aux hôpitaux. Il fit des rapports là-dessus, fort goûtés de la section.

Quand on parla de créer l'armée révolutionnaire à quarante sols par jour, il saisit l'occasion, prit en main cette affaire populaire, et fut nommé d'enthousiasme président de la section.

Cela le mit trop en lumière.

Vers la fin de 93, la Commune essayant d'appuyer son nouveau culte sur une épuration morale, la guerre aux filles, aux libertins, aux livres obscènes, à la vermine de tout genre qui se cachait dans Paris, on commença à s'enquérir de cet hypocrite; on le déclara suspect, on l'arrêta. En prison, il fit le malade et obtint l'adoucissement d'une maison de santé, d'où le tira le 9 Thermidor.

Agé alors de cinquante ans, professeur émérite de crime, il enseignait, avec l'autorité de l'âge et dans les formes élégantes d'un homme de sa condition, que la Nature, indifférente au bien, au mal, n'est qu'une succession de meurtres, qu'elle aime à tuer une existence pour en susciter des milliers, que le monde est un vaste crime.

Les sociétés finissent par ces choses monstrueuses: le moyen âge, par un Gilles de Retz, le célèbre tueur d'enfants; l'ancien régime, par de Sade, l'apôtre des assassins.

Terrible situation d'une République naissante, qui, dans le chaos immense d'un monde écroulé, était surprise en dessous par ces reptiles effroyables. Les vipères et les scorpions erraient dans ses fondements.

LIVRE XIX

CHAPITRE PREMIER

DISSENTIMENTS DE ROBESPIERRE ET DE SAINT-JUST

(16 AVRIL 94)

Idée d'épuration par la dictature. — Saint-Just veut pousser la Terreur. — Robespierre voudrait enrayer. — Décret mixte du 16 avril. — Solitude de Saint-Just.

CETTE terrible pourriture qu'on découvrait en dessous, ces souterrains fangeux, ces gouffres creusés sous la République, à mesure qu'on les voyait, ralliaient beaucoup d'honnêtes gens au vœu de Saint-Just : la création d'un grand épurateur, d'un censeur impitoyable, qui, armé de la dictature, passerait au creuset la Révolution.

Saint-Just croyait que Robespierre était l'homme nécessaire : il voyait en lui le seul homme qui eût vécu l'âge même de la Révolution, ses cinq siècles en cinq années, celui qui semblait en être la conscience, la perpétuité vivante, et qui pesait dans son destin du poids de cette antiquité. Plus Saint-Just trouvait la France éloignée de son idéal de la République, plus il la jugeait incapable de se gouverner elle-même, plus il embrassait l'idée d'un dictateur moral. Un seul homme était capable de ce rôle, et cet homme était Robespierre.

Maintenant on va supposer qu'il y eut unité entre eux. Rien n'est moins exact.

Quoique Saint-Just appartînt à Robespierre et par le cœur et par l'idée, la force des choses tendait à l'en éloigner malgré lui.

Déjà, dans l'affaire de Danton, leur conduite avait été absolument contraire.

Saint-Just tua Danton, parce que seul il n'eut pas la moindre hésitation ni le moindre doute. Il crut d'après Robespierre; mais bien plus que lui, il eut la foi atroce de cet acte sauvage. Au moment où la Loi mourante vint encore réclamer aux Comités, qui fut à son poste? qui fit taire la Loi? qui fut à cette heure la Loi et la dictature?

Robespierre, au contraire, en s'engageant dans cette route, ne négligea rien pour faire voir qu'il y avait été poussé. Il proclama et répéta qu'un autre avait eu la première idée, dit le premier mot ; qu'à ce mot on avait essayé d'opposer le souvenir de l'ancienne relation, et qu'il avait résisté pour le *salut public*. Chacun fut tenté de croire qu'en ce cruel sacrifice d'un compagnon de tant d'années, Robespierre s'était sacrifié lui-même, avait immolé son propre cœur.

Donc c'était Saint-Just qui avait pris la responsabilité capitale de l'acte : il en savait la gravité. Plus d'une fois, dans ses *notes* pleines de pensées funèbres, il paraît très bien sentir qu'après de telles choses, directe est la voie du tombeau.

Mais s'il avait fait cette chose énorme, fait passer la République sur le corps de son père, c'est que ce passé si cher, si sacré aux patriotes, lui apparaissait comme un obstacle sur la route de l'avenir où il avait hâte d'engager la Révolution.

Donc, bien plus que Robespierre, il avait besoin d'aller en avant. Son acte le lui commandait. S'il ne faisait les grandes choses dont Danton lui semblait l'obstacle, Saint-Just restait un assassin.

Il avait toujours volontiers consulté, dès son premier âge, les oracles de la mort. Nous avons dit les étrangetés de sa jeunesse, comment, au milieu d'une ville très corrompue de province, d'une École de Droit dissolue, au milieu des séductions intérieures d'une imagination lubrique, il s'était fait un refuge, une chambre tendue de noir et de blanches têtes de morts, qu'il habitait seul à certaines heures avec les grands morts de l'antiquité. Là, sans doute, lui apparut ce mot qui a fait sa vie : « Le monde est vide depuis les Romains. »

Un passage saisissant de son discours du 16 avril, qui ne semble qu'un trait d'audace, une moralité cynique après un tel événement : « Ambitieux, allez vous promener une heure au cimetière où dorment..., etc., » ce passage nous porte à croire, nous qui connaissons bien l'homme, que lui-même effectivement il alla consulter les morts; que, fort de sa sincérité, il demanda conseil à ceux qu'il avait tués, et que, de leur tombe même, il rapporta la pensée révolutionnaire.

Que lui disaient Monceau et la Madeleine? que lui dit le Roi? « Qu'il n'y aurait jamais paix entre l'ancien et le nouveau monde. » Et les Girondins? et les dantonistes? Ce qu'il a écrit lui-même : « Ceux qui font les révolutions à demi ne font que creuser leurs tombeaux. »

Voici son raisonnement, dont il n'a daigné donner que la conclusion.

Nous rétablissons les prémisses.

« Il faut exterminer l'ancien monde... Mais par un procédé plus définitif que la mort. La mort le réhabilite et le fait revivre.

« Il faut l'exterminer par la honte.

« Droit, morale et révolution, trois choses identiques. Le contre-révolutionnaire et l'homme immoral, qui sont le même homme, doivent, également flétris, traîner le boulet, casser les pierres sur les routes, former un peuple d'ilotes. Ils faisaient travailler le peuple par corvées. Eh bien, à leur tour !... Les privilégiés, nobles et prêtres, seront de droit galériens. »

Ce privilège d'avilissement contre les privilégiés, cette création d'un enfer social, d'une damnation visible des ennemis de l'Égalité, était une chose si terrible, qu'elle eût supprimé la Terreur, eût brisé la guillotine comme un joujou inutile, propre seulement à glorifier les aristocrates, à déguiser en martyrs les fripons et les Du Barry.

La question était de savoir si l'opinion admettrait vraiment cette flétrissure, si des classes respectées naguère seraient avilies tout à coup, si la pitié sans cesse réveillée par ce spectacle ne plaiderait pas tout bas les circonstances atténuantes, si les opprimés d'hier ne prendraient pas parti pour leurs oppresseurs.

Quand le rêveur apporta son idée au Comité de Salut public, avec la sécurité du somnambule qui marche les yeux fermés, il se heurta tout à coup. Pas une voix n'était pour lui.

Avait-il communiqué la chose à Robespierre ? Je ne le crois pas. Leurs idées étaient déjà visiblement opposées, autant que leur point de départ. Saint-Just partait de Lycurgue ; Robespierre, de Jean-Jacques Rousseau. Saint-Just croyait que la Révolution périssait si elle ne procédait à son épuration radicale, à l'anéantissement de ses ennemis, anéantissement *moral*, qui est le seul vrai et complet. Robespierre, au contraire, s'imaginait diviser l'ennemi, en partie le rallier. Son disciple proscrivait les prêtres ; lui, il voulait les rassurer, non seulement en général par sa fête de l'Être suprême, mais par des moyens plus directs, dont nous parlerons tout à l'heure.

Autre différence. Saint-Just proscrivait les nobles, les anoblis, tout privilégié. Robespierre, comme on va voir, demanda quelques exceptions.

Dévoilant timidement ses secrètes idées d'*indulgence*, il n'en prétendait pas moins garder une ligne immuable de sévérité. Il croyait pouvoir relever l'autel sans briser l'échafaud. Devant Billaud, devant Collot, à la Convention et aux Jacobins, il se flattait de raser, sans y tomber jamais, le marais du *modérantisme* où s'était engouffré Danton.

Chose infiniment difficile, où le sens moral n'était guère moins forcé que dans le *projet* de Saint-Just. L'homme, par la logique du cœur, croit invinciblement que le créateur de la vie en est le conservateur, et que Dieu signifie *clémence*.

Les Comités, quoiqu'ils devinassent bien que Robespierre ne pouvait se tenir sur cette pente, et que peut-être un matin il ferait sa paix avec l'opinion en les sacrifiant eux-mêmes, n'hésitèrent pas à préférer sa ligne et à combattre Saint-Just. Ils entrevoyaient en celui-ci quelque chose de plus terrible encore, une tyrannie fanatique, redoutable par la bonne foi et par l'intrépidité. Ils l'arrêtèrent au premier mot, forts de l'appui de Robespierre.

Tout d'abord, unanimement (sauf Billaud peut-être), ils effacèrent le mot *prêtres** du décret proposé. Les nobles seuls furent atteints.

Saint-Just aurait voulu le bannissement absolu des étrangers. On se borna à ceci : « Les nobles et les étrangers n'habiteront ni Paris ni les places frontières. »

Et encore, on ajouta cette restriction qui pouvait annuler tout : « Le Comité est autorisé à mettre en *réquisition* (à faire rester à Paris) ceux qu'il croit utiles. »

Toute la nuit, on disputa, on tailla, rogna. Saint-Just perdit patience, laissa tout, et dit en partant : « Vous ménagez l'ennemi, à la bonne heure! Eh bien, la contre-révolution vous emportera. »

Le lendemain, sans doute en son absence, sur ce décret tout changé, chacun broda un article. Le seul qui semble garder l'empreinte de Saint-Just est celui-ci : « On codifiera les Lois ; on rédigera un corps d'institutions qui gardent les mœurs et la Liberté. »

Les auteurs des autres articles sont faciles à deviner. — Robespierre : « Les conspirateurs ne seront désormais jugés qu'à Paris. » — Billaud : « Les oisifs qui se plaignent, déportés à la

Guyane. » — Lindet : « On encouragera par des récompenses et des indemnités l'industrie, le commerce, les mines ; on protégera les transports, la *circulation des rouliers*, » etc. On voit par ce dernier article tout le chemin qu'avait fait le décret, pas moins que l'Histoire tout entière, toute la distance historique entre Dracon et Colbert. Saint-Just détestait le commerce, et le proscrivait spécialement, disant qu'il n'y a de bon peuple qu'un peuple agricole, que les mains de l'homme ne sont faites que pour la terre et les armes.

Ainsi ce décret fut un monstre, un accouplement bizarre des plus hostiles esprits. Une confusion si étrange, qu'on eût pu attribuer à la précipitation dans un moment moins paisible, avait toute la valeur d'un aveu d'inconciliables discordes. Elle mettait à nu le trouble *intérieur du Comité*, semblait une amère satire du gouvernement collectif, un titre pour qui eût réclamé le gouvernement d'un seul et la création de la dictature.

Elle poussait à la grandeur de Robespierre. Elle brisait les utopies draconiennes de Saint-Just.

L'un eût voulu avancer dans les mondes inconnus. L'autre eût voulu enrayer.

Et le décret résultant de ces tendances diverses montrait trop que désormais la Révolution ne pouvait avancer ni reculer.

Quelque découragé que fût Saint-Just et sans espoir sur l'avenir, il ne refusa pas de présenter cette production étrange à la Convention. Il était le rapporteur désigné et attendu ; il ne se fût abstenu qu'en dénonçant par son silence la discorde intérieure du Comité, et celle même du triumvirat, c'est-à-dire en portant le coup le plus grave à l'autorité du gouvernement. C'était l'entrée de la campagne ; d'énormes armées alliées apparaissaient à l'horizon. Saint-Just, avec une vraie grandeur, couvrit la situation. En tête de ce décret, il lut l'immense *rapport* qu'il avait préparé dans un tout autre esprit.

Quelque soin pourtant qu'il ait mis à effacer du *rapport* tout ce qui eût rappelé les dissentiments, on y trouve une chose bien grave et bien peu robespierriste, un éloge de Marat. Saint-Just n'ignorait nullement que Robespierre, très antipathique à ce souvenir, jaloux de ce dieu, en regardait tout éloge comme un acte d'hostilité. Celui qu'en fit Fabre d'Églantine, avant son arrestation, contribua certainement à le lui rendre implacable.

Ceci était un léger signe, non d'hostilité, mais d'émancipation. Politiquement dévoué à Robespierre et le voulant pour dictateur, moralement Saint-Just était seul.

Seul à la Convention, il s'était vu non moins seul dans le Comité de Salut public. Sa solitude intérieure, plus profonde encore, son état d'abstraction qui le tenait à mille ans au delà ou en deçà, lui rendaient chaque jour le présent de plus en plus intolérable. Sa chambre des morts le suivait idéalement. Il ne vivait volontiers qu'aux armées, sur les chemins ; et là encore, dans un grand isolement, tenant les généraux à distance dans le respect et la terreur, haïssant d'avance en eux l'avènement du pouvoir militaire, la brutalité du sabre, et croyant qu'on ne pouvait le tenir trop ferme, trop bas. Il avait chassé les filles de l'armée ; un soldat qui garda la sienne un jour de plus et s'en vanta, Saint-Just le fit fusiller.

A travers les embarras de ce rôle étrange de dictateur des armées, il ne laissait pas que d'écrire. Au milieu des généraux tremblants et courbés, il lui arrivait souvent de tirer un agenda qu'il portait toujours, et l'on croyait qu'il écrivait des ordres de mort. C'étaient des rêves généralement philanthropiques, des vœux, des idées pour la République de l'avenir, où il rejetait ses espérances, les Lois d'une cité agricole où règneraient l'Égalité et la Vertu.

Chose étrange ! le proscripteur et le proscrit, Saint-Just et Condorcet, écrivaient en même temps, l'un dans sa cachette, l'autre à la tête des armées et tout puissant ; et tous deux écrivaient des rêves, — bien divers, mais toujours empreints d'un amour profond de l'humanité.

Ces *notes* de Saint-Just, qu'une main systématique a prétendu ordonner pour former un livre, devaient être laissées dans leur succession accidentelle, quelque confuse qu'elle semblât, comme elles lui sont venues à Paris ou sur les chemins, telle aux armées et devant l'ennemi, telle dans les nuits laborieuses du Comité, telle en rêvant à Monceau ou à la Madeleine.

Il y a des mots d'une telle solitude de cœur, d'un tel élan vers les âges futurs, qu'on est bien tenté de croire que le présent n'est plus pour lui. L'amitié vit-elle encore? Oui, mais sans doute affaiblie. D'autant plus embrasse-t-il l'humanité à naître avec une tendresse sublime : « L'homme, obligé de s'isoler du monde et de lui-même, jette son ancre dans l'avenir, et presse sur son cœur la postérité innocente des maux présents. »

C'est l'amour de l'avenir qui le rend terrible à son temps. Gardien austère de la Révolution dont il répond aux générations futures, il semble enfermé de plus en plus dans une île âpre, escarpée et sauvage, dans l'idéal impossible que le monde fuit de plus en plus.

Ce jeune Dracon, ce Lycurgue, c'est celui que tous trahissent.

L'esprit même du temps le trahit.

Le Comité le trahit. Barère donne six mille exemptions au décret contre les nobles. Carnot les emploie quand il peut, pour l'avantage de la République.

Son maître même le trahit. Saint-Just parti pour l'armée, Robespierre fit excepter les anoblis du décret qui frappait les nobles.

Lebas, l'homme de Robespierre, en mission avec Saint-Just même et voyageant avec lui, le quittait souvent en route, se faisant donner les registres des Comités révolutionnaires et en arrachait les dénonciations contre les prêtres. Ces feuilles arrachées subsistent dans la famille Lebas.

Rappelé par Robespierre, presque à la veille de la fête de l'Être suprême, Saint-Just n'y assista point et repartit pour l'armée.

CHAPITRE II

LES ROBESPIERRISTES PRÉCIPITENT
LEUR CHEF AU POUVOIR

(AVRIL-MAI 94)

Tous les pouvoirs dans la main de Robespierre. — Opposition contre lui. — Discours sur la fête de l'Être suprême, 7 mai. — Refus d'aider la Pologne.

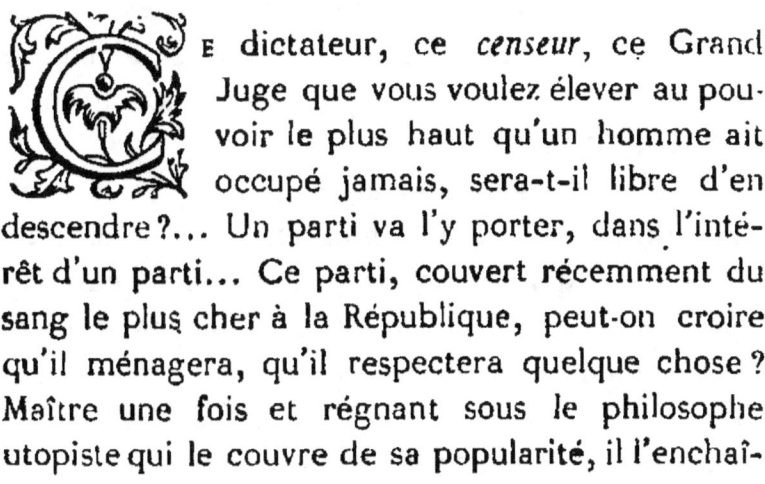E dictateur, ce *censeur*, ce Grand Juge que vous voulez élever au pouvoir le plus haut qu'un homme ait occupé jamais, sera-t-il libre d'en descendre?... Un parti va l'y porter, dans l'intérêt d'un parti... Ce parti, couvert récemment du sang le plus cher à la République, peut-on croire qu'il ménagera, qu'il respectera quelque chose ? Maître une fois et régnant sous le philosophe utopiste qui le couvre de sa popularité, il l'enchaî-

nera à la dictature, le forcera de rester roi, au nom du *salut public.* »

Telles étaient les pensées de la grande majorité des républicains, et non pas, comme on le croit, des hommes seuls qui avaient à craindre la Justice de Robespierre, non pas seulement des Fouché, des Tallien, des Thermidoriens. — Non; les plus honnêtes gens de la Montagne, les Romme, les Soubrany, les Maure, les Ruhl, irréprochables citoyens qui, loin de céder à la réaction, l'ont combattue au prix de leur sang, n'appuyèrent nullement Robespierre, convaincus qu'ils étaient que son triomphe eût été celui d'un parti, moins que d'un parti, d'une coterie étroite de plus en plus, d'une toute petite Église.

Même parmi les Thermidoriens, plusieurs de ceux qu'une aveugle sensibilité mena très loin dans la réaction, qui se montrèrent violents, imprudents, inconséquents, Lecointre, par exemple, n'en furent pas moins honnêtes et désintéressés dans leur haine de Robespierre : c'est la dictature imminente; c'est la royauté renaissante qu'ils haïrent en lui.

C'est une chose étrange à dire, mais vraie, l'homme qui se mit le plus en avant contre Robespierre, qui l'attaqua de meilleure heure, qui parla haut contre lui, rassura les braves, communiqua même aux faibles son audace ou sa folie, fut Lecointre de Versailles. C'était un bon homme un peu fou, excessivement colérique, hardi par la chaleur du sang. Né grotesque, d'une physionomie saisissante par le ridicule, une de ces créatures privilégiées que la Nature semble avoir faites pour faire rire. Gauche en tout, ne doutant de rien, il faisait burlesquement des choses très audacieuses. Depuis que Legendre gisait dans sa honte, aplati comme un bœuf saigné, Lecointre seul avait la puissance de dérider la Convention.

On se rappelle que Lecointre, marchand de toiles à Versailles, marchand de la Cour, n'en avait pas moins travaillé contre la Cour, aux dépens de son intérêt visible. Il était fort entreprenant, ardent philanthrope; à Sèvres, où il blanchissait ses toiles, il avait bâti pour les pauvres, les logeait, les occupait, leur faisait des avances. Le 6 Octobre, il prit le commandement de la Garde nationale, abandonnée de son chef, remplaça à lui seul la municipalité qui s'était enfuie. Nommé à la Législative, il dénonça Narbonne, Beaumarchais et d'autres. A la Convention, il demanda, au nom de l'humanité, que le prisonnier du Temple pût communiquer avec sa famille, et n'en vota pas moins *la mort* sans *appel* et sans *sursis*. On a vu la demande hardie de Lecointre pour que l'Assemblée imposât une surveillance à l'arbitraire illimité des Comités révolutionnaires. Mais ce qui étonna le plus, ce fut qu'au 30 août 93, Robespierre étant président, Lecointre crut apercevoir qu'il proclamait comme décrétée une chose non votée encore, et lui dit ces propres paroles :

« *Monsieur*, je vous apprendrai à respecter les volontés de la Convention nationale. » Robespierre, en sortant, lui demanda tranquillement pourquoi, par cette apostrophe, il avait excité l'Assemblée contre lui. Et Lecointre répliqua : « Tu me connais, je n'ai point abattu un tyran pour en subir un autre. » On le crut devenu fou.

Ce sont ces sorties de Lecointre, celles de Bourdon de l'Oise, celles de Ruamps et Bentabole (anciens maratistes), qui ont préparé Thermidor. Les intrigues des fripons, des Fouché, des Tallien, n'auraient rien fait ; pas un d'eux n'eût osé (comme on dit) attacher le grelot, si la chose n'eût été préparée. Ce qui fut le plus efficace, ce fut cette espèce de conspiration publique d'hommes étourdis et violents *qui rassura la Convention* et lui donna la force de se sauver elle-même.

Peu de jours après la mort de Danton, Lecointre invita à dîner chez lui deux hommes qui ne se connaissaient pas. L'un était Fouquier-Tinville, cousin de Camille Desmoulins, placé par lui au Tribunal, et qui venait d'être condamné à l'horrible tâche de le faire périr. Fouquier était en rapport intime avec le Comité de Sûreté, dont il prenait l'ordre tous les soirs, et très probablement confident de sa haine pour Robespierre, qui venait de créer une concurrence au Comité en démembrant la Police. L'autre invité était Merlin de Thionville, ami de tous les dantonistes, très spécialement haï de Robespierre pour son influence aux armées ; les députés militaires, Merlin, Dubois Crancé et autres, étaient couchés sur ses livres en lettres sanglantes, et ils ne l'ignoraient pas.

Quelle fut la conversation? Il est bien facile de le deviner ; sans nul doute, on nota avec effroi les pas rapides que Robespierre faisait vers le pouvoir. Chacun des grands jugements l'en avait approché d'un degré :

La mort d'Hébert et Chaumette, en mars et avril, lui livre la Commune, qu'il gouverne par Payan.

Le jour où le Comité de Sûreté l'a délivré de Danton, il organise, contre le Comité, une Police nouvelle qu'il dirige par Herman.

Le 6 avril, le lendemain, infatigable, insatiable, il se prépare une sorte de pontificat.

Voilà ce qui sautait aux yeux, voilà ce dont purent parler Lecointre, Fouquier, Merlin.

Mais, depuis, les choses marchèrent bien plus vite :

Le 7 mai, on apprit que la *proclamation de l'Être suprême* et l'inauguration d'un culte philosophique seraient accompagnées d'un grave retour au passé : la liberté de l'ancien culte.

Le 8 mai, il concentra à Paris la Justice révolutionnaire de toute la France, sous le président Dumas.

Le 26, la Commune robespierriste commence

à solder le peuple, assignant aux indigents quinze sols par jour.

Le 28, Couthon obtient du Comité de Salut public un sursis général pour le payement des taxes révolutionnaires qu'avaient imposées les représentants en mission. Et, le même jour, il fait donner par l'Assemblée au Comité, c'est-à-dire à Robespierre, le droit de rappeler ces représentants ; tous ces dictateurs temporaires sont balayés rapidement, remplacés par des hommes sûrs, nommés sous une seule influence.

La Commune, gouvernée par un homme à lui, Payan, pouvait, à toute heure du jour, armer pour lui la Garde nationale commandée par Henriot ; celui-ci très dépendant, Robespierre l'ayant sauvé du procès d'Hébert, où on eût pu l'impliquer.

La Garde nationale, triée, était convoquée, aux jours douteux, par billets à domicile adressés aux robespierristes.

On ne s'y fiait pas encore. Le 1er juin, on créa une force armée spéciale, une École militaire de trois mille garçons d'environ seize ans, sous la direction de Lebas, l'agent le plus dévoué de Robespierre. Sans un hasard, elle eût fait ce que la Garde mobile fit en Juin 1848.

Il était impossible d'aller plus vite, plus droit à la dictature, ni d'une course plus rapide.

Il y a de quoi étonner infiniment ceux qui connaissent le caractère de Robespierre. Et l'on n'y comprendrait rien, si l'on ne voyait, derrière, la terrible impatience du parti robespierriste, qui poussait avec fureur. Ils ne laissaient plus marcher leur chef ni toucher la terre. Ils le portaient, ils l'enlevaient. Par qui? par l'ambition? Non, mais par la secrète terreur que lui laissait la mort de Danton, la disparition subite de tous les hommes connus, l'effroi du désert, l'idée que la dictature était maintenant son seul asile. Il confondait sa sûreté avec celle de la France, avait hâte, pour elle et pour lui, de trouver un port; mais ce port, où était-il, sinon au pouvoir du plus digne, qui n'accepterait la tyrannie que pour fonder la Liberté? Ces pensées lui ôtaient toute résistance contre l'emportement des siens. Ému, inquiet d'aller si vite, il n'en avançait pas moins, il courait, il volait... avec la brûlante vitesse d'une étoile qui file au ciel, ou d'un boulet de canon; la fatalité l'emportait.

Entre tant de mesures que prit si rapidement le parti robespierriste, les seules peut-être dont son chef eut la vraie initiative et qui portent l'empreinte de son caractère, ce fut sa création d'une Police spéciale, et sa tentative religieuse.

La première, exécutée dans un moment si violent par un homme si puissant, ne s'en fit pas moins avec infiniment d'adresse et de ruse. Dans le démembrement du ministère de l'Intérieur, on créa une Administration des prisons, et, comme simple appendice, un petit *bureau de police*, uniquement occupé des rapports du gouvernement avec la police des communes. Le chef de bureau fut Lanne, du pays de Robespierre ; et le directeur, Herman d'Arras ; la haute surveillance fut donnée à Saint-Just, toujours absent, qu'il fallut bien faire suppléer par Couthon et Robespierre. Ce petit *bureau* grossit, acquit très rapidement de nouvelles attributions, jusqu'à devenir, en messidor, le redoutable rival du Comité de Sûreté, jusqu'à l'accuser de lenteur, jusqu'à se poser, à l'envi, comme pourvoyeur rapide de la guillotine.

L'affaire religieuse fut menée de même, avec prudence, en trois degrés.

Le 6 avril, la simple énonciation d'un *rapport* sur une fête à l'Éternel. Un mois après, le 7 mai, un grand et habile discours, pour Dieu et contre les prêtres, mais, dans la conclusion, accordant précisément ce que les prêtres demandaient : *la liberté des cultes, la liberté des catholiques.* Un mois après (8 juin), plus qu'un discours, l'acte décisif : Robespierre posé devant le peuple comme une sorte de pontife civil, unissant les deux pouvoirs.

Dans le célèbre discours du 7 mai, tout en disant force injures aux prêtres et aux fanatiques, Robespierre ne leur assurait pas moins la seule chose dont ils eussent besoin pour se relever. Que la Loi ne s'expliquât pas, qu'elle ne posât pas la véritable garantie révolutionnaire (*inconciliabilité du gouvernement de la Liberté avec la religion de l'autorité*), c'était tout ce qu'il leur fallait.

Une éducation nouvelle ne s'organise pas en un jour. Jusque-là, l'éducation morale du grand peuple ignorant, barbare (femmes, enfants, paysans), restait en dessous au Clergé, grâce à la loi de Robespierre. La République laissait à ses mortels ennemis de quoi la détruire dans un temps donné.

L'Être suprême ainsi que l'immortalité de l'âme proclamé, la religion placée dans la pratique du devoir, la création des fêtes morales, qui pouvaient relever les âmes, c'étaient de hautes et nobles idées. Seulement, elles étaient souillées d'un triste mélange d'injures que ce rancuneux moraliste lançait à ses ennemis, s'acharnant sur la mémoire des victimes à peine immolées, trépignant sur la cendre encore tiède de Danton, tâchant de faire rire l'Assemblée aux dépens de Condorcet.

Ce discours, œuvre littéraire, académique, souvent éloquente, peu originale d'idées, commence par une prétention d'innovation : « Qu'y a-t-il de commun entre ce qui est et ce qui fut ?... Ne faut-il pas que vous fassiez précisément le contraire de ce qu'on a fait avant vous ? etc. » Cela dit, il ne donne guère que des banalités morales tirées du *Vicaire savoyard*.

Ce qui y choquera toujours les hommes vraiment religieux, c'est que la religion y est préconisée comme *utile*, recommandée pour *l'avantage* qu'y trouve la législation. Il ne faut pas croire qu'on fasse rien de sérieux par un tel *utilitarisme*. C'est ne rien faire ou mal faire, aller droit contre son but, que de donner ainsi Dieu comme un spécifique moral, salutaire aux maux dont la législation est la médecine.

Les catholiques, a qui la Loi était si favorable (assurant leur liberté), n'en furent nullement contents. Ils espéraient mieux encore. Les Durand-Maillane, les Grégoire, et autres, espéraient que Robespierre ferait un pas plus hardi ; ils furent blessés surtout de ce que les nouvelles fêtes étaient placées au décadi. Ils auraient voulu le dimanche. Cette affaire leur tenait au cœur plus que tous les principes. Robespierre essaya de leur complaire par les arrêtés que la Commune prit en leur faveur. Elle abolit (floréal) les réunions qui se faisaient au dernier décadi de chaque mois. Elle permit aux marchands *d'ouvrir leurs boutiques tout le décadi*, c'est-à-dire de regarder comme jour ordinaire le jour férié de la Loi. C'était implicitement remettre au dimanche le jour du repos, revenir à l'ancien régime. On trouva cela bien fort. La Commune alors, qui sentit qu'elle allait trop vite, décida que, le décadi, on ouvrirait jusqu'à midi seulement (8 messidor). En réalité, les boutiques ne fermèrent que le dimanche. Les catholiques eurent cause gagnée.

Tout cela, chose étonnante, était plus remarqué, senti en Europe qu'à Paris même. Le discours du 7 mai fit considérer Robespierre de tous les gouvernements comme l'homme gouvernemental. Dès longtemps il leur plaisait comme partisan de la guerre défensive, ennemi de la propagande, adversaire des Girondins qui avaient rêvé la croisade universelle. La rapidité avec laquelle il se saisit, en six semaines, de tous les moyens du pouvoir, le désigna aux politiques comme l'homme d'ordre et de force avec qui on devait traiter. Ce fut l'objet positif d'un *mémoire* que le prussien Hertzberg remit à son roi. Les trois gouvernements ligués pour le partage de la Pologne regardèrent l'organisation du pouvoir robespierriste, en avril et en mai, comme une heureuse compensation de l'insurrection de Pologne qui éclata, le 17 avril, sous Kosciusko. L'envoyé polonais, Bars, arrivé en mai à Paris, y trouva un très froid accueil. On craignait de mécontenter la Prusse. On promit de faire, un peu en dessous, trois millions en assignats et de donner quelques artilleurs, si l'on croit Niemcewicz. Mais Zayonzek affirme qu'on promit moins encore, « de faire ce qui serait possible[*]. »

C'est par la même politique que Robespierre lui-même ne poussa pas activement les succès que son frère obtenait à l'armée d'Italie, par les talents de deux étrangers qu'il s'était acquis, l'un Piémontais, l'autre Corse, Masséna et Bonaparte.

Pendant qu'on forçait les Alpes, Robespierre jeune les tournait ; c'était déjà le *plan* de 96. Trente mille hommes étaient en pleine Italie. On pouvait voir le changement considérable qui s'était fait dans l'esprit de l'armée. Les soldats de Robespierre (on les nommait déjà ainsi), politiques, comme leur chef, passèrent comme autant de saints sur ce territoire italien, respectant images et chapelles, ne riant point des reliques. Robespierre jeune en fit sa cour à son frère, et lui écrivit cette sagesse.

On s'arrêta. L'invasion de l'Italie eût été directement contraire à la politique robespierriste. Celle de Belgique n'eut lieu que parce que Carnot et Lindet déclaraient n'avoir aucun moyen de nourrir de telles armées, si on ne les faisait passer sur le territoire ennemi.

CHAPITRE III

ON CONSPIRE CONTRE ROBESPIERRE

(MAI 94)

Police morale. — Conspiration contre Robespierre, 24 mai. — Robespierre rappelle Saint-Just. — Adresse de Barère contre Robespierre.

'INTRONISATION du nouveau pouvoir fut marquée par une rigueur toute nouvelle de la Police et de la Censure.

La Police arrêta sur les chaises des Tuileries des discoureurs imprudents qui causaient d'idées sociales, et qu'on accusa, à tort ou à droit, de prêcher *la Loi agraire*.

L'Administration des prisons, moraliste tout à coup, et préoccupée de l'âme des prisonniers (sinon de leur vie), leur ôta les livres dévots qui, disait-on, pouvaient exalter le mysticisme, et les livres indévots qui les auraient corrompus.

Le coup le plus significatif frappa le théâtre.

Ce ne fut pas, comme en novembre, le Comité de Salut public qui agit. Ce fut tout directement un homme de Robespierre, Jullien de la Drôme, qui, le 9 mai, assistant à une grande répétition du *Timoléon* de Chénier, mit son *veto* à la pièce. Cette tragédie d'un frère immolant un frère tyran parut trop propre sans doute à faire des Charlotte Corday. Jullien prit adroitement le moment où le tyran reçoit la couronne, et cria : « C'est abominable!... La pièce ne peut pas se jouer, etc., etc. » Père et fils, les deux Jullien, c'était Robespierre lui-même. Le fils, garçon de vingt ans, que nous avons vu à Nantes, était alors à Bordeaux, et, sans titre, trônait hardiment, dans les fêtes, sur un siège égal à celui des représentants du peuple. Les amis de Chénier lui dirent qu'il était un homme perdu s'il ne sacrifiait sa pièce. Bon gré, mal gré, ils le menèrent au Comité de Sureté, et là, ce pauvre homme fit ce qu'avait refusé Desmoulins (disant : « Brûler n'est pas répondre »). Chénier ne répondit pas, mais il brûla, et vécut.

Quelque docile et résignée que fût la Convention, elle montrait sa désapprobation en se donnant pour présidents les membres du Comité les moins agréables à Robespierre, la trinité des travailleurs, Lindet, Carnot et Prieur, opposés à la trinité des robespierristes. Ils présidèrent six semaines, chose d'autant plus marquée que c'était l'entrée en campagne, époque d'un travail excessif pour ces travailleurs de la Guerre. Ce fut justement le 7 mai, le soir du fameux discours religieux de Robespierre, que l'Assemblée, mécontente, porta Carnot à la présidence.

Robespierre, pour forcer la main à la Convention, fit appuyer sa loi par les deux voix menaçantes de Paris : les Jacobins et la Commune. Chose inattendue : même aux Jacobins, *chez lui*, il trouva obstacle. La faute en fut au zèle extrême du petit Jullien, qui, revenu de Bordeaux, s'était chargé de l'Adresse. Dans sa dévotion étroite, aveugle, pour Robespierre, il le compromit, ayant placé dans l'Adresse ce mot (incroyable alors) : « Qu'on devait bannir de la République quiconque ne croirait pas à l'Être suprême. » C'était un mot de Rousseau, qui certainement ne l'écrivit que par occasion polémique contre la coterie d'Holbach. Par une autre maladresse, Jullien faisait dire à la société qu'elle adoptait pour son *credo* le discours de Robespierre. C'était provoquer, défier la résistance, et elle eut lieu en effet. Royer dit courageusement qu'une telle Adresse ne pouvait être adoptée, qu'elle aurait l'air de tomber d'en haut, imposée par l'autorité du Comité de Salut public. Robespierre et Couthon, alarmés, vinrent et revinrent au secours. Robespierre fit effacer l'absurde intolérance de Jullien, disant qu'on pouvait laisser *cette vérité* dans les écrits de Rousseau. La société, à ce prix, adopta et porta l'Adresse à la Convention.

C'était la première fois, depuis le jour où les Jacobins refusèrent la radiation de Bourdon de l'Oise, qu'ils hésitaient de suivre Robespierre. Une minorité était contre lui, laquelle pouvait, par moment, devenir majorité, comme il arriva bientôt, quand la société prit pour président Fouché !

Le 25 mai, un homme tira sur Collot d'Herbois, le manqua, et déclara qu'il n'avait visé Collot qu'après avoir souvent et en vain guetté Robespierre.

Ce bruit, répandu dans Paris, et remuant fort les esprits, produisit, comme il arrive, un acte d'imitation. Une petite fille royaliste, Cécile Renaud, fille d'un papetier de la Cité, fut prise chez Robespierre, munie de deux petits couteaux.

Le même jour (24 mai, 5 prairial), des députés, déplorant sans doute que la fille n'eût pas réussi, commencèrent à se demander s'il n'y avait nul moyen d'atteindre le dictateur. C'étaient Lecointre, Laurent, Courtois, Barras et Fréron, Thirion, Garnier de l'Aube, Guffroy, tous dantonistes, unis dans leur haine et leur souvenir. Tallien et Rovère en étaient, par leur danger personnel, leur crainte des justices de Robespierre.

Voilà le germe de Thermidor, le premier commencement du complot contre le complot.

Robespierre fut-il averti ? eut-il la seconde vue d'un homme en péril ? ou simplement l'impression de la petite fille Renaud ? Le soir du 24 mai, il écrivit de sa main, au nom du Comité de Salut public, à l'armée du Nord. Il écrivit qu'on craignait un complot des aristocrates *et des hébertistes*. Il savait probablement l'union des *dantonistes*, et voulait donner le change. Il fit signer la lettre par Prieur, Carnot, Billaud et Barère. Cette lettre priait Saint-Just de revenir pour quelques jours à Paris.

Le même soir, aux Jacobins, immense attendrissement. Chacun avait la larme à l'œil. Legendre et Rousselin demandèrent qu'en présence de tels dangers que couraient les membres du gouvernement, *on leur donnât une garde*. Robespierre sentit le coup, le piège maladroit des dantonistes. Il repoussa violemment, aigrement, cette *proposition* insidieuse, la regardant comme un couteau plus aigu que ceux de Cécile Renaud.

La vraie *garde* eût été le peuple. Payan le sentit. Cet ardent méridional, mis à la place de Chaumette à la Commune de Paris, s'empara habilement d'une loi de bienfaisance votée par la Convention. Il fit voter quinze sols par jour pour les mendiants. Au besoin, c'était une armée.

Saint-Just allait arriver, et Lebas, s'il le fallait, toutes les influences militaires. Ces rapides retours de Saint-Just avaient été souvent terribles. Barère, qui, avec les autres, avait signé sa lettre de rappel, était parfaitement averti.

Si Robespierre n'eût craint le ridicule de paraître avoir peur, il eût écrit seul à Saint-Just. Et alors, Barère, ignorant sa démarche, n'eût pas devancé Saint-Just, en donnant à Robespierre le plus violent coup de Jarnac que sa main gasconne eût jamais porté.

Il était convenu au Comité de Salut public qu'au moment où notre flotte s'ébranlait de Brest pour combattre la flotte anglaise, il fallait profiter des assassinats, rejeter le tout sur Londres, créer à notre Marine la nécessité de vaincre, décréter qu'on ne ferait plus de prisonniers de ce peuple assassin. Mais ce qui n'était pas convenu, c'est que Barère, dans son *rapport*, insérerait tout au long les articles des journaux étrangers où l'on parlait de Robespierre comme s'il eût été déjà roi : « *Robespierre a fait ordonner*... *Quatre cents soldats de Robespierre* ont été tués... *Les troupes de Robespierre* se sont emparées de telle place, etc., etc. »

Il ne s'attendait point du tout à cette lecture. Le noble et touchant discours qu'il avait préparé (sur ce texte : J'ai assez vécu) n'y avait aucun rapport. Jamais il ne s'éleva plus haut, jamais ne fut plus sincèrement applaudi, et de ses ennemis mêmes. Cependant il ne répondait point du tout aux dangereuses citations de Barère, ne repoussait point cette royauté que lui donnait l'ennemi. Loin de là, il avertissait la Convention des alternatives fâcheuses auxquelles le gouvernement parlementaire expose les nations : « Si la France était gouvernée quelques mois par une législature corrompue ou égarée, la Liberté serait perdue... » Quelle conclusion à en tirer ? Qu'un gouvernement individuel donne plus de garanties qu'un gouvernement républicain ?

Ce grand discours de Barère, passionné pour Robespierre, et tout préoccupé de sa sûreté, énonçait et publiait les deux formules fatales que personne n'eût osé dire, et qui le poussaient à la mort.

« *Les soldats de Robespierre.* » — Ainsi, aux yeux de l'Europe, l'armée et la France lui appartenaient.

Et dans l'interrogatoire de la petite Renaud, que citait Barère, ce mot qui n'est guère d'un enfant : « Je n'ai été chez Robespierre que pour voir *comment était fait un tyran.* »

Ce mot, vrai trait de lumière, sortit la situation de l'hypocrisie. Maître de toutes les forces publiques, Robespierre n'apparaissait pas encore un tyran. Son austérité, sa simplicité de vie et d'habit, la mesquinerie même de sa personne, tout éloignait l'idée du pouvoir suprême. Mais la Renaud le nomma, et Barère le répéta, tous le dirent après Barère, tous regardèrent Robespierre, comparèrent la figure au nom, le trouvèrent juste : « Oui, c'est un tyran ! »

Saint-Just arriva le 27, quand le coup était porté. Il répéta sa recette au Comité : « Nous périssons, c'est fait de nous, si nous n'avons un dictateur... Et le seul, c'est Robespierre. »

Le 25, on l'eût écouté. Le 27, la majorité du Comité tourna le dos, décidée à ne pas entendre. Le plus indulgent fut Barère, qui lui dit, tout en respectant ce délire de patriotisme, qu'une telle *proposition* devait faire longuement songer.

Il n'y avait rien à faire du côté du Comité. Saint-Just resta peu de jours, et ne voulut pas assister à la fête de l'Être suprême. Parfaitement isolé du parti robespierriste, il jugeait avec un sens profond que tout le monde allait voir dans cet acte un retour vers le passé.

Robespierre avait sa voie invariablement tracée vers l'abîme.

Il ne prévoyait qu'un danger, le moindre : l'assassinat. Toute puissance était dans sa main. Toute place occupée par les siens. Des trois forces collectives que comptait la France, la jacobine était à lui, la militaire lui venait ; la troisième, celle des prêtres, sourdement protégée par lui, se rallie toujours au pouvoir. La fête de l'Être suprême allait être un premier pas dans la voie du rapprochement.

Ces pensées satisfaisantes l'occupaient dans le jardin de ses promenades habituelles, le parc réservé de Monceau. Avec Dumas, Renaudin, Payan, Coffinhal, ses fidèles, ses violents, il marchait deux heures au moins, d'un pas rapide, accéléré, au mouvement de ses rêves, se parlant haut, sortant là de sa roideur ordinaire. La mort était à deux pas... Le savait-il? songeait-il qu'à peine un méchant petit mur le séparait du lieu aride, du *lit de chaux dévorante* où il avait mis Danton, Desmoulins, et où dans cinquante jours il devait venir lui-même? Cette longue association de tribune avec Danton, cette camaraderie d'éloquence, ce bon, ce grand cœur de Camille, qui lui fut si dévoué, tout ce passé déchirant était là tout près de lui dans la terre; ils l'attendaient, l'appelaient, non comme des ombres irritées, mais comme des amis magnanimes, dans la clémence et la Nature.

CHAPITRE IV
LA FÊTE DE L'ÊTRE SUPRÊME
(10 JUIN 94)

Ce que le peuple espérait. — Robespierre attend le Tribunal, fait attendre l'Assemblée. — Irritation, désappointement. — Au retour, la fureur éclate.

NULLE fête n'excita jamais une si douce attente, nulle ne fut jamais célébrée avec tant de joie. La guillotine disparut, le 19 prairial au soir. On crut que c'était pour toujours. Une mer de fleurs (à la lettre, le mot n'est pas exagéré) inonda Paris; les roses, de vingt lieues à la ronde, y furent apportées, et des fleurs de toutes sortes, ce qu'il fallait pour fleurir les maisons et les personnes d'une ville de sept cent mille âmes. Toute fenêtre devait avoir sa guirlande ou son drapeau. Toutes les mères portaient des roses; les filles, des fleurs variées; les hommes, des branches de chêne; les vieillards, des pampres verts. Entre les deux files immenses, des hommes à droite, des femmes à gauche, marchait l'orgueil des mères, leurs fils, enfants de quinze ou seize ans, joyeux de porter un sabre ou des piques ornées de rameaux.

Ces fleuves vivants de peuple, ces rivières de fleurs, confluèrent comme une mer aux Tuileries. Jamais plus charmante Iris ne sourit sous un plus beau ciel. Devant le sombre palais, un long portique improvisé offrait des arcades en guirlandes (combien plus gaies et plus aimables que ces lampions fumeux dont on attriste nos fêtes!).

Au milieu, montant des parterres jusqu'au balcon sous l'Horloge, un vaste amphithéâtre attendait la Convention. Une tribune s'en détachait et planait sur les gradins. Grand sujet de discussion et de conjectures dans le peuple. Il était difficile de croire qu'une voix d'homme entreprît de discourir dans un lieu tellement immense; beaucoup supposaient plutôt que c'était un trône, ou que, si on parlait de là, c'était pour proclamer un mot : « Grâce pour tous! » par exemple. « La Révolution est finie, » etc.

Quelle serait la mesure de l'audace de Robespierre? Hasarderait-il ce miracle? ou bien resterait-il dans la fatalité du temps?

Sans nul doute, pour en sortir, pour répondre à la pensée populaire, il fallait faire au terrorisme une hasardeuse surprise, dangereuse non pour lui seulement, mais pour la Révolution. Robespierre ne l'osa point.

Loin de là, préoccupé de rassurer les terroristes et de leur donner un gage, sous le prétexte de voir le peuple et les apprêts de la fête, il alla au pavillon de Flore déjeuner chez Vilatte, juré révolutionnaire, qui y avait un logement. Le président Dumas avait, le matin, averti Vilatte qu'il y amènerait le Tribunal. Robespierre craignait vraisemblablement que, dans ces vains bruits d'amnistie, le Tribunal ne se tournât vers le Comité de Sûreté générale et son homme Fouquier-Tinville.

Il en résulta une chose fâcheuse pour Robespierre : c'est que le Tribunal ne vint que très tard, et qu'en l'attendant en vain, il dépassa l'heure indiquée et fit lui-même attendre la Convention.

Elle prit fort mal ce retard, l'interprétant comme une insolence royale, une insulte volontaire. Son apparition fut reçue par un silence de mort, que rendirent plus hostile encore les acclamations aveugles du peuple. N'importe. Robespierre, dans le costume que la Convention portait à la fête, celui des représentants en mission (panache et ceinture tricolores, habit bleu à revers rouges), s'en distinguait quelque peu par une nuance de bleu un peu plus pâle, ou céleste. Tous, un gros bouquet à la main, mais le sien était énorme, d'épis, de fleurs et de fruits. Plusieurs, comme Bourdon de l'Oise, tournèrent visiblement le dos et n'écoutèrent que de travers. De son discours, absolument perdu dans un tel espace, rien n'arriva à la foule, sinon : « Périssent les tyrans !... Demain, nous combattrons encore, etc. » Rien enfin de ce qu'on attendait, ni grâce, ni dictature.

Il descendit des gradins avec la Convention, s'arrêta au premier bassin où s'élevait un groupe de monstres : l'Athéisme, l'Égoïsme, le Néant, etc. Il y mit le feu, et du groupe consumé surgit, libre de son voile, la statue de la Sagesse. Malheureusement elle parut, comme on pouvait s'y attendre, enfumée et noire, à la grande satisfaction des ennemis de Robespierre.

On s'achemina donc en longues files vers le Champ-de-Mars. Robespierre, alors président de la Convention, marchait naturellement en tête. Il paraissait rayonnant. C'est, je crois, d'après ce jour, que David l'a fait dans le portrait de la collection Saint-Albin. Nulle part, il n'est plus terrible. Ce sourire fait mal. La passion, qui visiblement a bu tout son sang et séché ses os, laisse subsister sa vie nerveuse, comme d'un chat noyé jadis et ressuscité par le galvanisme, ou peut-être d'un reptile qui se roidit et se dresse, avec un regard indicible, effroyablement gracieux.

L'impression toutefois, qu'on ne s'y trompe pas, n'est point de haine ; ce qu'on éprouve, c'est une pitié douloureuse, mêlée de terreur. On s'écrie, sans hésiter, que de tous les hommes qui vécurent ici-bas, *celui-ci a le plus souffert.*

Robespierre, habituellement, marchait vite, d'un air agité. La Convention n'allait nullement de ce pas. Les premiers qui étaient en tête, malicieusement peut-être et par un respect perfide, restaient fort en arrière de lui, le tenaient ainsi isolé. De temps à autre, il se retournait et se voyait seul.

Une montagne symbolique s'élevait au Champ-de-Mars, assez grande pour recevoir, outre la Convention et les musiciens, deux mille cinq cents personnes, envoyées des sections, mères et filles, pères et fils, en écharpes tricolores, qui devaient chanter l'hymne à l'Être suprême. Au plus haut, une colonne était chargée de trompettes, dont la voix perçante dirigeait, annonçait les mouvements dans l'espace immense. L'hymne chanté, le coup d'œil fut un moment ravissant. Les filles jetèrent des fleurs au ciel, les mères élevèrent leurs petits enfants, les jeunes gens tirèrent leurs sabres et reçurent la bénédiction de leurs pères. L'artillerie, qui tonna, associait ses voix profondes à l'émotion du peuple.

Robespierre, arrivé le premier avec le fauteuil où on portait Couthon, s'était trouvé par cela même au plus haut de la Montagne, et la Convention sous ses pieds. Cette circonstance, fortuite peut-être, décida l'explosion. Au retour, la crainte céda à la fureur de la haine. Bourdon *le rouge*, travaillé de rage intérieure, semblait un démon. Merlin de Thionville se retrouvait le Merlin des champs de bataille, parlait fort et haut. Ces mots, jetés dans les airs, de Brutus ou de Tarquin, ou de roche Tarpéienne, s'entendaient trop bien du peuple. L'irritation de l'Assemblée gagnait les rudes Sans-Culottes qui se trouvaient dans la foule. L'un d'eux dit tout en un mot : « Le b.....! il n'est pas content d'être maître! il lui faut encore être dieu! »

Le plus violent coup de théâtre, c'est qu'un des représentants articula sans ambages, près de Robespierre, de manière à être entendu de lui, de l'Assemblée, de la foule, sa haine pour le tyran. Il dit ces propres paroles : « Je le méprise et je le hais. »

Cet homme hardi était Lecointre, un peu fou, ridicule, nous l'avons dit. Mais, ici, personne ne rit. Être outragé ainsi en face et outragé par Lecointre, c'était chose sinistre pour Robespierre.

Cette hardiesse avait déchaîné toutes les langues. Elles se lâchaient à mesure que l'on rentrait dans Paris. Le peuple, non sans étonnement, voyait la Convention comme une malédiction vivante suivre Robespierre en grondant. Il marchait vite, et les autres marchant vite aussi pour le suivre, tout ce retour avait l'air non d'une pompe, mais d'une fuite. Le triomphateur semblait poursuivi. Plus pâle encore qu'à l'ordinaire, et plus clignotant, il laissait, malgré lui, jouer d'une manière effrayante les muscles de sa bouche. Non moins agités, bilieux, jaunes ou blancs, comme des morts, ceux qui le suivaient montraient une colère tremblante, sous les mots désespérés que la haine leur tirait du cœur. Ce cortège fantastique dans une immense poussière, quand il rentra au noir palais, apparut celui des Furies.

CHAPITRE V

LOI DU 22 PRAIRIAL (10 JUIN 94)
ÉCHEC DE ROBESPIERRE

Robespierre poussé fatalement à la dictature judiciaire. — Réaction imminente de l'Ouest et du Midi. — Tribunal d'Orange. — Loi du 22 prairial, 10 juin 94. — Irritation du Comité de Salut public. — Résistance de la Convention.

A situation tout entière apparaît dans une circonstance peu remarquée de la fête. Robespierre ne fit attendre la Convention que parce que lui-même attendit le Tribunal révolutionnaire.

Celui-ci, en réalité, était le premier pouvoir, ou plutôt le seul. Il représentait la Terreur, qui dominait également le gouvernement, l'Assemblée, le peuple.

L'autorité morale elle-même, je veux dire : Robespierre, ce *censeur*, cet *épurateur*, ce *sauveur*, ce *messie*, qu'on appelait au secours de la société, il était plus que personne le serf de la Terreur. Il en paraissait le maître. L'horreur de son rôle double éclatait de plus en plus.

Le désappointement fut grand quand, au lieu de l'amnistie que la fête religieuse avait fait attendre, on apprit que les exécutions seraient seulement éloignées des quartiers du centre, qu'elles se feraient désormais au faubourg Saint-Antoine. On sentit parfaitement que ce n'était pas sans cause qu'on les écartait des regards. Tout changement de ce genre était une aggravation. Depuis que la guillotine cachait ses morts à Monceau, elle consommait davantage. Elle devint plus avide encore du jour qu'elle fonctionnait à son aise dans ces quartiers reculés.

Quels que fussent les sentiments personnels de Robespierre, ses essais timides de *modération*, ses vues d'avenir, une terrible fatalité le poussait à la vraie dictature du temps, la dictature judiciaire.

Rappelons-nous le progrès de sa fortune. Évitant l'autorité et le maniement des intérêts, n'engageant sa responsabilité dans aucune affaire précise, il avait grandi surtout par l'accusation. Il avait représenté un côté très légitime de la Révolution, mais resserré, négatif, celui de la défiance. Jusqu'au 25 septembre 93, il fut, pour dire son vrai nom, le grand accusateur de la République.

Depuis, maître de l'Assemblée et des Jacobins, du Comité de Sûreté, du Tribunal révolutionnaire, — c'est-à-dire pouvant accuser, arrêter, juger, — il eut, sans autre appareil, dans sa simplicité privée, la position redoutable de Grand Juge.

Mais, lui-même, il sentait qu'il avait autre chose en lui. Ce rôle si éminent, cette royauté négative, ne contentait pas son cœur. Peu pitoyable, il n'était pourtant pas né cruel, et il était fils du dix-huitième siècle, du grand siècle d'humanité. La haute idéalité, l'amour du bien qu'il en avait reçu, il ne pouvait les satisfaire qu'en quittant cet âpre rôle d'implacable accusateur.

Là pourtant était sa force, et peut-être, en un tel moment, le salut de la Révolution.

De là, des mouvements doubles et contradictoires, qui donnèrent prise sur lui[*]. Il osa parfois en ce sens, mais timidement, et fut humain en dessous. On l'y surprit en octobre, en décembre encore, et il se réfugia vite dans son rôle d'accusateur. C'était fait dès lors. Toute voie pacifique lui fut fermée pour l'avenir. Il fut violemment lancé vers le pouvoir politique, qui n'était alors rien autre que celui du glaive. De quelque part qu'il se tournât, la férocité du destin lui mit en main le couteau.

« Dictateur? Oui, si tu veux, mais dictateur de l'échafaud.

« Pontife? Oui, si tu veux, mais pontife de la guillotine. »

La sanglante loi de prairial, lancée, le 10, à l'Assemblée, *en réponse* aux injures du 8, ne fut pas cependant, comme l'ont dit quelques-uns, un fait tout accidentel, un simple piège où il crut faire tomber ses ennemis. Elle était dans la voie rigide de sa fatalité; elle en était un pas nécessaire et logique*.

Cette loi qu'on demandait à la Convention, avant d'être, elle agissait; elle régnait dans le Midi. Elle était déjà le code du Tribunal que les robespierristes avaient établi à Orange.

Suivons bien l'ordre des faits.

Quand Saint-Just, le 31 mars, demanda la mort de Danton, il dit nettement à l'Assemblée que ce sacrifice était le dernier, qu'après, « elle serait tranquille. » Toute la France prit ce mot pour elle. Et elle le crut bien plus quand, le 15 avril, Saint-Just fit voter les Commissions qui devaient purger les prisons; quand Couthon, le 7 mai, obtint que les Tribunaux révolutionnaires de département seraient supprimés, et toute Justice politique concentrée à Paris.

Une espérance effrénée surgit tout à coup; une immense réaction d'*indulgence* chez les patriotes, d'audace chez les royalistes, apparut à l'horizon dans l'Ouest et le Midi.

Les résultats déplorables du système d'extermination suivi l'hiver dans la Vendée avaient rejeté les esprits dans une voie tout à fait contraire. Les réclamations de Lequinio, vivement appuyées de Carnot, décidèrent le Comité à user de modération. En pratique, la modération devient faiblesse et relâchement. Bô et Bourbotte, successeurs de Carrier à Nantes, hébertistes comme lui, n'en furent pas moins entraînés par cette invincible réaction. Ils arrivèrent au moment où l'on venait d'exécuter, aux applaudissements de la ville, Lamberty, l'agent de Carrier. Eux-mêmes firent condamner à mort les dénonciateurs d'un officier qui n'avaient pu donner des preuves (28 mai). Peu de semaines après, effrayés des meurtres nocturnes que commettaient les Chouans et de l'audace des réactionnaires, ils eurent de nouveau recours aux mesures de Terreur.

Dans le Midi, les royalistes se chargèrent de démontrer combien peu l'on pouvait s'en écarter. Ils commencèrent, dès mai 94, les assassinats de la *Terreur blanche* dans les environs d'Avignon. Le centre de leurs complots, la petite ville de Bédouin, fut dénoncé par un militaire très peu terroriste, Suchet (depuis maréchal). Le Comité de Salut public ordonna de la brûler. Le représentant Maignet, robespierriste d'idée, sans rapport personnel avec Robespierre, réclama la création d'un Tribunal spécial pour le Midi. Représentant du Puy-de-Dôme, collègue de Couthon, de Romme et de Soubrany, Maignet était un homme très honnête, incapable de composer avec le crime et la trahison. Il avait saisi Rovère et Jourdan dans leurs opérations honteuses. Rovère, par exemple, pour 80,000 francs (assignats), se faisant donner une terre qui en eût valu, en numéraire, plus de cinq cent mille. Royalistes et Girondins, gentilshommes et procureurs, usuriers et assassins, toute la lie des partis marchait d'ensemble à la conquête des biens nationaux. Ces coalitions ne pouvaient être poursuivies que sur la scène de leurs crimes. Le grand nombre des détenus, le nombre plus grand des témoins qu'il eût fallu faire voyager, ne permettait pas d'appliquer la loi qui concentrait à Paris la Justice politique. Il fallait juger sur les lieux, mais par des juges étrangers au pays. C'est ce que demanda Maignet. Immédiatement, les Comités, sur cette demande, appuyée de Couthon et de Payan, créèrent un Tribunal révolutionnaire à Orange.

Cette *création* était une chose hardie, où les Comités avaient outrepassé leurs pouvoirs. La loi leur permettait de *conserver* un Tribunal qu'ils jugeraient nécessaire, mais non pas d'en *créer* un. Encore moins leur permettait-elle d'organiser ce Tribunal dans une forme toute nouvelle et de s'en faire législateurs.

Ils n'en adoptèrent pas moins celle que proposa Payan. *Plus d'instruction écrite. Plus de jurés. Une forme toute sommaire.*

Telle fut l'origine réelle et le premier essai de la loi de prairial, en vigueur dans la Provence dès le 3 juin, quoiqu'on ne l'ait demandée à la Convention que le 10.

Il y avait pourtant une différence notable. Le Tribunal d'Orange, organisé dans un pays menacé par la *Terreur blanche* qui y commençait, avait l'excuse du péril. Commission temporaire, il agissait rapidement, militairement, en quelque sorte. Cette rapidité, qui frappa trois cents détenus sur douze mille, libérait une foule d'hommes qui, par les formes ordinaires, eussent été longtemps en prison.

Mais la loi de prairial, demandée pour la France entière, pour le Tribunal central où les accusés de tous les départements devaient comparaître, semblait l'établissement d'un droit de proscription universelle.

A qui donnait-on ce droit? A Robespierre seul. La loi conservait le jury (supprimé à Orange), mais un jury tout personnel, composé de ses dévoués, de ses fidèles, des plus aveugles fanatiques, prêts à frapper sans regarder.

Et cette loi pour Robespierre, qui la proposait? Robespierre (Couthon, c'était la même chose). Les Comités n'en savaient rien. Saint-Just étant alors absent, la loi ne venait pas même du triumvirat; elle n'avait pas même la faible garantie des trois signatures. Elle n'en fut pas moins présentée « au nom du Comité de Salut public. »

Cette loi, lancée sur l'Assemblée, au moment

où celle-ci venait de trahir sa haine pour lui, tirait d'un pareil moment une signification terrible. Présentée quelques jours plus tard, elle eût paru sans doute menaçante pour la France, mais moins pour la Convention. Pourquoi Robespierre précipita-t-il la mesure, au point de la hasarder au jour le moins opportun? Ce fut dans l'idée (juste au fond) que la fête lui imprima : toutes ses forces restant entières, *la puissance lui échappait*, une vertu lui échappait, la *terreur*, ce phénomène mystérieux de fascination qui rend la victime immobile, ou l'attire, la fait d'elle-même venir au-devant de la mort. Il n'y avait pas un moment à perdre pour voir si cette puissance s'exercerait encore une fois.

L'homme en qui elle fut au plus haut degré, Saint-Just, était à l'armée. Robespierre employa Couthon, c'est-à-dire la ruse. Couthon, pauvre paralytique, doux de figure et de langage, touchant par le contraste de sa faiblesse physique et de sa grande volonté, était infiniment propre à ces grandes occasions de mensonge solennel. Très probe en toute affaire privée, il était prêt, pour le salut public, à faire litière, non seulement de sa vie, de son cœur, de son humanité, mais de l'honneur même.

Couthon présenta cette loi comme le simple accomplissement de ce que la Convention avait *ordonné* au Comité de Salut public, comme un *perfectionnement* du Tribunal révolutionnaire.

L'Assemblée trouva cette perfection effrayante.

Cinquante jurés robespierristes.

Plus de défenseurs. « Défendre les traîtres, c'est conspirer. La loi donne pour défenseurs aux patriotes calomniés des jurés patriotes ; elle n'en accorde point aux conspirateurs. »

Plus d'interrogatoire préalable.

Plus de dépositions écrites.

Plus de témoins, s'il n'est absolument nécessaire.

La preuve morale suffit.

Sont condamnés, comme ennemis du peuple, *ceux qui parlent mal* des patriotes, ceux qui *dépravent les mœurs*, ceux qui *empêchent l'instruction*, etc., etc.

A cette loi, si terrible, sans nul doute préparée dès longtemps, la circonstance semblait avoir ajouté deux articles qui frappaient la Convention :

Nul n'est traduit au Tribunal que par la Convention OU les deux Comités. Donc, les Comités y envoyent tout droit, sans la Convention. Eh quoi ! si les Comités s'avisaient d'y envoyer la Convention elle-même ?

La Convention déroge à toutes les lois précédentes. A toutes ? même à la loi qui fait sa dernière barrière, son unique garantie de vie, à la loi par laquelle nul représentant n'est envoyé au Tribunal que sur un vote d'accusation accordé par l'Assemblée ?

Lorsque Couthon, de sa plus douce voix, eut

lu ce décret perfide, il y eut encore un homme dans la Convention; le maratiste Ruamps s'écria : « S'il passe, je me brûle la cervelle. »

Lecointre et Bourdon demandèrent l'ajournement.

Robespierre, avec l'appui du lâche et double Barère, usa la séance à réfuter ce que personne ne disait : Qu'il ne fallait point un nouveau jury. Il croyait, avec raison, qu'on n'oserait préciser la question, montrer dans sa main le lacs qu'il filait pour étrangler ses ennemis. Il s'adressa à sa droite, lui rappela qu'il l'avait défendue, lui dit qu'après tout la loi ne menaçait que les conspirateurs (c'est-à-dire tels Montagnards). Cette assurance réussit. Un article fut voté, puis deux, puis trois, enfin tous. Le tour était fait.

La Convention, stupéfiée, vota, par-dessus (selon son usage, du reste), le renouvellement des pouvoirs du Comité.

Robespierre avait agi royalement dans l'affaire, sans consulter ses collègues. Le lendemain 11, au matin, il trouva le Comité exaspéré contre lui. Billaud lui demanda comment il avait osé présenter seul un décret. A quoi il dit, avec une froide insolence, que, jusque-là *tout se faisant de confiance* au Comité, il avait pu agir seul avec Couthon. — « Dès ce moment, nous sommes donc sous la volonté d'un seul. » — Alors, il battit la campagne; pour faire taire la colère des autres, il feignit une grande colère, cria (les passants entendaient sur la terrasse du jardin, il fallut fermer les fenêtres) : « Je vois bien que je suis seul... Il y a un parti pour me perdre... — Je te connais, dit-il à Billaud avec fureur. — Et moi aussi, je te connais... *Tu es un contre-révolutionnaire.* » Mot terrible, qui des deux côtés précipita la guillotine, chacun voulant à tout prix se laver de ce reproche.

Robespierre alors, comme il lui arrivait souvent, s'attendrit sur lui-même, se mit à verser des larmes. Il consentit qu'on travaillât à modifier la loi.

Ce qui le rendait plus facile, c'est que, par deux ou trois fois, on vint avertir le Comité qu'une discussion, au moment même, s'engageait à l'Assemblée pour faire révoquer le vote de la veille. Que serait-il arrivé, si le Comité tout entier, laissant pleurer Robespierre, et marchant à la tribune, l'eût désavoué, se fût déclaré étranger à tout ce qui s'était fait?

Bourdon de l'Oise avait eu le courage de poser la vraie question : *L'Assemblée seule a le droit d'envoyer au Tribunal un membre de l'Assemblée.* Il avait été appuyé par Bernard de Saintes, ennemi personnel des deux Robespierre. Merlin de Douai demanda et obtint *la déclaration* que l'Assemblée *n'abandonnait pas son droit de décréter seule l'arrestation d'un de ses membres*, avec ce considérant : *Attendu que ce droit de l'Assemblée est inaliénable.*

Battus ainsi à l'Assemblée et battus au Comité, Robespierre et Couthon exécutèrent le lendemain une solennelle reculade. Couthon assura que c'était *une horrible calomnie* d'accuser le Comité *d'intentions si perfides.* Et Robespierre s'indigna de ce qu'au lieu d'accuser le Comité absent, on ne lui demandait pas des explications *fraternelles.* Il se jeta de côté, dans une diversion contre Tallien, qui avait pris à la gorge un espion des Comités, et enfin tomba sur Bourdon, échappant par la fureur à l'avilissement du mensonge.

Le secourable Barère avait en poche, tout à point, une belle carmagnole anglaise sur un bal masqué de Londres, où l'on avait vu une Charlotte Corday poursuivant un Robespierre de son poignard ensanglanté.

Donc, on pouvait révoquer le considérant ajouté à l'article additionnel.

L'Assemblée ne réclama pas contre cette logique et révoqua de bonne grâce. Menaçante pour la France, la loi n'atteignait plus du moins la représentation nationale ni l'existence même de la République.

Cependant pouvait-on croire qu'un tel homme, s'étant avancé si loin et s'étant vu condamné à ce mensonge évident, ne chercherait pas une autre arme? La loi manquant, qui l'empêchait de recourir à la force, quand il tenait Paris par Henriot et Payan, quand l'agent même des Comités, le chef de la police armée, Héron, prenait l'ordre de lui ? Un nouveau 31 mai lui eût été trop facile. Ses adversaires étaient morts, s'il savait vouloir un seul jour.

L'attaquer en ce moment, c'était d'une audace insensée. Tout le monde haussa les épaules, quand Lecointre, toujours absurde autant qu'intrépide, montra, le 24 prairial, à ses amis de la Montagne, l'*acte d'accusation de Robespierre* tout dressé et prêt.

Lui-même le sut le lendemain et n'y fit nulle attention. Il connaissait sa forte base et ses profondes racines. Une attaque légale était impossible *.

Pour l'attaquer en dessous et miner sa réputation, c'était chose dangereuse et longue. Quel moyen de ruiner tout à coup ce que tant d'années avaient élevé, ce colosse de réputation ? On savait trop ce qu'il en avait coûté à Desmoulins, Fabre d'Églantine. On ne pouvait l'égratigner ; il fallait d'un coup le détruire, sinon on était perdu. Comment le faire ? En le convainquant de vouloir la dictature ? Mais dans ce pays monarchique, dans cette extrême lassitude, dans le grand progrès de la paresse, du doute, beaucoup la désiraient.

La position de Robespierre, d'autre part, qui restait si forte matériellement, n'en était pas moins devenue moralement assez mauvaise. Chose dangereuse en France, il avait paru ridicule. Il pleurait, se désolait de ce que cette méchante, cette cruelle Convention s'obstinait dans le caprice de ne pas vouloir se guillotiner elle-même. Elle ne sentait nullement ce que c'était que la grandeur, oubliant l'enseignement qu'il lui donnait en février : « Quoi de plus beau qu'une Assemblée qui va se purgeant, s'épurant?... Qui a donné ce spectacle? Vous, représentants, vous seuls! »

Si cela n'eût été terrible, c'était chose du plus haut comique. Fabre d'Églantine, s'il l'a su là-bas, dut être bien fâché d'être mort.

Notez que le philanthrope ne voulait point appliquer lui-même à l'Assemblée ce fer salutaire ; il voulait, exigeait qu'elle se l'enfonçât de sa propre main.

Lui, ainsi, fût resté pur, devant le monde et devant lui en sa propre conscience, pouvant se dire : « Telle est la Loi !... Si je décime l'Assemblée, c'est qu'elle-même l'a voté ainsi. »

Ainsi, par un profond pharisaïsme intérieur, de lui pour lui-même, il eût trompé sa conscience, et trouvé le secret, en exterminant la Loi, de la respecter.

Insoluble fut pour lui la difficulté. Il ne la surmonta pas. Il tourna le dos dès lors à la Convention et aux Comités, indigné contre ces malades qui repoussaient l'amputation et ne voulaient pas guérir.

LIVRE XX

CHAPITRE PREMIER

LUTTE DES DEUX POLICES
LES SAINT-AMARANTHE
CALOMNIE CONTRE ROBESPIERRE

(13-14 JUIN 94)

Exécution de la loi de prairial. — Robespierre s'absente du Comité, du 3 prairial au 3 thermidor. — Il prêche aux Jacobins contre l'indulgence. — Les Comités cherchent à l'attaquer. — Robespierre jeune. — La maison Saint-Amaranthe. — Robespierre se défend par la Terreur. — Toute-puissance de son Bureau de Police. — Les Comités le dépopularisent par la grande fournée de ses assassins.

LA loi votée, tels furent la terreur et le tremblement où tombèrent ses adversaires, que pas un n'osait plus coucher dans son lit. Plus de soixante députés n'eurent plus de domicile fixe jusqu'au

9 Thermidor. A peine venaient-ils à la Convention, et ils ne s'asseyaient guère, croyant toujours que les portes allaient se fermer sur eux. Bourdon de l'Oise tomba malade, ayant comme reçu sa sentence, ressentant l'agonie et les affres de la mort.

Quelle fut la terreur aux prisons! on le devine aisément, quand on songe que celui même qui devait appliquer la loi, Fouquier-Tinville, en était lui-même terrifié. Il se voyait précipité dans une telle mer de sang, qu'il n'en surnagerait jamais. Nous avons dit ses *liaisons secrètes avec les indulgents*, son dîner chez Lecointre avec Merlin de Thionville; on a vu que, suspecté, il lui fallut subir un adjoint, c'est-à-dire un surveillant, dans l'affaire de son parent Camille Desmoulins.

Quand il reçut sur la tête ce pavé de prairial, éperdu, il se confia au Comité de Sûreté, dit à ses patrons qu'il ne savait comment faire. Ils convinrent que la loi était inexécutable, et lui enjoignirent de l'exécuter.

Quand il revint (à minuit), toute la Seine lui semblait du sang.

Les exécutions devaient se faire désormais au faubourg Saint-Antoine. Les charrettes n'avaient plus à traverser les passages étroits du pont Neuf, des rues du Roule et Saint-Honoré. L'échafaud ne serait plus serré de la foule. C'était l'émancipation de la guillotine. Elle allait respirer d'un grand souffle exterminateur, hors du monde civilisé, n'ayant plus à rougir de rien.

Mais le Tribunal était plus choquant que la guillotine. Ceux qui y virent fonctionner cette machine de prairial furent saisis d'horreur. Des juges de 93 qui vinrent comme observateurs n'en purent supporter la vue. On avait exclu des jurés tout ce qui avait encore quelque indépendance, Antonelle, Naulin, par exemple, et même on les fit arrêter*. L'ancien Tribunal, en 93, tout en prodiguant la mort, sérieux par le péril et la grandeur de la crise, motivait souvent ses jugements d'une manière digne et noble. Par l'organe du président, du chef du jury, il adressait parfois des paroles honorables aux condamnés. Les juges, hommes convaincus, même dans leurs adversaires qu'ils envoyaient à la mort, respectaient la conviction. Il suffit de citer les considérants d'Antonelle dans son verdict contre le bordelais Ducournaud, l'un des brillants enfants de la Gironde : il reconnaît hautement et ses services, et son courage, son esprit étincelant. Cet hommage de la vérité par la bouche de la mort était beaucoup, entre Français. La plupart voulaient bien mourir avec leur principe vaincu, mais voulaient mourir honorés.

Le Tribunal de prairial, exécrable par sa rapidité furieuse, le fut encore plus par l'insulte, les lâches et les basses risées. Dumas était ricaneur. Le premier des jurés, Vilatte, le seul du moins qui fût lettré, ex-prêtre et régent de collège, jeune, écervelé, libertin, imitant les élégantes légèretés de Barère et autres grands seigneurs du temps, jugeait la montre à la main, et dans ces fournées terribles de cinquante hommes à la fois, ne pardonnait pas aux mourants de le faire dîner trop tard.

Nul doute que l'idée adoptée alors et devenue fixe ne fût la proscription absolue de tous les *suspects*. Il fallait le dire. Il valait mieux imiter la franchise de Sylla. Mais ces comédies de juges, de jurés, cette dérision de Justice, voilà qui était horrible.

La multiplicité des mains par qui la chose passait faisait précisément la nullité des garanties.

Qui devait alimenter le Tribunal? le Comité de Sûreté. Qui l'alimentait lui-même? une Commission établie au Louvre, qui choisissait dans les prisons, dressait les listes des morts, les envoyait au Comité. Le Comité les signait, les donnait, le soir, à Fouquier-Tinville.

La responsabilité se trouvait ainsi divisée. Elle était triple, elle était nulle.

La Commission disait : « Nous pouvons aller grand train; le Comité reverra, et, après, le Tribunal. »

Le Comité disait : « Nous pouvons signer toujours; la Commission a examiné, et le Tribunal jugera. »

Le Tribunal, à son tour : « Ceux que la Commission et le Comité ensuite ont déjà jugés accusables sont très bons à condamner. »

Au total, la responsabilité majeure devant le public tombait sur le Comité de Sûreté. Et c'est ce qu'il sentait de plus machiavélique dans la loi de prairial.

Les listes lui arrivaient du Louvre. A lui de les envoyer promptement au Tribunal. Il se trouvait lancé par la loi robespierriste dans une voie d'accélération qui devait en peu de temps l'écraser sous la haine publique, et le livrer aplati au couteau de Robespierre.

Lui cependant, que faisait-il? Il s'était retiré chez lui, le lendemain de la dispute (23 prairial), disant : « Je ne suis plus rien, » et se lavant les mains de tout ce qui s'allait faire.

La plus cruelle dénonciation eût été moins forte qu'une telle absence. Les Comités trahissaient donc, puisque l'*incorruptible* n'y pouvait plus mettre les pieds? Toute responsabilité tombait sur eux maintenant. Tout pouvoir lui restait, à lui. Au fond, qui gouvernait? Sa loi. Il n'allait plus au Comité de Salut public, mais gardait la signature, signait chez lui (nombre d'arrêtés existent signés de sa main). Couthon siégeait à sa place; et à l'autre Comité, Lebas et David. Il tenait toujours la Commune, les prisons, les Tribunaux, par Payan, Herman, Dumas. Chaque soir, il arrivait aux Jacobins redoutablement encadré entre Dumas, président, Renaudin et autres jurés du Tribunal révolutionnaire. Qui ne sentait, en le voyant au milieu de tels acolytes, que cet homme *retiré*, rêveur, ce philosophe, ce moraliste inoffensif, qui ne se mêlait plus de rien, c'était lui qui tenait le glaive ?

Était-ce une illusion ? Non. Robespierre prenait soin d'établir par ses paroles qu'en effet la voie orthodoxe était dans l'accélération des jugements révolutionnaires. Chaque soir, ou lui ou Couthon faisait aux Jacobins un discours *contre l'indulgence.* Chose étrange, après l'*indulgence* dont Couthon fit preuve à Lyon. Tout s'oublie si vite en France, l'audace des contradictions est si légèrement passée aux hommes de tribune par un public prévenu, que c'était précisément sur ce terrain de Lyon que Robespierre s'établissait hardiment, assurant que la *Commission temporaire* avait été trop *indulgente*, qu'elle n'avait persécuté que les patriotes. L'*indulgence* de Marino ! l'*indulgence* de Collot d'Herbois ! l'*indulgence* de Fouché ! (Discours du 10 juin, 9, 11, 14 juillet.)

Les Comités, poussés ainsi, acceptèrent l'horrible gageure. Seulement, comme ils savaient que l'abîme, dans cette voie, allait les dévorer bientôt, ils ne perdirent pas une heure pour fouiller, sous sa cuirasse, s'il n'y avait pas quelque jour pour lui plonger le poignard.

Robespierre, politiquement accepté et désiré, n'était pas aisément prenable.

Mais, moralement peut-être, s'il offrait la moindre prise, on pouvait espérer le perdre.

La grande joie de nos pères, l'éternel sujet des

anciens noëls, des vieux fabliaux, c'est le prêtre convaincu d'être homme, le saint pris en flagrant délit. Tartufe est le sujet chéri dont la France s'est toujours égayée, bien avant Molière.

Surprendre ce personnage blême en quelque chose d'humain, quelque chose qui ressemblât au bonheur, au plaisir, c'eût été un coup vainqueur ! Il ne donnait pas grande prise. Épuisé de plus en plus, maigri, le sang altéré, il marchait deux heures par jour, d'un pas rapide et sauvage. Que fallait-il à un tel homme ? Il était tellement attentif à ne pas toucher d'argent, que, la pension faite à sa sœur, le reste au linge, sans doute au vêtement, et des sols donnés aux petits Savoyards, il n'avait exactement rien. Il ne pouvait payer Duplay. Il lui devait quatre mille francs au 9 Thermidor.

Où allait-il ? A Monceau, parfois aux Champs-Élysées, seulement pour les deux heures de marche qui lui étaient nécessaires. Où entrait-il ? Parfois chez quelques artisans, pour se populariser, chez des menuisiers, de préférence, en souvenir de l'*Émile*. On le voyait entrer parfois chez une marchande de tabac de la rue Saint-Honoré ; c'était probablement une sainte de la petite Église. Nul autre délassement. Un intérieur fermé et sombre.

On supposait, à tort peut-être, qu'il lui fallait une femme, et l'on attribuait ce rôle à Cornélia Duplay. D'autres disent que, se rendant justice, il n'eût associé personne à sa triste destinée, et qu'il voulait la marier à son frère. Ce qui est sûr, c'est qu'elle veillait inquiètement sur ses jours; instruite par la mort de Marat, elle ne laissa pas arriver à Robespierre la jeune Cécile Renaud.

Robespierre, peu attaquable en lui-même, pouvait l'être en sa famille, qui fut son fléau. Sa sœur, l'aigre et triste Charlotte, avait trouvé un amant. Et quel? Le mortel ennemi de Robespierre. Fouché, revenu à Paris, et logé dans un grenier de la rue Saint-Honoré, tout en lui creusant sous les pieds des mines chez les Jacobins, avait eu l'idée hardie de se glisser dans sa famille, de surprendre ses secrets. Ce grand homme de police, malgré sa figure atroce qui faisait frémir l'amour, avait imaginé de faire l'amoureux de la sœur de Robespierre. Séparée de lui dès longtemps, rien du présent ne pouvait être su par elle. Elle ne pouvait trahir que son passé, ses précédents. Très éloignée de son frère, n'ayant le moindre accès chez lui, si elle avait affronté la porte de la maison, elle eût été arrêtée net par un terrible cerbère, l'intrépide madame Duplay, et Cornélia Duplay se serait plutôt fait tuer sur le seuil.

Restait le frère de Robespierre. C'est par lui qu'on trouva prise.

Robespierre jeune, avocat, parleur facile et vulgaire, homme de société, de plaisir, ne sentait pas assez combien la haute et terrible réputation de son frère demandait de ménagements*. Dans ses missions, où son nom lui donnait un rôle très grand et très difficile à jouer, il veillait trop peu sur lui. On le voyait mener partout, et dans les Clubs mêmes, une femme très équivoque.

Il avait vivement embrassé, par jeunesse et par bon cœur, l'espoir que son frère pourrait adoucir la Révolution. Il ne cachait point cet espoir, ne tenant pas assez compte des obstacles, des délais qui ajournaient ce moment. En Provence, il montra de l'humanité, épargna des communes girondines. A Paris, il eut le courage de sauver plusieurs personnes, entre autres le directeur de l'économat du Clergé (qui plus tard fut le beau-père de Geoffroy Saint-Hilaire).

Dans la précipitation de son zèle antiterroriste, il lui arriva parfois de faire taire et d'humilier de violents patriotes qui s'étaient avancés sans réserve pour la Révolution. Dans le Jura, par exemple, il imposa royalement silence au représentant Bernard de Saintes. Cette scène, très saisissante, donna aux contre-révolutionnaires du Jura une confiance illimitée. Ils disaient légèrement (un des leurs, Nodier, le rapporte) : « Nous avons la protection de MM. de Robespierre. »

A Paris, Robespierre jeune fréquentait une maison, infiniment suspecte, du Palais-Royal, en face du Perron même, au coin de la rue Vivienne, l'ancien hôtel Helvétius. Le Perron était, comme on sait, le centre des agioteurs, tripoteurs de Bourse, des marchands d'or et d'assignats, des marchands de femmes. De somptueuses maisons de jeu étaient tout autour, hantées des aristocrates. J'ai dit ailleurs comment tous les vieux partis, à mesure qu'ils se dissolvaient, venaient mourir là, entre les filles et la roulette. Là finirent les Constituants, les Talleyrand, les Chapelier. Là traînèrent les orléanistes. Plusieurs de la Gironde y vinrent. Robespierre jeune, gâté par ses missions princières, aimait aussi à retrouver là quelques restes de l'ancienne société.

La maison où il jouait était tenue par deux dames royalistes fort jolies : la fille, de dix-sept ans, la mère n'en avait pas quarante. Celle-ci, madame de Saint-Amaranthe, veuve, à ce qu'elle disait, d'un Garde du corps qui se fit tuer au 6 Octobre, avait marié sa fille dans une famille d'un nom fameux de Police, au jeune Sartine, fils du ministre de la Pompadour, que Latude a immortalisé.

Madame de Saint-Amaranthe, sans trop de mystère, laissait sous les yeux des joueurs les portraits du Roi et de la Reine. Cette enseigne de royalisme ne nuisait pas à la maison. Les riches restaient royalistes, mais ces dames avaient soin d'avoir de hauts protecteurs patriotes. La petite Saint-Amaranthe était fort aimée du jacobin Desfieux, agent du Comité de Sûreté (quand ce Comité était sous Chabot), ami intime de Proly et logeant dans la même chambre, ami de Junius Frey, ce fameux banquier patriote qui donna sa sœur à Chabot. Tout cela avait apparu au procès de Desfieux, noyé en mars, avec Proly, dans le procès des hébertistes.

Robespierre était très parfaitement étranger à ce monde-là, tellement que sa bête noire était justement cet être à deux têtes, gasconne-autrichienne, Proly, et ce Desfieux, qui intriguait contre lui. On se rappelle qu'en octobre, dans un moment où sa popularité était menacée, le Comité de Sûreté lui rendit le service de mettre en prison Desfieux, qui fut à grand'peine délivré par Collot d'Herbois. Desfieux ayant été exécuté avec Hébert le 24 mars, Saint-Just transmit une *note*, contre la maison qu'il fréquentait, au Comité de Sûreté, qui, le 31, fit arrêter les Saint-Amaranthe et Sartine. *(Comité de Sûreté, registre 642, 10 germinal.)*

Mais Robespierre jeune, aussi bien que Desfieux, était ami de cette maison; c'est ce qui, sans doute, valut à ces dames de rester en prison assez longtemps sans jugement. Le Comité de Sûreté, auquel il dut s'adresser pour leur obtenir des délais, était instruit de l'affaire. Il avait là une ressource, un glaive contre son ennemi. Admirable prise! La chose habilement arrangée, Robespierre pouvait apparaître comme patron des maisons de jeu!

Robespierre? lequel des deux?

On se garda de dire *le jeune*. La chose eût perdu tout son prix.

Il fut bientôt averti, sans doute par son frère même, qui fit sa confession. Il vit l'abîme, et frémit.

Alla-t-il aux Comités? ou les Comités lui envoyèrent-ils? On ne sait. Ce qui est sûr, c'est que, le soir du 25 prairial (14 juin), deux choses terribles se firent entre lui et eux.

Il réfléchit que l'affaire était irrémédiable, que l'effet en serait augmenté par sa résistance, qu'il fallait en tirer parti, obtenir des Comités, en retour de cette vaine joie de malignité, une arme réelle qui lui servirait peut-être à frapper les Comités, en tout cas, à faire un pas décisif dans sa voie de dictature judiciaire.

Lors donc que le vieux Vadier lui dit d'un air observateur : « Nous ferons demain le *rapport* sur l'affaire Saint-Amaranthe, » il fit quelques objections, mollement, et moins qu'on ne croyait.

Et, le même jour, il fit donner par le Comité de Salut public à son bureau de police le droit nouveau de *traduire les détenus au Tribunal révolutionnaire.*

Ainsi, ses deux hommes à lui (et tous deux d'Arras), le chef de division Herman et le sous-chef Lanne, allaient se trouver investis d'un droit que, seul jusque-là, le souverain Comité de Sûreté exerçait au nom de la Convention, — droit qui différait infiniment peu de celui de vie et de mort.

L'expérience, faite en petit d'abord, *in anima*

vili, sur les galériens de Bicêtre, était heureusement choisie pour effrayer peu. Le Comité de Salut public, tout entier, signa l'autorisation. Il était fort effrayé de la retraite de Robespierre, et croyait peut-être le rappeler par cette concession.

Énorme concession. Et elle ne suffit pas. Cinq jours après, le Comité fut forcé de donner à Herman le droit d'interroger tous les citoyens dénoncés qui arriveraient à Paris. C'étaient (moins les accusés d'Arras et d'Orange) tous les accusés de la France qui devaient passer devant lui. Herman, par ce droit d'examen préalable, était constitué réellement une espèce de Grand Juge ou dictateur judiciaire*.

L'extrait de l'arrêté du Comité qui autorisait Herman et Lanne à faire leur enquête à Bicêtre fut signé de Robespierre, qui fit signer avec lui Barère et Lindet. Lanne devait procéder à Bicêtre avec l'accusateur public. Mais celui-ci, Fouquier-Tinville, étonné de la forme insolite d'un tel acte, ne voulait bouger qu'avec une nouvelle autorisation, celle du Comité de Sûreté, qui n'osa la refuser.

Seize noms de galériens étaient écrits sur l'arrêté ; mais on y lisait de plus : « *Et tous autres* prévenus d'avoir pris part au complot. » Un blanc restait, que Lanne et Fouquier pouvaient remplir comme ils l'entendaient.

Lanne, dans son premier appétit, ne voulait pas moins que trois cents têtes ! Où trouver tant de galériens? Ce fut Fouquier, si on l'en croit, qui, sagement, humainement, obligea Lanne d'abord de se contenter d'une trentaine, auxquels, peu de jours après, on en ajouta autant.

Pendant que Fouquier et Lanne instrumentaient à Bicêtre, le Comité de Sûreté faisait son *rapport* à l'Assemblée sur les cinquante personnes qu'on présentait comme complices de l'assassinat de Robespierre et de Collot, et des tentatives corruptrices du baron Batz. Avec Ladmiral et Cécile Renaud, se trouvaient en tête les Saint-Amaranthe. — Violent, cruel coup de parti, de placer juste au milieu des assassins de Robespierre, ces femmes royalistes qu'on disait ses amies, pour que leur exécution l'assassinât moralement.

L'homme qui se mit en avant pour le Comité et parla fut Élie Lacoste, le même qui, le 5 thermidor, tint en face contre Robespierre et articula en sa présence les griefs du Comité.

Le *rapport* était un poème, où le petit banquier de Batz, élevé au rôle immense du Génie du mal, avec vingt millions en guinées, de manufactures d'assignats, etc., etc., travaillait de trois façons : meurtre, corruption, banqueroute. Ce poème, par voie d'épisodes, rattachait au fil principal des groupes accessoires d'accusés, des royalistes en renom, Montmorency, Rohan, Sombreuil, le municipal Michonis, soupçonné d'avoir essayé de faire échapper la Reine, etc., etc.

Il y en avait quarante-neuf. Tant de personnes

en manteau rouge, cela paraissait suffire pour la pompe du spectacle. Le Comité de Sûreté n'en attendait pas davantage.

Mais la veille, au soir, Fouquier, attentif à flatter ses maîtres, dit en entrant au Comité : « J'en envoie près de soixante! » On cria *bravo*. Et on le cria bien plus, quand on lut l'ingénieuse composition de la queue de liste. Fouquier y plaçait quatre ennemis personnels de Robespierre, les municipaux Marino, Soulès, Froidure et Dangé, de sorte que l'immense hécatombe, ouverte par ses assassins, se fermait par ses ennemis.

C'étaient des noms populaires. Soulès, ami de Chalier, est nommé dans son testament. Marino fut le vengeur de Chalier à Lyon. On reprochait à Marino d'avoir commis la faute grave d'arrêter un député; la Convention pouvait croire qu'on le punissait pour elle. Président de la Commission temporaire de Lyon, ami de Fouché, Marino passait pour avoir faibli vers la fin. Robespierre ne perdait pas une occasion de dénoncer la *mollesse* de cette Commission temporaire, de sorte que Marino semblait périr comme *indulgent*. Chose inquiétante pour tous. Qui était sûr d'être *à la hauteur*, si l'on notait de ce crime un homme qui avait envoyé 1,700 personnes à la mort?

Marino, peintre, artiste insouciant, loustic de profession, amusait beaucoup le peuple. Chose curieuse, il était assez aimé aux prisons. C'était lui qui, de bonne heure, en 93, y avait organisé une sorte de mutualité, de sorte qu'un prisonnier riche, placé dans une chambrée, améliorait le sort commun et traitait ses camarades. On regrettait fort, en prairial, ces bonnes prisons de Marino, la bonne chère, la fraternité que donnait cet arrangement. L'Administration robespierriste avait craint que les riches ne prissent ascendant. Elle établit la stricte égalité, les tables communes, et tout aux frais de l'État. La nourriture fut détestable, par la faute des entrepreneurs (non par celle de l'État, qui payait beaucoup) ; les prisonniers étaient au désespoir, et l'amphitryon des prisons, Marino, fut sans doute d'autant plus regretté.

L'immoler à Robespierre, le faire mourir sous l'habit rouge des ennemis de Robespierre, c'était d'une cruelle astuce contre celui-ci.

Les robespierristes, certainement, n'avaient pas prévu ceci, mais ils le sentirent très bien. Dans le *Journal de la Montagne*, qui se faisait aux Jacobins, ils effacèrent de la liste les quatre noms des municipaux de Paris, restes de l'ancienne Commune qui avait laissé un tel souvenir.

CHAPITRE II

LA MÈRE DE DIEU
ROBESPIERRE COMME MESSIE
EXÉCUTION DES SAINT-AMARANTHE

(15-17 JUIN 94)

Calomnies contre Robespierre. — Par où il était prenable. — Mysticisme du temps. — Ses dévotes. — Essais de comédie. — La Mère de Dieu. — Rapport d'un foudroyant comique. — Robespierre défend à la Justice de poursuivre la Mère de Dieu. — Effet terrible de l'exécution des cinquante-quatre chemises rouges. — Combien il est difficile de punir les femmes.

Le *rapport* d'Élie Lacoste, avec les commentaires qu'on fit à l'oreille, fut reçu de la Montagne et de la Convention comme les premières gouttes de pluie par la Judée expirante après les trois ans de sécheresse sous le roi Akhab.

Il donnait donc prise, il était donc homme; il

cherchait les plaisirs humains; il vivait, ce triste fantôme!... S'il vivait, il pouvait mourir... Comme un homme, il avait du sang à répandre, un cœur qu'on pouvait percer!

L'invraisemblance du roman n'arrêta personne. Que cet homme sombrement austère, si cruellement agité, acharné à la poursuite de son tragique destin, s'en allât comme un Barère, un marquis de la Terreur, s'égayer en une telle maison, chez des dames ainsi notées, on trouva cela naturel! La crédulité furieuse serrait sur ses yeux le bandeau.

Il était à craindre pourtant que l'équité et le bon sens ne retrouvassent un peu de jour, que quelques-uns ne s'avisassent de cette chose si simple : Il y a deux Robespierre.

On ne perdit pas un moment pour redoubler, enfoncer le coup, pour continuer, par une attaque mieux fondée, plus sérieuse, la première impression.

Non, Robespierre n'était pas prenable du côté des mœurs; il l'était par un côté plus intérieur, plus profond.

Dans les luttes violentes, à mort, d'un combat pour les principes, il arrive souvent qu'à la longue, les principes chez les plus sincères ne sont plus qu'en seconde ligne. Le combat est tout, le péril est tout, la victoire est tout. La main du combattant empoigne, égarée et convulsive, toute arme, même hostile aux principes.

Telle était la seule corruption possible dans un homme comme celui-ci. Il pouvait être tenté, dans sa situation terrible, d'exploiter pour son salut, pour celui de la Révolution, un moyen contre-révolutionnaire.

Et Robespierre, pour rencontrer ce moyen, cette tentation, n'avait pas à chercher loin : il l'avait en lui.

D'où était-il parti? D'Arras, des plus tristes précédents. Né dans une ville de prêtres, élevé par la protection des prêtres, qui même, dès qu'il fut homme, le reprirent encore à eux et le firent *juge d'Église.*

Comme son maître Rousseau, il s'affranchit par la volonté, jeta l'argent, embrassa la faim et l'honneur. Puis 89 sonna, et son affranchissement fut celui de la France, qui dès lors le nourrit de son pain, et vécut de sa parole.

Philosophe et logicien, dépassant les Girondins comme logique révolutionnaire, dépassé cependant par eux dans la question de la guerre, dépassé par la Commune dans la question religieuse, il redevint l'homme d'Arras, et pencha d'instinct à droite. Il encouragea l'espérance des ennemis du dix-huitième siècle, attaqua le *philosophisme* (décembre).

Ces paroles firent soupçonner, non sans cause, que ce philosophe ennemi du *philosophisme*, tout en parlant mal des prêtres, ne leur voulait pas grand mal.

Soupçonner? La chose était claire.

Exiger la Liberté et l'application des *principes* au profit du Catholicisme, tandis qu'on les ajournait en toute chose politique, imposer la liberté des cultes, la liberté des catholiques, la liberté de l'ennemi, quand la liberté de la tribune, de la Presse et du théâtre était étouffée dans le sang, qu'était-ce, sinon délier la contre-révolution, et lier la Révolution.

Les feuilles arrachées par Lebas, dont nous parlions tout à l'heure, montrent combien son maître, en dessous, était favorable aux prêtres.

Cela parut mieux encore. Un Jacobin catholique pria Robespierre de tenir son enfant nouveau-né sur les fonts de baptême. Il accepta, fut parrain. Acte grave, parce qu'il était libre. Dans la famille, la mère, souveraine maîtresse d'un fruit sorti d'elle-même avec tant de douleur, force souvent le père philosophe de faire baptiser l'enfant. Mais ici, qui le forçait? Il fut parrain, et, comme tel, fit la promesse qu'on fait : « Que l'enfant sera catholique. »

Toute la question était, pour un homme qui tenait si peu compte du *philosophisme*, de savoir quel mysticisme il allait favoriser, celui du passé, ou celui du présent, celui du vieux parti catholique, celui des nouveaux adeptes de la religion jacobine. Protégerait-il la foi de Jésus, ou la foi de Robespierre?

Le temps était au fanatisme. L'excès des émotions avait brisé, humilié, découragé la raison. Sans parler de la Vendée, où l'on ne voyait que miracles, un dieu, dès 91, avait apparu en Artois. Les morts y ressuscitaient en 94. Dans le Lyonnais, une prophétesse avait eu de grands succès ; cent mille âmes y prirent, dit-on, le bâton de voyage, s'en allant sans savoir où. En Allemagne, les sectes innombrables des *illuminés* s'étendaient non seulement dans le peuple, mais dans les plus hautes classes : le roi de Prusse en était. Mais nul homme de l'Europe n'excitait si vivement l'intérêt de ces mystiques que l'étonnant Maximilien. Sa vie, son élévation à la suprême puissance par le fait seul de la parole, n'était-elle pas un miracle, et le plus étonnant de tous? Plusieurs lettres lui venaient qui le déclaraient un Messie. Tels voyaient distinctement au ciel la *constellation Robespierre*. Le 2 août 93, le président des Jacobins désignait, sans le nommer, *le Sauveur qui allait revenir*. Une infinité de personnes avaient ses portraits appendus chez elles, comme image sainte. Des femmes, des généraux même, portaient un petit Robespierre dans leur sein, baisaient, priaient la miniature sacrée. Ce qui est plus étonnant, c'est que ceux qui le voyaient sans cesse et l'approchaient de plus près, *ses saintes femmes*, une baronne, une madame Chalabre (qui l'aidait dans sa police), ne le regardaient pas moins comme un être d'autre nature. Elles joignaient les mains, disaient : « Oui, Robespierre, tu es dieu. »

Que de telles scènes se passassent chez les bonzes de l'Inde, aux pagodes du Thibet, rien de mieux ; mais à Paris, le lendemain de Voltaire, en plein *Contrat social !* et que ce fût le fils même de Rousseau et du rationalisme, le logicien de la Révolution, qui acceptât, encourageât de son silence, ces outrages à la raison, cela était honteux et triste. Là, certainement, était la laideur de Robespierre.

Car qu'était-ce, même sans parler de raison, à ne consulter que le cœur ? Tolérer cette idolâtrie, n'était-ce pas abuser de l'affaiblissement où l'excès des maux, la Terreur, avaient mis ces pauvres âmes, tuant en elles ce qu'il y avait de liberté, de vraie vie, les abaissant de l'état d'homme à la sensibilité animale, à la tendresse servile du chien, à qui il faut un maître, qui veut être mené, battu, pauvre créature relative qui n'existe point en soi ?

Nous parlions, en 92, de la vieille idiote de la rue Montmartre marmottant devant deux plâtres : « Dieu sauve Manuel et Pétion ! Dieu sauve Manuel et Pétion ! » Et cela, douze heures par jour. Nul doute qu'en 94, elle n'ait, tout autant d'heures, marmotté pour Robespierre.

L'amer cévenol Rabaut-Saint-Étienne avait très bien indiqué que ces momeries ridicules, cet entourage de dévotes, cette patience de Robespierre à les supporter, c'était le point vulnérable, le talon d'Achille où l'on percerait le héros. Girey-

Dupré, dans un noël piquant et facétieux, y frappa, mais en passant. N'était-ce pas le *sujet de comédie* de Fabre qu'on fit disparaître, et pour laquelle peut-être Fabre disparut? et celle que le girondin Salles écrivait caché dans la terre, au puits de Saint-Émilion, je suis bien porté à croire que ce travail acharné fut l'œuvre de la vengeance, la proscription du proscripteur, le drame du nouveau Tartufe.

Sujet bien supérieur à l'autre. Tartufe, dans Molière, est un pauvre diable qui, par un jargon mystique, abusant du nom de Dieu, trompe un imbécile. Ici, Tartufe même est dieu; l'idole, l'exploiteur de l'idole, sont même et unique chose. Idole de déraison sous le drapeau de la raison! trompant les uns et les autres!... Et l'imbécile est le monde.

Pour formuler l'accusation, il fallait pourtant un fait, une occasion qu'on pût saisir. Robespierre la donna lui-même.

Dans ses instincts de police, insatiablement curieux de faits contre ses ennemis, contre le Comité de Sûreté, qu'il voulait briser, il furetait volontiers dans les cartons de ce Comité. Il y trouva, prit, emporta, des papiers relatifs à la duchesse de Bourbon, et refusa de les rendre. Cela rendit curieux. Le Comité s'en procura des doubles, et vit que cette affaire, si chère à Robespierre, était une affaire d'*illuminisme*.

Quel secret motif avait-il de couvrir les *illu-*

minés, d'empêcher qu'on ne donnât suite à leur affaire.

Ces sectes n'ont jamais été indifférentes aux politiques. Le duc d'Orléans était fort mêlé aux Francs-Maçons et aux Templiers, dont il fut, dit-on, grand maître. Les jansénistes, devenus, sous la persécution, une société secrète, par l'habileté peu commune avec laquelle ils organisaient la publicité mystérieuse des *Nouvelles ecclésiastiques*, avaient mérité l'attention particulière des Jacobins. Le tableau ingénieux qui révélait ce mécanisme était le seul ornement de la bibliothèque des Jacobins, en 1790. Robespierre, de 89 à 91, demeura rue de Saintonge, au Marais, près la rue de Touraine, à la porte même du sanctuaire où ces énergumènes du jansénisme expirant firent leurs derniers miracles; le principal était de crucifier des femmes, qui, en descendant de la croix, n'en mangeaient que mieux. Une violente recrudescence du fanatisme, après la Terreur, était facile à prévoir. Mais qui en profiterait?

Au château de la duchesse prêchait un adepte, le chartreux dom Gerle, collègue de Robespierre à la Constituante, celui qui étonna l'Assemblée en demandant, comme chose simple, qu'elle déclarât le Catholicisme religion d'État. Dom Gerle, à la même époque, voulait aussi que l'Assemblée proclamât la vérité des prophéties d'une folle, la jeune Suzanne Labrousse. Dom Gerle était toujours lié avec son collègue; il allait souvent le voir, l'honorait comme son patron, et, sans doute pour lui plaire, demeurait aussi chez un menuisier. Il avait obtenu de lui un certificat de civisme.

Bon républicain, le chartreux n'en était pas moins un prophète. Dans un grenier du pays latin, l'esprit lui était soufflé par une vieille femme idiote, qu'on appelait la *Mère de Dieu*. Catherine Théot (c'était son nom) était assistée dans ses mystères de deux jeunes et charmantes femmes, brune et blonde, qu'on appelait la *Chanteuse* et la *Colombe*. Elles achalandaient le grenier. Des royalistes y allaient, des magnétiseurs, des simples, des fripons, des sots. Jusqu'à quel point un homme aussi grave que Robespierre pouvait-il être mêlé à ces momeries? On l'ignore. Seulement on savait que la vieille avait trois fauteuils, blanc, rouge et bleu; elle siégeait sur le premier, son fils dom Gerle sur le second, à gauche. Pour qui était l'autre, le fauteuil d'honneur, à la droite de la *Mère de Dieu?* n'était-ce pas pour un fils aîné, le *Sauveur qui devait venir?*

Quelque ridicule que la chose pût être en elle-même, et quelque intérêt qu'on ait eu à la montrer telle, il y a deux points qui y découvrent l'essai d'une association grossière entre l'*illuminisme* chrétien, le *mysticisme* révolutionnaire et l'inauguration d'un gouvernement des *prophètes.*

« Le premier sceau de l'Évangile fut l'annonce

du Verbe ; le second, la réparation des cultes ; le troisième, *la Révolution ;* le quatrième, *la mort des rois ;* le cinquième, la réunion des peuples ; le sixième, le combat de l'Ange exterminateur ; le septième, la résurrection des élus de la *Mère de Dieu,* et le bonheur général *surveillé par les prophètes.* »

« Au jour de la résurrection, où sera la *Mère de Dieu?* Sur son trône, *entre ses prophètes,* dans le Panthéon. »

L'espion Sénart, qui se fit initier pour les trahir et les arrêta, trouva, dit-il, chez la *Mère,* une lettre écrite en son nom à Robespierre comme à son premier *prophète,* au *fils de l'Être suprême,* au *Rédempteur,* au *Messie.*

Était-elle réellement la *minute* d'une lettre qui fut envoyée? ou bien faut-il croire que ceux qui, pour servir Robespierre, attribuèrent un faux à Fabre d'Églantine, ont pu, pour perdre Robespierre, faire aussi un faux? Les deux suppositions ont une telle égalité de vraisemblance, qu'on ne peut, je crois, décider*.

Les deux Gascons, Barère, Vadier, qui firent ensemble l'œuvre malicieuse du *rapport* que les Comités lançaient dans la Convention, y mirent (comme ingrédients dans la chaudière du Sabbat) des choses tout à fait étrangères ; je ne sais quel portrait, par exemple, du petit Capet, qu'on avait trouvé à Saint-Cloud. Cela donnait un prétexte de parler dans le *rapport* de royalisme, de restauration de la royauté. L'Assemblée, désorientée, ne savait d'abord que croire. Peu à peu elle comprit. Sous le débit morne et sombre de Vadier, elle sentit le puissant comique de la facétie. La plaisanterie, dans la bouche d'un homme qui tient son sérieux, emporte souvent le fou rire sans qu'on puisse résister. L'effet fut si violent que, sous le couteau de la guillotine, dans le feu, dans les supplices, l'Assemblée eût ri de même. On se tordait sur les bancs.

On décida, d'enthousiasme, que ce *rapport* serait envoyé aux quarante-quatre mille communes de la République, à toutes les Administrations, aux armées. Tirage de cent mille peut-être !

Robespierre, percé d'outre en outre, n'en montra pas moins une décision assez vigoureuse. Il n'y avait pas de séance aux Jacobins, et il ne pouvait rien faire de ce côté. Il alla au Comité de Salut public, intima d'arrêter tout. Le Comité s'obstinait à ne pas vouloir comprendre, à soutenir que l'affaire n'avait nul intérêt pour lui, à demander comment, la chose une fois lancée, on pouvait arrêter le cours de la Justice. Sans s'arrêter à ces raisons, il donna ordre qu'on fît venir Fouquier-Tinville. Lui venu, et eux présents, il lui ordonna, en leur nom, exactement le contraire de ce qu'ils voulaient, et ils n'osèrent souffler mot.

Ce n'est pas tout. Il exigea que Fouquier lui remît les pièces, les prit, les emporta chez lui.

Fouquier, du Comité de Salut public, alla au Comité de Sûreté, et dit : « *Il* ne le veut pas. »

Le grand mot : « *Je veux* » était rétabli, et la monarchie existait.

Ce fut une grande consolation pour les Comités que la chose se posât ainsi solennellement.

Désormais, à toute occasion, ils avaient un mot terrible : « *Il* le veut, *il* ne le veut pas. »

Ce qui leur restait, c'était de battre le tambour, de bien faire retentir cette suppression de la Justice. Le Comité de Sûreté dit partout qu'il poursuivrait l'accusateur public pour avoir lâché de ses mains des pièces si importantes.

Vadier fit la chose hardie de poursuivre Robespierre de son *rapport*, même aux Jacobins. Il comptait là sur la masse des Jacobins opposants qui avaient porté Fouché à la présidence. Cependant, il compta mal. Il lut, mais ne fit rire personne; il y eut un grand silence, des murmures, et, de quelques-uns, des soupirs de deuil et d'indignation. Plusieurs, vraiment patriotes, trouvaient aussi, dans ces risées, la Révolution avilie par l'avilissement de Robespierre. Vadier obtint l'impression, mais non l'impression en nombre pour les sociétés affiliées.

Le lendemain eut lieu à grand bruit, avec un appareil incroyable, le supplice solennel des *assassins de Robespierre*.

Le drame de l'exécution, monté avec un soin, un effet extraordinaire, offrit cinquante-quatre personnes, portant toutes le vêtement que la seule Charlotte Corday avait porté jusque-là, la sinistre chemise rouge des parricides et de ceux qui assassinaient les pères du peuple, les représentants. Le cortège mit trois heures pour aller de la Conciergerie à la place de la Révolution, et l'exécution employa *une heure*.

De sorte que, dans cette longue exhibition de quatre heures entières, le peuple put regarder, compter, connaître, examiner *les assassins de Robespierre*, savoir toute leur histoire.

Les canons suivaient les charrettes, et tout un monde de troupes. Pompeux et redoutable appareil, qu'on n'avait jamais vu depuis l'exécution de Louis XVI. « Quoi! tout cela pour venger un homme! Et que ferait-on de plus *si Robespierre était roi?* »

Il y avait cinq ou six femmes jolies, et trois toutes jeunes. C'était là surtout ce que le peuple regardait et ce qu'il ne digérait pas, — et autour de ces femmes charmantes, leurs familles tout entières : la Saint-Amaranthe avec tous les siens, la Renaud avec tous les siens; une tragédie complète sur chaque voiture, les pleurs et les regrets mutuels, des appels de l'un à l'autre à crever le cœur. Madame de Saint-Amaranthe, fière et résolue d'abord, défaillait à tout instant.

Une actrice des Italiens, mademoiselle Grandmaison, portait l'intérêt au comble. Maîtresse autrefois de Sartine, qui avait épousé la jeune

Saint-Amaranthe, elle lui restait fidèle. Pour lui, elle s'était perdue. Elles étaient là ensemble, assises dans la même charrette, les deux infortunées, devenues sœurs dans la mort, et mourant dans un même amour.

Un bruit circulait dans la foule, horriblement calomnieux, que Saint-Just avait voulu avoir la jeune Saint-Amaranthe, et que c'était par jalousie, par rage, qu'il l'avait dénoncée.

Il y avait encore une fille de seize ans sur ces voitures, une ouvrière, misérable de mine et d'habits, la pauvre petite Nicole, qui, disait-on, n'avait rien fait que de porter à manger à mademoiselle Grandmaison. Le mouchard qui l'arrêta raconte que, quand il arriva jusqu'à son septième étage, où elle logeait sous le toit, sans meubles qu'une paillasse et un panier de guenilles, les larmes lui vinrent aux yeux. Il alla dire au Comité de Sûreté qu'il était absolument impossible de faire périr cette enfant. Ils répondirent sèchement qu'à tout prix il fallait garantir la vie des représentants, des membres des Comités, qu'ils ne prenaient pas légèrement un attentat contre Robespierre.

Voulland, pétillant de bonheur, de vengeance et de joie, alla voir l'effet de la scène, si le peuple murmurait, si la calomnie prenait. Il se posta au point le plus serré de la foule, au coin des rues Richelieu et Saint-Honoré, et quand il vit venir de loin les cinquante chemises rouges, branlantes sur les charrettes, par-dessus les têtes innombrables de curieux, il dit aux siens : « Allons devant ; nous verrons au grand autel célébrer la messe rouge. »

L'effet désiré fut produit. Un déchirement de pitié, contenu, d'autant plus cruel, mille morts vouées à Robespierre, des cœurs étouffant de malédiction, ce cri avalé par la peur, mais rentrant dans les entrailles pour les déchirer : « Ah ! maudits cet homme et ce jour ! »

Ces morts de femmes étaient terribles*.

Celle de Charlotte Corday, sublime, intrépide et calme, commença une religion.

Celle de la Du Barry, tout horripilée de peur, pauvre vieille fille de chair, qui d'avance sentait la mort dans la chair, reculait de toutes ses forces, criait, et se faisait traîner, réveilla toutes les fibres de la pitié animale. Le couteau, disait-on, n'entrait pas dans son cou gras... Tous, au récit, frissonnèrent.

L'exécution encore de Lucile Desmoulins, la jeune, la courageuse, la charmante femme du bon Camille, fut un coup de pitié. Nulle ne laissa tant de regret, tant de fureur, ne fut plus âprement vengée.

L'impression allait croissant. La plus simple politique eût dû supprimer l'échafaud pour les femmes. Cela tuait la République.

Mais ici, justement, dans l'affaire des Saint-Amaranthe, on avait compté donner au public une cruelle émotion, dire, en réponse de celui qui déplorait l'*indulgence* des juges de Lyon, l'*indulgence* du Comité de Sûreté : « Il veut du sang, en voilà... Et le sang des royalistes qu'il a protégés. »

On m'a conté le fait suivant.

D'après l'âge indiqué, il s'applique à la Nicole ; d'après l'effet général que produisit sa mort (sur la police elle-même !), je ne fais aucun doute qu'il ne se rapporte à elle.

Un homme très dur et très fort, d'une constitution athlétique, de ces gens qui n'ont point de nerfs, qui n'ont que des muscles, gagea de supporter de près la vue de l'exécution. Était-il avec les bourreaux, ou autrement, je ne sais. Il endura tout sans broncher, vit répandre, de tête en tête, l'horrible fleuve de sang. Mais quand cette petite fille vint, s'arrangea, se mit à la planche, dit d'une voix douce au bourreau : « Monsieur, suis-je bien comme ça ? » tout lui tourna, il ne vit plus rien, sa force de taureau manqua, il tomba à la renverse ; un moment, on le crut mort ; il fallut le rapporter chez lui.

CHAPITRE III

LES CONSPIRATIONS DE FABRIQUE
CELLE DE BICÊTRE — MORT D'OSSELIN
(24 JUIN-1ᵉʳ JUILLET 93)

Effets tout puissants de la calomnie. — Les colporteurs de Paris. — Nécessité de gagner une bataille; Fleurus, 26 juin. — Sage conseil de Payan à Robespierre. — Il sembla croire plutôt Herman. — Eut-il connaissance des machinations d'Herman? — Herman purge les prisons, Bicêtre. — Exécution d'Osselin mourant.

Toutes les conditions de l'horreur et du ridicule s'étaient réunies. Le Comité de Sûreté, dans son drame atroce, mêlé de vrai et de faux, avait dépassé à la fois la comédie, la tragédie, écrasé tous les grands maîtres.

La violence des contrastes, l'inattendu des surprises, avaient donné à la pièce des effets terribles, inouïs, et de déchirante pitié, et de rire, à rendre fou. L'immuable et l'irréprochable, surpris dans le pas secret d'une si leste gymnastique, montré nu entre deux masques, ce fut un aliment si cher à la malignité, qu'on crut tout, on avala tout, on n'en rabattit pas un mot. *Philosophe*, chez le menuisier; *messie des vieilles*, rue Saint-Jacques; au Palais-Royal, *souteneur de jeux !* Faire marcher de front ces trois rôles, et sous ce blême visage de censeur impitoyable !... Shakespeare était humilié; Molière, vaincu; Talma, Garrick, n'étaient plus rien, à côté.

Mais quand, en même temps, on réfléchit au lâche égoïsme qui lançait en avant les siens et qui les abandonnait, à la prudence infinie de ce *messie*, de ce *sauveur*, qui ne sauvait que lui-même, laissant ses apôtres à Judas, avec Marie-Madeleine, pour être en croix à sa place !... oh ! la fureur du mépris débordait de toutes les âmes !

Hier, dictateur, pape et dieu..., l'infortuné Robespierre, aujourd'hui, roulait au ruisseau.

Telle fut l'âcre, brûlante et rapide impression de la calomnie sur des âmes bien préparées. Il avait, toute sa vie, usé d'accusations vagues et trop souvent fausses. Il semblait que la calomnie, lancée si souvent par lui, lui revenait au dernier jour par ce noir flot de boue sanglante.

Les colporteurs, au matin, de clameurs épouvantables, hurlant *la sainte guillotine*, *les cinquante-quatre en manteaux rouges*, *les assassins de Robespierre*, aboyaient plus haut encore *les mystères de la Mère de Dieu*. Une nuée de petits pamphlets, millions de mouches piquantes nées de l'heure d'orage, volaient sous ce titre. Ces colporteurs, maratistes, hébertistes, regrettant toujours leurs patrons, poussaient par des cris infernaux la publicité monstrueuse du *rapport*, déjà imprimé par décret à cinquante mille.

On ne les laissait pas tranquilles. Mais rien n'y faisait. Le combat des grandes puissances se combattait sur leur dos. La Commune de Robespierre hardiment les arrêtait. Mais le Comité de Sûreté à l'instant les relâchait. Ils n'en étaient que plus sauvages, plus furieux à crier. De l'Assemblée aux Jacobins, et jusqu'à la maison Duplay, en face de l'Assomption, toute la rue Saint-Honoré vibrait de leurs cris; les vitres tremblaient. *La grande colère du Père Duchêne* semblait revenue triomphante dans leurs mille gueules effrénées et dans leurs bouches tordues.

Que faire? Occuper bien vite l'attention d'autre chose, remonter par un coup de force, montrer qu'on savait frapper. Une victoire au dehors, au dedans une âpre énergie de Police et de Tribunaux, c'était tout ce que le parti voyait de plus efficace. Tous étant terrifiés, tous tâtant pour voir si leur tête tenait encore à leurs épaules, qui pourrait songer à rire?

Ces remèdes avaient déjà réussi. Dans son grand danger d'octobre, surpris en flagrant délit de *modérantisme*, il fut sauvé par Wattignies. En janvier, serré de près par Philippeaux et les autres pour son alliance hébertiste, il avait fait taire la meute, en mordant qui le mordait, prenant et emportant Fabre.

On écrivit à Saint-Just : « Tu vaincras tel jour. » Il vainquit. Le bonheur de Robespierre lui donna encore cette grande et dernière faveur : une victoire sans Carnot, une victoire qui donnait moyen de faire le procès à Carnot, au Comité de Salut public.

Carnot et le Comité agissaient en politiques (pas un des historiens militaires n'a compris ceci). Ils recevaient des ouvertures de paix, et croyaient avec raison que la Prusse n'agirait pas. Ils voyaient l'Autriche entrant en Pologne, très affaiblie à l'ouest par la haine des Pays-Bas. Ils croyaient n'avoir d'ennemi sérieux, acharné, que l'Angleterre. C'était le moment où la jeune Marine révolutionnaire, formée par Jean-Bon Saint-André, nos vaisseaux lancés par lui, montés par leur créateur, avaient tenu trois jours devant la grande flotte anglaise, suppléant la science par l'enthousiasme, et, quoique avec des pertes graves, faisant entrer au port de Brest l'immense convoi américain qui venait nourrir la France [*]. La suite de cette bataille pour le Comité, c'était l'occupation des ports qui regardent l'Angleterre : Ostende, Nieuport, Anvers. Il voulait isoler l'Anglais de ses alliés, et le menacer chez lui. La menace géographique, permanente, pour lui, c'est Anvers, cette position redoutable que Napoléon appelait « un pistolet visant au cœur de l'Angleterre. »

Le rêve du Comité, c'était la future descente, c'était la conquête des ports. Robespierre, en d'autres temps, ne différait point d'avis ; pour lui, l'Angleterre était tout. Mais, à ce moment, le lendemain du violent coup du 15 juin, froissé, avili, malade, il lui fallait une bataille, une victoire, et sur-le-champ, une victoire populaire, qui ne fût qu'aux robespierristes, qui fît oublier Wattignies gagné par Carnot.

Le 18 juin, Saint-Just, instruit de la séance du 15, montra à Jourdan, devant lui, la Sambre qu'il fallait passer, et, derrière, la guillotine. Pour la cinquième fois, Jourdan passa, et, pour la troisième, se remit à bombarder Charleroi. L'incomparable pléiade des généraux de Sambre-et-Meuse, Jourdan, Kléber, Marceau, Lefebvre, Championnet, firent des miracles de bravoure acharnée, d'obstination. L'objet était Charleroi, et l'on se battait toujours qu'il était déjà rendu (26 juin, 8 messidor). Les Autrichiens, les premiers, cessèrent ce massacre inutile. Un ordre vint du Comité de Salut public de ne pas pousser plus loin. Nouveau texte contre Carnot, nouvelle prise pour Robespierre.

Il put se féliciter alors de la prudence obstinée avec laquelle il avait toujours refusé de signer la moindre des choses de la Guerre, laissant tout entière à ses collègues la responsabilité des actes, mêlée de tant de hasards. Carnot ici avait agi ; on pouvait le perdre : Saint-Just avait de lui deux lettres, avec lesquelles, un jour ou l'autre, Carnot ne pouvait guère manquer de rejoindre Houchard et Custine.

Mais revenons à Paris. On ne savait pas encore si la bataille était gagnée. Cette victoire commandée, si on la gagnait, c'était un topique extérieur, un ajournement au mal. Mais n'y avait-il pas un remède intérieur, une vraie médecine, qui agît profondément et changeât définitivement la situation ?

La destinée, soigneuse, ce semble, de sauver un homme en qui, après tout, étaient tant de grandes choses et avec qui peut-être périssait la Révolution, la destinée, prodigue pour lui au dernier moment, ne se contenta pas de lui donner la victoire ; elle lui offrit la sagesse.

Un de ses nouveaux apôtres, Payan, son homme à la Commune, qu'il avait mis là à la place de Chaumette, homme d'esprit, de sens et de tête, neuf aux affaires et les voyant d'autant mieux, d'une vue moins fatiguée, lui dit le mot de la situation et le vrai remède.

Le remède était la franchise, l'abandon des voies tortueuses.

N'osant dire ces choses en face, il lui écrivit, il lui représenta le mal immense que lui faisait l'affaire de la *Mère de Dieu*, l'avertissant qu'il ne pouvait se taire, qu'il devait répondre, envelopper sa réponse dans une accusation générale, qui frapperait en même temps toutes les factions, mais *« qu'il ne pouvait faire un tel acte sans attaquer le fanatisme, sans donner vie aux principes philosophiques* de son *rapport* sur les fêtes, sans effacer les dénonciations superstitieuses, ces *pater*, ces *ave*, ces épîtres prétendues républicaines, »* etc. Il voulait dire que Robespierre devait cesser de nager entre les philosophes et les gallicans, laisser ceux-ci qui le compromettaient, et se placer franchement où il était fort : sur le terrain de la Révolution. Il ne pouvait tout à la fois invectiver contre les prêtres à la fête de l'Être suprême, et s'en aller par-devant eux, comme parrain d'un enfant.

Le sens de la lettre, en réalité, était celui-ci : « On ne peut être à droite et à gauche; décidez-vous, soyez net, et planez sur les partis. »

Malheureusement, Payan, homme très emporté du Midi, obscurcissait son propre conseil, si lumineux en lui-même, en imposant à son maître, non seulement de dominer les partis, mais de les *anéantir*.

On *n'anéantit* jamais tout. Mais, en mettant cette affiche, on peut donner aux ennemis l'audace du désespoir, unir contre soi les hommes les plus hostiles entre eux, et former de sa main même les coalitions invincibles auxquelles on succombera.

Robespierre, pour être franc, que devait-il

faire? Préciser nettement son procès et le limiter, nommer par leurs noms Tallien et cinq ou six voleurs, au plus, accuser hardiment, frapper... Et rassurer tout le reste, couvrir la Convention et tout le passé de 93 d'une trop légitime amnistie.

Le salut, pour lui, n'était pas *à gauche;* encore moins était-il *à droite.* Mais il était *au-dessus.*

Ni dans l'atrocité, ni dans l'*indulgence;* point dans la bassesse du juste-milieu sans foi ; point dans l'ignoble bascule. Non, plus que tout cela : dans une magnanimité sévère, par-dessus la tête de tous, qui ramenât la Révolution à elle-même, c'est-à-dire à l'héroïsme, et la posât décidément dans une lumière supérieure.

Il semble n'avoir fait aucune attention à la lettre de Payan. Il inclina malheureusement du côté où l'entraînaient ses routines, se disant encore le mot qu'il disait au parti prêtre de la Convention avant juin 93, et qu'il pratiqua lui-même (décembre) en se rapprochant d'Hébert : « *La sûreté* est à gauche. » Mais la gauche par delà Hébert, la gauche par delà Fouché, qu'il accusait d'*indulgence,* où était-ce, sinon dans la fosse qui le reçut en Thermidor?

L'homme qui, visiblement, influa sur lui à cette époque maudite, fut celui qui déjà lui avait rendu le mortel service de faire condamner Danton, son ami d'Arras, Herman. Ce doucereux philanthrope, à l'œil équivoque et louche, magistrat de l'ancien régime, formé en cours féodales, ecclésiastiques, dans l'esprit d'inquisition, paraît en avoir gardé les traditions de Police, les vieilles machines politiques de fabriques de complots et d'agents provocateurs, d'espions de prisons, et le reste.

Plus je sonde l'expérience, l'Histoire et la Nature, plus j'interroge l'étude que je fais, depuis dix ans, du caractère de Robespierre, plus je suis porté à croire qu'il ne sut les machinations de sa propre Police que d'une manière très générale, qu'il n'en connut point le hideux détail. Une chose, par la lassitude et l'irritation, était comme un axiome pour lui et pour tous les chefs de la Révolution, c'est que la contre-révolution était incorrigible, et qu'il eût été à souhaiter que, par un cataclysme naturel, toutes les prisons de France s'abîmassent en une fois. Ce miracle ne se faisant pas, comment y suppléerait-on? Ce n'était pas l'affaire des rois de la France, mais celle de leur Police. Ils se gardaient de s'informer du mode de l'exécution. Tous les rois ont fait de même. Qui d'entre eux pourrait dormir, s'ils savaient ce qu'on fait pour eux? Cette ignorance, plus ou moins volontaire, est pour eux une *grâce d'état*. Si l'on excepte le bigot François II d'Autriche, qui lui-même et personnellement administrait le Spielberg, s'inquiétant de savoir si, pour le salut de leur âme, les prisonniers souffraient suffisamment, les souverains ignorent ces choses. Robespierre ne les aura sues qu'en gros et pour les résultats. Dès longtemps, il gouvernait, en réalité, et déjà il avait pu acquérir une âme de roi.

Les robespierristes, liés à sa destinée, devant régner avec lui, tomber avec lui, étaient trop intéressés à agir pour lui. Quel était son vrai danger, depuis l'affaire des Saint-Amaranthe et celle de la *Mère de Dieu?* Être accusé d'*indulgence*, de connivence secrète avec la contre-révolution. Ils entreprirent de le laver, en faisant par sa police une razzia dans les prisons, en lançant une masse d'accusés aux Tribunaux, et renvoyant à la police du *Comité de Sûreté* le reproche d'*indulgence*.

Le 3 messidor (24 juin), Herman adressa un *rapport* au Comité de Salut public : « Tous les complices des anciennes conspirations des prisons vivent encore ; il faut *purger les prisons.* » Le 7, Robespierre signa, au nom du Comité, une autorisation de rechercher ces complices et d'en faire *rapport* au Comité. Barère signa complaisamment et fit signer Billaud-Varennes.

Il y avait, à Bicêtre, un peintre nommé Valagnos, qui avait été condamné à dix ans de fers. Le grand succès de Laflotte, le prisonnier du Luxembourg, qui dénonça ses camarades (comme voulant délivrer Danton), avait fortement excité l'émulation de Valagnos, qui, au moment même, en avril, dénonça les prisonniers de Bicêtre au Comité de Sûreté. Cette dénonciation, méprisée du Comité, fut de nouveau envoyée, mais au Comité de Salut public.

C'est là que la trouva Herman. Du 3 au 7, il envoya à Bicêtre son sous-chef Lanne, qui emmena avec lui Fouquier-Tinville. Tous deux, sur les renseignements de Valagnos, firent une liste de trente et un détenus.

Cette liste, autorisée par le Comité de Salut public, fut néanmoins soumise par Fouquier-Tinville au Comité de Sûreté générale, sans lequel il ne faisait rien. On examina. C'étaient trente galériens, quelques-uns très dangereux, de ces voleurs serruriers qui échappent de toute manière pour commettre de nouveaux crimes. On approuva. Et bientôt une seconde liste fut faite de condamnés moins dangereux. Y avait-il entre eux quelque projet d'évasion, comme on le disait? Cela est probable. La loi prononçait la mort contre ceux qui « oseraient *ouvrir* les prisons. » Mais cela s'entendait-il du prisonnier qui voudrait fuir? On leur appliqua cette loi.

Pour orner la liste, sans doute, on y ajouta quelques noms connus, un bâtard de Sillery, et le représentant Osselin.

Ce malheureux Osselin, qui avait marqué dans les premiers jours de la Convention, était, certes, bien éloigné d'être un contre-révolutionnaire. On se rappelle sa faute. Il voulut sauver une jeune femme, la cacha. Faute grave, il est vrai : il était, à ce moment, membre du Comité de Sûreté, et plus que personne sans doute tenu de respecter les Lois. Cette femme, madame Charry, cachée par lui chez un parent, dans une maison isolée des bois de Versailles, fut surprise et emprisonnée, jugée et guillotinée. Osselin, ainsi frappé au cœur, le fut d'une autre manière, et plus que de mort, flétri d'une condamnation à dix ans de fers. Hélas! si l'on eût flétri tous ceux qui sauvèrent des hommes, qui ne l'eût été? Robespierre, nous l'avons vu, sauva un Fermier général, force prêtres, par Lebas. Fouquier sauva nombre de personnes. Couthon, qui avait alors la direction du fatal *bureau de police*, Dumas même, le président du Tribunal révolutionnaire, s'ils n'osaient sauver des hommes, ils conseillaient, à ceux qui venaient solliciter, de faire oublier leurs amis; cela dépendait d'un commis; le dossier de ces prisonniers qui arrivait à son tour, on le mettait sous les autres. Ajourner, c'était sauver *.

Le nom d'Osselin réveillait une plaie vive, tout le groupe des dantonistes, ses amis, ensemble égorgés. Sous les visages immobiles, et sous les yeux secs, coulaient au plus profond des cœurs des larmes de sang... « Ah! Camille!... ah! Philippeaux!... ah! pauvre Bazire! pauvre Bazire, qu'as-tu fait? »

Si le monde les pleure encore, qu'était-ce donc en ce moment, près de la mort de Danton, quand ces places énormes étaient vides, quand les bancs déserts, la salle, les voûtes muettes, paraissaient frappés de deuil!

Osselin, abîmé de douleur, de honte et de désespoir, ne sortait point de sa chambre, ne voyait nul prisonnier. Il n'était pas facile de dire qu'il conspirait avec eux. Il n'en fut pas moins mis sur la liste de mort, et par une main inconnue. Celle d'Herman, ou du Comité?

Cette dernière supposition me paraît la plus vraisemblable. Le Comité de Sûreté, en donnant cet ornement à la liste robespierriste, la rendait cruellement odieuse à la Convention, lui montrait que l'affaire de Bicêtre, méprisée d'abord, comme affaire de galériens, n'était qu'une expérience qui allait monter plus haut. Un représentant du peuple! un membre des Comités! un Montagnard éminent! un malheureux patriote qui n'avait failli qu'une fois par faiblesse et par amour! un pauvre homme déjà condamné!... C'était un coup violent pour l'Assemblée elle-même. Elle devait y pressentir l'ouverture du grand procès, qui, de l'un à l'autre parti, des hébertistes aux dantonistes, menaçant deux cents représentants revenus de mission, pouvait gagner, comme un chancre, la Convention tout entière.

Fouquier, avec plus de malice qu'on ne lui eût supposé, rendit le procès ridicule autant qu'il était atroce. Il accusa ces prisonniers d'avoir voulu égorger les membres des Comités, *leur rôtir et manger le cœur.*

La terreur fut telle à Bicêtre, quand on fit l'enlèvement, qu'un homme de quatre-vingts ans, qui n'était pas sur la liste, jeta son argent aux latrines et s'ouvrit le ventre avec un rasoir. Les trente furent menés à Paris, et, la nuit, déposés au Plessis, où Osselin, faute d'autres armes, se perça le cœur d'un clou. Malheureusement, il vivait quand on vint le prendre; on le traînait, et il ne pouvait mourir; les uns le tirant en arrière, disant : « Il est mort; » les autres, en avant : « Il mourra. » Et ce corps, quasi expiré, présenté au Tribunal, on l'interrogea. Il râlait... On précipita le départ, moyennant quoi il put être encore guillotiné vivant. Mais il n'y eut pas un homme qui, devant un tel spectacle, ne maudît son sort d'avoir vu cela, et ne gardât une haine profonde contre ceux qui en avaient souillé la lumière de Dieu !

CHAPITRE IV

CONSPIRATION DU LUXEMBOURG
LES JACOBINS COMMENCENT A SUIVRE
DIFFICILEMENT ROBESPIERRE

(1ᵉʳ-16 JUILLET, 12-28 MESSIDOR)

Indignation des Sans-Culottes. — Robespierre s'indigne de l'indignation. — Terroristes philanthropes. — On organise la conspiration du Luxembourg. — Robespierre reproche aux Jacobins leur abattement. — Il commence aux Jacobins le procès des représentants en mission en 93. — Les Jacobins obéissent malgré eux. — Banquets fraternels, censurés par la Commune. — Billaud-Varennes blâme le Tribunal révolutionnaire.

Un ordre du jour d'Henriot nous apprend que le soir du 9 messidor, quand Fouquier-Tinville vint à l'ordinaire prendre les ordres du Comité de Sûreté générale, et traversa les Sans-Culottes qui montaient la garde à la porte, ils *se conduisirent très mal envers lui*.

C'est-à-dire que la mort d'Osselin avait marqué la limite de la patience publique, et que des cris de malédiction s'élevèrent contre le servile assassin.

On lit au même ordre du jour que *les fonctionnaires chargés de la surveillance de la société* (les mouchards du Comité) trouvaient dans la Garde nationale, Garde nationale sans-culotte, la seule qu'on employât alors, une franche et courageuse répulsion.

On s'était trop avancé pour reculer. Peu de jours avant, Couthon avait pris la défense des violences de Lebon contre les autorités révolutionnaires d'Arras, montrant par cette défense que Lebon ne dépassait pas la pensée robespierriste. De même, l'agent de Robespierre à Bordeaux, le jeune Jullien, que beaucoup croyaient *modéré*, se justifia parfaitement en faisant savoir la capture qu'il venait de faire des derniers Girondins. Deux se tuèrent. Les autres furent cherchés dans les cavernes de Saint-Émilion et chassés avec des chiens[*].

Le drapeau robespierriste se retrouva, à ce prix, le drapeau de la Terreur. Tout ce qu'on avait pu croire des secrètes intentions d'*indulgence*, de *modération*, qu'avait Robespierre, n'était que trop réfuté. Il se trouva innocenté, lavé dans le sang, remonté au pinacle de haine, dont, par le ridicule, on croyait le faire descendre.

Le 1er juillet (13 messidor), par son discours

aux Jacobins, il reprit possession de cette haute et horrible position.

Ce discours extraordinaire s'indignait de l'indignation qu'on avait montrée, de la sensibilité qu'on témoignait *pour les conspirateurs*, du système qui tendait à soustraire *l'aristocratie* à la Justice. — Quels aristocrates ? Du moins, dans les soixante-douze de Bicêtre, sauf Osselin, je ne vois que de pauvres misérables, presque tous condamnés aux fers, un maçon, un batteur de plâtre, un scieur de long, des ouvriers en boutons, etc., etc.

« La faction des *indulgents*, grossie de toutes les autres, devient plus hardie. On ose calomnier le Tribunal révolutionnaire. On poursuit de calomnies tel patriote qui ne veut que venger la Liberté... On dit à Paris, comme à Londres, qu'il a organisé le Tribunal pour égorger la Convention ; qu'il veut se faire dictateur. Isolé, il n'a pour lui que son courage et sa vertu. » (Un citoyen des tribunes : « Tu as pour toi les Français ! ») — « La vérité est mon seul asile, toute ma défense est dans ma conscience. »

Ce ton plaintif effrayait fort. Il amenait, on en était sûr, de nouvelles accusations. Robespierre désignait clairement ces agents de calomnies ; ils étaient *revêtus d'un caractère sacré*, c'est-à-dire représentants. Les calomnies étaient répétées *dans un lieu !... Vous frémiriez si je disais en quel lieu !...* Peut-être on viendrait à bout de *l'obliger à renoncer à une partie de ses fonctions,* autrement dit, le Comité l'amènerait par ses persécutions à donner sa démission.

Ceci annonçait une fixe résolution de suivre la guerre à mort, de reprendre le grand procès contre les représentants. La chose fut expressément demandée à la Convention par une foudroyante Adresse qu'on fit venir d'Avignon. Elle répétait les propres paroles du discours de Robespierre sur la faction des *indulgents,* mais elle précisait les choses, demandant, imposant à l'Assemblée la mort *de ceux qui siégeaient à côté de Danton, de ceux qui ont craint l'institution des Tribunaux de prairial.*

Cette pétition contenait une calomnie meurtrière. Elle disait que les dantonistes s'étaient *déclarés les seconds de Jourdan.* Loin de là, c'était le dantoniste Merlin de Thionville qui avait demandé qu'il fût amené à Paris, poursuivi, jugé.

Toutefois, avant de passer outre, d'exiger de l'Assemblée qu'elle se saignât encore, les robespierristes crurent devoir serrer fortement dans leurs mains le drapeau de la Terreur. L'affaire de Bicêtre, n'ayant guère frappé que des pauvres diables, ne les popularisait guère, s'ils ne la soutenaient par une proscription de véritables *suspects.*

Le philanthrope Herman, cette fois, ne s'en fia à personne. Il alla lui-même, avec Lanne, au

Luxembourg, faire une battue de prisonniers (12 messidor, 1er juillet).

Philanthrope? On croit que je raille; non, ils étaient philanthropes. Couthon était philanthrope; on l'avait bien vu à Lyon. Herman l'était en principe. Ses circulaires, dignes des Beccaria et des Dupaty, respirent une tendre humanité *. Seulement, ils croyaient que le salut de la France tenait au seul Robespierre, que le salut de Robespierre tenait à ce qu'il prît le pas sur les terroristes, l'avant-garde de la Terreur. Donc, encore un peu de Terreur! pas beaucoup de sang!... Tout était fini. Les Comités guillotinés, la Convention épurée, Robespierre allait fonder une république de Berquin et de Florian, commencer ici l'Age d'Or, inaugurer le paradis, où tout ne serait que douceur, tolérance et philosophie, où les loups, désapprenant leurs appétits sanguinaires, paîtraient l'herbe avec les moutons.

Pour préparer cet Éden, il fallait d'abord, il est vrai, quelques centaines de têtes. L'avocat général Herman imposait ce sacrifice à la sensibilité de son cœur. Ce qui l'adoucissait pourtant, c'est qu'après tout, ces gens ne seraient que guillotinés. Les magistrats d'ancien régime, faits à brûler, rompre et pendre, regardaient la guillotine comme chose indifférente; c'était, dans leur opinion, comme si l'on mourait dans son lit, — un peu plus tôt, il est vrai, — mais enfin, il faut mourir.

Pour choisir les trois cents têtes qu'il fallait se procurer, ils s'adressaient à l'homme qui les avait servis dans l'affaire du 2 avril, à l'administrateur de police Wiltcheritz, attaché au Luxembourg. Wiltcheritz était un étranger, cordonnier de son état, qui avait été adopté par le parti robespierriste, et qui, à la chute d'Hébert, de Chaumette et de l'ancienne Commune, était entré dans la nouvelle, avec Payan, Fleuriot, comme administrateur de police municipale, spécialement attaché aux prisons.

Nous l'avons vu, au 2 avril, rendre au parti le service d'organiser, pour brusquer la mort de Danton, la première conspiration de prison. Il endoctrina ce Laflotte qui dénonça les prisonniers du Luxembourg.

Quand Herman et Lanne y vinrent, il y avait dans cette prison un homme de plaisir et d'argent, un viveur, un nommé Boyenval, qui, je ne sais comment, avait pris des épaulettes et se croyait capitaine. Wiltcheritz l'indiqua, et le fit venir. On lui montra une liste de quatre-vingt-douze noms, en lui disant qu'il pouvait rendre un service à la patrie, s'immortaliser, qu'il fallait trouver deux cents autres noms ; on en voulait trois cents en tout. Ce nombre lui parut grand. Il s'enferma avec un ami, Beausire, et un porte-clefs, Verney, et, à force d'y rêver, ils trouvèrent jusqu'à cent cinquante. Mais leur imaginative, toute leur bonne volonté, ne purent aller au delà.

On sut bientôt dans la prison ce qui se faisait. Qu'on juge de la consternation. Un détenu entra dans un tel désespoir, qu'il se précipita du toit sur la balustrade de marbre, se brisa en pièces. Le concierge écrivait tous les matins à Herman qu'il n'y avait aucun bruit, pas le moindre soupçon d'émeute, de conspiration. Où puiser des vraisemblances pour la dénonciation ? L'époque approchant, Boyenval, qui devait la soutenir de son témoignage, quoique buvant, s'étourdissant, commençait à prendre peur. Pour remonter son courage, on imagina de lui amener deux hommes graves qui le virent à la buvette et burent avec lui. Ce n'étaient pas moins, disait-on, que Robespierre et Carnot : « Capitaine Boyenval, lui dirent-ils, vous serez bientôt général. »

La liste de cent cinquante-quatre détenus, que Fouquier-Tinville devait se faire amener au Luxembourg, porte en tête seulement : « *Le Comité de Salut public* arrête que les nommés... seront traduits au Tribunal révolutionnaire. » Pas un des membres n'a signé[*], pas même Couthon, surveillant du bureau d'Herman, qui dressait la liste. Elle venait hardiment, comme la loi de prairial, au nom du Comité de Salut public, sans avoir besoin d'une seule signature pour se faire croire.

Fouquier, recevant cette liste énorme, sous même chef et même titre, fit (sans doute de l'aveu de ses maîtres, du Comité de Sûreté) venir des charpentiers, et leur commanda de bâtir dans la salle du Tribunal un échafaudage immense pour recevoir en une fois cette légion d'accusés. L'effroyable construction dut se faire en une nuit. Elle partait des tables mêmes, montait au plafond, et, par une exagération vraiment sauvage et satirique, on mit aux extrémités, comme pièces d'attente, des poutrelles qui permettaient des deux côtés un agrandissement facultatif. Les places auraient bientôt manqué pour le Tribunal. Herman, selon toute apparence, fut averti de cette maligne ostentation. On fit venir Fouquier-Tinville au Comité de Salut public, et verbalement *on* (quel est cet *on?*) lui intima de diviser les cent cinquante-quatre en trois fournées.

Il y avait dans la liste d'abord une masse imposante, tout le Parlement de Toulouse, cinq ou six des grands noms de la monarchie, une douzaine de nobles ou de prêtres; le reste était des gens obscurs. Mais ni les uns ni les autres n'étaient des hommes d'action. Qu'ils eussent désiré se sauver, cela se peut; mais conspirer, nullement. L'anachronisme était choquant. En 92, à la bonne heure, ou même en 93; mais en 94, l'abattement, la prostration, étaient absolus, les courages à néant. Les royalistes étaient brisés, et récemment encore, de la bataille de Fleurus. A Lazare, huit cents prisonniers, le croira-t-on? avaient en tout... *un* geôlier! et il n'y eut de désordre que des plaintes sur la nourriture.

Le héros de l'audience fut naturellement Boyenval. Fortement lesté d'eau-de-vie, presque seul, il suffit à tout, témoigna sur tout et sur tous, *convainquit les accusés !* Magnifique d'assurance, il remonta au Luxembourg comme il eût fait au Capitole. Il rentra maître à la prison, et fit écrire sur sa porte : « *Commissaire national.* » Les prisonniers, devant lui, étaient frémissants, à genoux; mais il se montra bon prince. Il se contenta de la femme d'un homme qui, sur son témoignage, venait d'être guillotiné. Il promenait dans la cour la victime humiliée, la tenant au bras, la montrant dans une amoureuse insolence.

Une chose peu remarquée, mais facile à constater, c'est que, dans ces horribles jours, l'abattement des Jacobins fut extraordinaire. Le parti antirobespierriste prenait chez eux beaucoup de force. Il avait fait nommer Fouché président, puis Barère, et enfin Élie Lacoste, trois ennemis de Robespierre. Barère présidait encore, le soir de la seconde fournée (21 messidor, 9 juillet), quand Robespierre, y voyant les mines tellement allongées, saisit une occasion pour gourmander les Jacobins : « Si cette tribune est muette, ce n'est pas qu'il ne reste à dire; *ce silence des Jacobins est l'effet d'un sommeil léthargique qui ne leur permet pas d'ouvrir les yeux sur les dangers de la patrie...* On veut revenir aux Danton, effrayer la Convention, la prévenir contre le Tribunal révolutionnaire... (Puis pinçant le président Barère) :

Quand on voit des hommes se borner aux tirades contre les tyrans, aux lieux communs contre Pitt et les ennemis du genre humain, toujours déclamer, et, derrière, s'opposer aux moyens utiles, se taire quand il faut parler, ne sacrifier les aristocrates que pour la forme..., *il est temps* de les surveiller, de se mettre en garde contre leurs complots. »

Barère se reconnut à merveille, sentit qu'on venait à lui. Les trois fournées de suspects étaient un pas préalable pour passer aux représentants. Il était très effrayé, mais ne perdait pas la tête. Rentrant chez lui, avec Vilatte, un jeune juré bavard, il lui fit, comme par élans, par soupirs d'effusion, la liste effroyable des représentants que Robespierre allait frapper : « Encore s'il n'en voulait que tant... S'il ne voulait que ceux-ci ! S'il ne voulait que ceux-là ! etc. » Confidences que Vilatte ne manqua pas de répandre et qui étendirent la terreur dans toute la Convention.

Les Jacobins chancelant fort, Robespierre ne perdit point de temps pour tirer d'eux ce qu'il voulait : la radiation d'abord de Dubois-Crancé, de Fouché, et le vote d'une Adresse où la société, se déclarant contre l'*indulgence*, endosserait la responsabilité de tout le sang qu'on versait.

Le lendemain de la troisième fournée du Luxembourg (qui eut lieu le 10 juillet, 22 messidor), il mit donc les fers au feu, répéta la dixième fois la calomnie tant répétée : *Que Dubcis-*

Crancé avait sauvé les Lyonnais. Les Jacobins le rayèrent *.

Il allait passer à Fouché; mais la société était si morne, elle paraissait si froide, que Robespierre jeune ne put s'empêcher de lui reprocher son *silence et sa torpeur.* Couthon arriva à temps pour réchauffer la séance, disant très habilement pour Robespierre ce qu'il n'avait dit nullement : « Qu'il ne savait comment faire; que, *modéré* pour les uns, *exagéré* pour les autres, il réunissait sur lui les poignards; mais que lui, Couthon, demandait à partager tous ses dangers... » — « Et moi! et nous! » ce fut le cri universel de la salle; car ils aimaient Robespierre, quelle que fût leur inquiétude sur la voie où il les précipitait.

La société, il faut le dire, était surmenée par lui; elle pliait sous le faix de ses exigences. Elle l'avait porté longtemps, comme son fidèle coursier, à travers la Révolution; mais il la menait par de tels chemins, sur le bord de tels précipices, qu'elle n'allait plus si bien, et, sans regimber, hésitait.

Il voulait faire le tour de force de lui faire rayer, chasser son dernier président, Fouché; il exigeait qu'elle se donnât cette humiliation et ce démenti. Il prit le 14 Juillet, lorsque la société, pleine du grand anniversaire, était prête aux idées morales. Ce fut après une attaque (qui parut accidentelle, mais qui préparait) sur l'immoralité de Rousselin, que Robespierre, au nom de la conscience, attaqua l'immoralité de Fouché, demanda qu'on le rayât. Pour faire faire à la société ce sacrifice d'amour-propre, il s'adressa justement à son amour-propre, reprochant à Fouché de ne pas venir se justifier devant la respectable société. La haine l'inspirant sur cet homme, en effet si haïssable, il fut vraiment éloquent : « Craint-il les oreilles du peuple ? craint-il ses yeux ?... Craint-il que sa *triste figure* ne présente visiblement le crime ? que six mille regards fixés sur lui ne découvrent dans ses yeux son âme tout entière, et qu'en dépit de la nature, on n'y lise ses pensées ? »

La chose ainsi fut emportée, Fouché rayé. C'était la seconde fois (la première fut Clootz) qu'il leur rayait leur président.

Ils obéirent ; mais, le soir même, à la fin de la séance, ils témoignèrent leur chagrin en portant à la présidence un membre du *Comité de Sûreté*, Élie Lacoste, rapporteur de l'affaire des Saint-Amaranthe, si nuisible à Robespierre.

Cela, le 14 Juillet. Le 19, la Convention, enhardie par ce choix antirobespierriste des Jacobins, fit comme eux : elle se donna pour président l'homme dont les poumons, l'entrain, la violente sensibilité, pouvaient le mieux lutter, au besoin, contre Robespierre, l'ami de Fouché, Collot d'Herbois. Celui-ci, en ce moment, était fort populaire. Il jouait une bonne pièce. On a vu qu'il avait été quelque peu assassiné, sauvé par un serrurier qui fut blessé à sa place. Le serrurier étant guéri, Collot s'était fait son cornac, le menait partout, le montrait à la Convention, aux Jacobins, aux sections. Il l'embrassait sur les chemins, pleurait, racontait ses vertus; il s'était à peu près établi chez la serrurière, voulant éclipser Robespierre, qui logeait chez un menuisier. De là, mille scènes pleureuses de fraternisation sans fin, humectées de plus en plus, et toujours plus attendries.

Tout au contraire, Robespierre, triste et buveur d'eau, venait de faire une chose qui assombrissait Paris.

Le 14 Juillet, à la faveur de l'expansion de la fête et de la beauté de la saison, plusieurs personnes eurent l'idée, heureuse en soi, mais sans doute hasardée dans un tel moment, de dresser des tables dans les rues, d'essayer des repas civiques. C'était une idée de Danton. Elle fut reprise et proposée par la section peut-être la plus affamée de Paris, la pauvre section de la Cité*. Riches et pauvres s'y assirent, et il y eut vraiment un moment de fraternité sincère. Les riches, en un temps pareil, étaient trop heureux qu'on voulût bien d'eux. Ils savaient gré aux Sans-Culottes de leur cordialité; ceux-ci, simples et confiants, acceptaient de tout leur cœur les politesses des riches. S'ils les avaient vus égoïstes, ils ne s'en souvenaient plus. Le spectacle fut admirable, très attendrissant. Hélas! cela dura un jour. La situation réelle, qui n'en subsistait pas moins en dessous, rendait de tels rapprochements au moins bien précoces. La sévérité était nécessaire encore, la Justice, et elle eût été difficile dans ces effusions fraternelles.

Ce fut cependant une chose fort impopulaire et triste, très mal vue des pauvres autant que des riches, quand, le lendemain, la Commune, par l'organe de Payan, flétrit ces repas, les découragea, les déclara suspects. Barère suivit docilement cette impulsion, et répéta le discours de Payan à l'Assemblée, ravi d'appuyer tout ce qui pouvait faire haïr les robespierristes.

Ceux-ci s'enfonçaient eux-mêmes, entrant jusqu'au cou dans le sang. Le Luxembourg rendant peu, Herman cherchait à la Force, aux Carmes, à Lazare. Les listes, dressées par les *moutons* de ces prisons, de concert avec les administrateurs de Police qui y résidaient, passaient au bureau d'Herman, qui les faisait signer au Comité de Salut public.

Signer, de qui? Apparemment des membres qui étaient là, des plus assidus, c'est-à-dire le plus souvent des travailleurs du Comité, de ceux mêmes qui, absorbés entièrement dans leurs fonctions, étaient le plus étrangers aux idées de proscription.

Étrange, injuste arrangement, qui répartissait la responsabilité exactement en sens inverse de la raison et de la justice.

La spécialité était tellement établie au Comité, que personne n'eût discuté les choses étrangères à sa sphère. On signait les yeux fermés.

Qui eût dû signer ? Évidemment les trois membres qui eurent successivement la surveillance du bureau de police d'Herman : Saint-Just, Robespierre, Couthon.

Robespierre restait chez lui. Saint-Just était à l'armée. Couthon était seul, et encore assez peu exact, par suite de ses infirmités. Les œuvres de leur Herman durent être constamment endossées par d'autres.

Cette situation étrange était-elle supportée patiemment ? Non. Le seul qui osât se plaindre, c'était le seul qui fût sûr de n'être point accusé d'*indulgence*, Billaud-Varennes. Nous le savons d'un témoin qu'on ne peut guère récuser, de Saint-Just lui-même. Il dit dans son dernier discours : « Billaud assiste à toutes les séances sans parler, à moins que ce ne soit contre Paris, contre le *Tribunal révolutionnaire*. »

LIVRE XXI

CHAPITRE PREMIER

DES CIMETIÈRES DE LA TERREUR RÉCLAMATIONS DU FAUBOURG SAINT-ANTOINE

(JUILLET, MESSIDOR)

Vertige et blasement. — Grandes chaleurs et craintes d'épidémie. — La Madeleine. — Monceau. — Exécutions à la barrière du Trône. — Sainte-Marguerite. — Picpus. — Craintes et mécontentement du faubourg. — On cherche un autre cimetière. — Plan d'un monument pour brûler les morts. — Les dénonciateurs s'effrayent et renoncent.

A situation devenait épouvantablement tendue. On pouvait le reconnaître à l'abattement des Jacobins. Le chiffre des prisonniers avait

dépassé huit mille. On en avait entassé deux mille dans la seule enceinte, fort étroite, des Quatre-Nations (aujourd'hui l'Institut). Plusieurs de ces prisonniers étaient les noms les plus populaires de la France, Florian, Parny; les plus glorieux, Hoche et Kellermann; les plus patriotes, Antonelle. Qui pouvait se vanter d'être plus avancé que le chef du jury de 93 ?

De révolte, aucune apparence. Extrême était l'abattement. La guillotine roulait à son heure, faisait son repas. Les charrettes de cette boucherie venaient lui apporter sa viande; le tombereau retournait plein. C'était une sorte de routine, une mécanique arrangée. Chacun semblait habitué. Était-ce blasement, ou vertige? Ce qu'on peut dire, c'est que l'homme qui semblait tourner cette roue, Fouquier-Tinville, commençait à s'éblouir. On assure qu'il eut l'idée d'introniser la guillotine au Tribunal même. Les Comités lui demandèrent s'il était devenu fou.

La terreur n'augmentait pas : soixante têtes, quarante ou trente, pour l'effet, c'était même chose. Mais l'horreur venait.

Je touche ici un triste sujet; l'Histoire le veut. Parvenu au plus haut de la Terreur, j'y trouve, comme au sommet des grandes montagnes, une grande aridité, un désert où la vie cesse. Tout ce que je vais écrire est tiré littéralement de la sécheresse administrative des actes de l'époque [*]. La pitié était éteinte ou muette; l'horreur parlait, le dégoût, l'inquiétude de la grande ville, qui craignait une épidémie. Les vivants s'alarmèrent, crurent être entraînés par les morts. Ce qu'on n'eût osé dire au nom de l'humanité, on le dit au nom de l'hygiène et de la salubrité.

Si l'on songe à l'immensité des massacres qui se firent sous la monarchie à diverses époques, sans que Paris ait eu les mêmes craintes, on s'étonnera que douze cents suppliciés en deux mois l'aient inquiété pour la santé publique.

Le faubourg Saint-Antoine, qui, depuis cent cinquante ans, enterrait et ses morts et ceux des quartiers voisins au cimetière Sainte-Marguerite (des milliers de morts par an), sans souffrir de ce voisinage, déclara ne pouvoir supporter le surcroît, minime en comparaison, des guillotinés.

La chaleur était très forte, et sans doute aggravait les choses. Cependant il faut remarquer que les plaintes avaient toujours été les mêmes, en tout quartier, en toute saison. C'était un trait général de l'imagination populaire. Les cimetières des suppliciés l'émouvaient, l'inquiétaient, lui faisaient toujours redouter des épidémies, même à l'époque où leur nombre très limité ajoutait un chiffre véritablement imperceptible au chiffre énorme des inhumations ordinaires de Paris.

Les plaintes avaient commencé dès le 7 février (19 pluviôse), en plein hiver, au quartier de la Madeleine, quartier bien moins peuplé alors, et parfaitement aéré. Mais le Roi, mais les Girondins, étaient là ; l'imagination en était préoccupée. Les voisins se croyaient malades. La Commune (14 pluviôse et 14 ventôse), sur ces plaintes réitérées, décida que le cimetière serait fermé, qu'on enterrerait à Monceau. Du 5 mars au 25 mars, les sections y enterrèrent. Mais les guillotinés étaient mis encore à la Madeleine. Hébert et Clootz furent les derniers qu'on y enterra, le 24.

Le 25, comme on a vu, l'accusateur public avertit l'exécuteur que désormais les corps iraient à Monceau.

Danton, Desmoulins, Lucile, Chaumette, ont inauguré ce cimetière.

L'autorité n'ignorait pas l'amour et le fanatisme qui s'attachaient à ces noms. Elle fit pendant quelque temps un mystère des inhumations de Monceau. Les suppliciés étaient d'abord déposés à la Madeleine, et c'était quelques jours après qu'on les portait à Monceau, sans doute pendant la nuit. Les voisins n'en savaient rien ; ils croyaient qu'on les enterrait au haut de la rue Pigalle (alors le cimetière Roch) ; ils s'en plaignaient même, et soutenaient que ces corps des suppliciés produiraient une épidémie.

Lorsqu'on sut positivement leur inhumation à Monceau, ce furent d'autres plaintes. La naissante commune des Batignolles, si aérée, si clairsemée, au vent du nord, dans la plaine de Clichy, ne pouvait plus, disait-elle, supporter l'odeur des cadavres. En réalité, ce petit angle, détaché du parc de Monceau (49 toises en tout sur 29) se comblait et regorgeait. Quatre immenses sections de Paris venaient y enterrer leurs morts (sept mille en moins de trois ans). Les guillotinés comptaient pour bien peu dans ces nombres énormes. Ils y vinrent pendant dix semaines (du 25 mars au 10 juin), et du jour qu'ils n'y vinrent plus, les plaintes cessèrent; les voisins ne s'aperçurent plus de la présence des morts.

Le lendemain de la terrible loi de prairial. qui devait tellement accélérer la machine révolutionnaire, on décida que les exécutions n'auraient plus lieu à la place de la Révolution, qu'elles se feraient à la place Saint-Antoine (ou de la Bastille). Dès longtemps, la rue Saint-Honoré se plaignait du passage des fatales charrettes; ce quartier, le plus brillant alors, le plus commerçant de Paris, était inondé à ces heures d'un flot d'aboyeurs mercenaires et des furies de guillotine, affreux acteurs, toujours les mêmes, qui mettaient en fuite la population; même après, la rue en restait attristée et funeste.

Cette decision du 23 fut réformée le 24. La place de la Bastille est un lieu de grand passage où arrivent nos routes de l'Est. C'est un centre de commerce pour les deux grands arts du faubourg. le fer et le bois, pour l'ébénisterie surtout et la fabrication des meubles, qui emploie des milliers de personnes. Cette place où fut la Bastille, où sur ses ruines on mit pour la fête du 10 Août *la Nature aux cent mamelles*, où s'accomplit la scène la plus belle et la plus touchante de 93, *la communion de l'eau sainte* entre nos départements, c'était le lieu sacro-saint de la Révolution, bien plus que la place qui sépare les Tuileries des Champs-Élysées. La souiller du sang des aristocrates, c'était un sacrilège qui devait blesser fort la délicatesse patriotique du faubourg.

On recula devant son opinion, et l'on décida qu'à partir du lendemain (25 prairial, 13 juin), les exécutions se feraient à l'autre bout du faubourg, à la barrière du Trône.

La file lugubre des charrettes dès lors suivait tout entière la longue, l'interminable rue. Les drames variés qu'elles offraient aux yeux s'accomplissaient sous les yeux des rudes travailleurs, des pauvres, des populations souffrantes, partant, les plus irritées. Là, la fibre était plus dure. Cependant, les accidents tragiques de famille et de parentés, la grande jeunesse des uns, ou la vieillesse des autres, toutes ces choses de nature, étaient peut-être plus senties dans le peuple des ouvriers que dans le monde du plaisir, plus facile aux larmes, mais, au fond, plus égoïste, plus prompt à détourner les yeux, à se renfoncer bien vite dans les jouissances et l'oubli. Au faubourg, au contraire, loin des distractions du plaisir, on restait sur ces impressions. Les femmes les sentaient fortement, les exprimaient franchement, souvent, au foyer du soir, les retrouvaient, les ressassaient. Sous des paroles dures, furieuses, les cœurs peu à peu s'ébranlaient. De là, leur immobilité au 9 Thermidor. Ils ne firent rien pour soutenir le régime qui, quarante jours durant, les avait soûlés, dégoûtés de ce rebutant spectacle.

La jalousie peut-être aussi y fit quelque chose. On avait soulagé de tout cela les beaux quartiers de Paris, et on l'infligeait au pauvre faubourg. Belle récompense de son patriotisme. Il devenait l'abattoir, le cimetière de la Révolution. Les condamnés, menés vivants le long du faubourg, morts le traversaient de nouveau pour aller se faire enterrer au centre même du quartier, au milieu de la section de Montreuil, au cimetière Sainte-Marguerite, cimetière comble et regorgeant. Dès germinal, les élèves du salpêtre qui travaillaient dans l'église ne supportaient pas, disaient-ils, la puanteur des fosses voisines. Le 26 prairial, les administrateurs de Police écrivirent que le faubourg craignait une épidémie, si l'on ajoutait les guillotinés à ce foyer d'infection. Cent et quelques suppliciés qu'on y enterra, jusqu'au 4 messidor, portèrent au comble l'inquiétude et l'irritation de la section. Les habitants déclarèrent qu'ils n'en supporteraient plus l'odeur.

Il y avait un remède. C'était de jeter force

chaux, de hâter la destruction. A quoi se trouva un obstacle. Les suppliciés étaient mis pêle-mêle à Sainte-Marguerite avec les morts du faubourg; on n'aurait brûlé les uns qu'en brûlant les autres. Et c'est à quoi s'opposait la sensibilité du peuple. Les Sans-Culottes voulaient que leurs morts pourrissent là à loisir et tranquillement.

Il y avait bien un autre cimetière dans le faubourg, non dans la section de Montreuil, mais dans celle des Quinze-Vingts. C'était celui de l'abbaye Saint-Antoine (aujourd'hui hospice des enfants). La section des Quinze-Vingts, désirant fort peu qu'on mît ce dépôt chez elle, montra que ce cimetière était de peu de ressources; à dix pieds dessous on rencontrait l'eau. Il était à craindre qu'on ne gâtât les puits du voisinage. On n'avait jamais enterré là que les dames de l'abbaye, assez peu nombreuses. L'église était devenue un grenier à grains; ces exhalaisons méphitiques ne les altéreraient-elles point? On ne manqua pas de faire valoir encore cette considération.

La Commune, au reste, avait choisi un autre local, à la dernière extrémité du faubourg, à Picpus, près du mur d'enceinte de la barrière, où se faisaient les exécutions. C'était le jardin d'un couvent de chanoinesses. Ce bien national avait été loué à un spéculateur, qui en faisait une affaire, excellente alors, fort commune, que faisaient beaucoup de gens. C'était une maison de santé, qui, pour des prisonniers riches ou favorisés, servait de maison d'arrêt ; je dis, prisonniers des deux sexes, messieurs d'autrefois, grandes dames. La liberté était extrême dans ces galantes prisons ; on s'y amusait beaucoup ; l'incertitude du sort rendait les cœurs tendres. La mort était une *puissante et rapide entremetteuse.*

Cette maison, jusque-là fort tranquille en ce désert, se trouva fort derangée, très cruellement surprise, quand tout à coup la Commune, « pour cause d'utilité publique, » prit la moitié du jardin, l'entoura de planches, se mit à creuser des fosses. Ces pauvres suspects eurent, sous leurs yeux, un terrible *Memento mori*, quand chaque fois arrivait le tombereau comble. Les scènes les plus funèbres s'y passaient la nuit. On y dépouillait les corps, en plein air et sous le ciel, pour envoyer les habits à la rivière, de là aux hospices. Les employés qui verbalisaient demandent à la Commune (lettre du 21 messidor) qu'elle leur bâtisse au moins une petite échoppe en planches ; car le vent éteint la lumière ; ils restent en pleines ténèbres avec leurs guillotinés, au préjudice réel de la chose publique ; les dépouilles, dans ce cas, peuvent disparaître dans l'ombre.

Du 4 au 21 messidor (23 juin, 12 juillet), une première fosse fut pleine. La Commune en fit creuser une seconde, une troisième. Le mécontentement du faubourg était extrême, et non sans cause. Le sang inondant la place, on n'avait su d'autre remède que de creuser un trou, grand d'une toise en tous sens, où il tombait. Le terrain, dur et argileux, n'absorbait rien : tout se décomposait là. Affreuses s'étendaient au loin les émanations. On couvrait ce trou de planches ; mais cela n'empêchait pas que tout ce qui se trouvait sous le vent, de quelque côté qu'il soufflât, ne sentît, à en vomir, cette odeur de pourriture.

« Que serait-ce, dit Poyet, l'architecte de la Ville, chargé d'examiner la chose, si ce foyer d'infection, s'étendant, se confondait avec celui qui se forme aux fosses mêmes qui en sont peu éloignées ? » Il proposait que le sang fût reçu dans une brouette doublée de plomb, et qui, chaque jour, après l'exécution, serait emportée.

La situation du faubourg n'était pas rassurante, en réalité. Il était entre trois cimetières, tous trois alarmants. Sainte-Marguerite regorgeant, il avait fallu enterrer à Saint-Antoine, et là chaque lit de corps n'avait pas quatre pouces de terre. Pour Picpus, où allaient les guillotinés, on n'en soutenait pas la vue. L'argile repoussait tout, refusait de rien cacher. Tout restait à la surface. La putréfaction liquide surnageait et bouillonnait, sous le soleil de juillet. La voirie, qui fit son *rapport*, n'osait répondre que la chaux absorbât cette odeur terrible. On couvrit les fosses de planches, et les corps étaient jetés par des trappes. On y jeta la chaux en masse, mais on versa maladroitement tant d'eau à la fois, que l'état des choses empira encore.

Le 29 messidor, on songeait, qui le croirait? à quitter Picpus, à conduire les guillotinés à Saint-Antoine, jugé comble le 27.

L'architecte trouva (1er thermidor) un terrain hors des barrières, sur la route de Saint-Mandé. C'était une vieille carrière de sable abandonnée qu'on appelait Mont-au-Poivre. Seulement, il fallait le temps de l'approprier à la chose. Il fallait au moins le fermer de planches, et creuser les fosses. En notant ces dispositions, il fait cette curieuse remarque : « Qu'elles permettront de conserver une belle vigne et des arbres dont il serait intéressant de récolter les fruits. »

Pour tout préparer, il fallait quelques jours; mais, quelque promptitude qu'on y mît, la guillotine allait si vite que Picpus, comble et surchargé, fermentant de plus en plus, risquait de faire fuir tout le monde, de chasser ses fossoyeurs. La Commune, avertie le 8 thermidor, pensa qu'on pourrait bien attendre encore un jour ou deux, prescrivant seulement « de brûler sur les fosses du thym, de la sauge et du genièvre pendant les inhumations. »

Un architecte, sans nul doute inspiré de ces souvenirs, imagina un monument pour la combustion des morts, qui aurait tout simplifié. Son *plan* était vraiment propre à saisir l'imagination. Représentez-vous un vaste portique circulaire, à jour.

D'un pilastre à l'autre, autant d'arcades, et sous chacune est une urne qui contient les cendres. Au centre, une grande pyramide, qui fume au sommet et aux quatre coins. Immense appareil chimique, qui, sans dégoût, sans horreur, abrégeant le procédé de la Nature, eût pris une nation entière, au besoin, et de l'état maladif, orageux, souillé, qu'on appelle la vie, l'eût transmise, par la flamme pure, à l'état paisible du repos définitif.

Il eut cette idée après la Terreur, et la proposa en l'an VII, par un pressentiment, sans doute, de l'accroissement immense qu'allait recevoir l'empire de la Mort. Qu'était-ce que les douze cents guillotinés de ces deux mois (de prairial en thermidor), en présence des destructions prodigieuses par lesquelles commence le dix-neuvième siècle * ?

Revenons. Cette attitude du faubourg, ces réclamations, l'horreur, le dégoût, qui gagnaient Paris, étaient bien capables d'enhardir les autorités qui voudraient enfin enrayer.

L'angoisse était telle aux prisons, la pâleur des prisonniers, la défaillance des femmes, que les faiseurs de listes mêmes ne tinrent pas à ce spectacle. Dans des lettres éperdues à Carnot, à Lindet, à Amar, ils déclarèrent qu'il leur était impossible de soutenir davantage leur horrible rôle, qu'ils défaillaient, qu'on eût pitié d'eux.

D'autre part, la Commission du Louvre, jalouse

du bureau d'Herman, déclara qu'un de ses *moutons* en qui elle avait confiance était un aristocrate qui, le 10 Août, tirait sur le peuple.

Le Comité de Sûreté, fort de cette révélation, reprit quelque hardiesse. Amar, si faible jusque-là, se hasarda jusqu'à dire : « Qu'il était indigné des confidences dont les administrateurs de Police se faisaient l'intermédiaire au Luxembourg. » Confidences, de qui, à qui? Il n'osait le dire encore Mais tout le monde comprenait : « Confidences. du *mouton* Boyenval, transmises par l'administrateur Wiltcheritz au bureau d'Herman et Lanne. »

On répétait une parole, échappée à Collot d'Herbois, mot terrible, de l'histrion aux vertueux ! de l'homme des mitraillades au parti des philanthropes : « Que nous restera-t-il donc, lorsque vous aurez démoralisé le supplice? »

CHAPITRE II

MOUVEMENT DES DEUX PARTIS ROBESPIERRE AU COMITÉ

(1-5 THERMIDOR, 19-23 JUILLET 94)

Attitude menaçante des robespierristes. — Les Comités subordonnent le Bureau de Police robespierriste. — Robespierre revient au Comité, accuse Carnot. — Essai de rapprochement. — Quelles têtes demandait Robespierre.

ROBESPIERRE avait perdu beaucoup de sa force morale. Ses forces matérielles étaient tout entières.

Ni lui ni ses adversaires ne voulaient agir. Ils s'en tenaient aux paroles. Aux dénonciations plus ou moins directes des Jacobins contre les Comités, répondaient dans la Convention les allusions de Barère.

Mais quelque éloignement qu'eût Robespierre pour en venir aux actes, le parti pouvait dépasser son chef. Ce parti était comme ivre de la bataille de Fleurus. La poudre lui montait à la tête. Si Saint-Just avait brisé l'épée de la Coalition, comment Henriot et ses braves ne briseraient-ils pas à Paris la plume des Comités?

Henriot était terrible. Dans Paris, hors de Paris, on le rencontrait partout, caracolant, sabre nu, avec ses gens en moustaches, sur la route, allant dîner à Charenton, à Alfort; ils couraient quatre de front, renversant tout sur leur passage, jurant, sacrant, croyant sabrer les ennemis de Robespierre.

A la Commune, Payan, tête bien autrement saine, homme du Midi pourtant, tout nouveau dans le parti, et brûlant de fanatisme, n'était pas maître de son impatience. Il lui arriva (fin messidor) de convoquer à la Commune, sans motif bien déterminé, les quatre ou cinq cents membres des Comités révolutionnaires. Que voulait-il? Qu'aurait-il fait? Le Comité de Salut public fut plus ferme qu'on ne l'aurait cru; il agit comme il avait fait (4 novembre) contre Chaumette, il annula la convocation.

Le Comité, pour affaiblir Henriot, avait fait partir de Paris une bonne moitié des canonniers des sections. Avec l'autre moitié pourtant, avec la gendarmerie, avec la facilité de tirer de la Commune l'ordre de battre le rappel, Henriot restait formidable.

Un autre élément militaire, infiniment combustible, était la création nouvelle de la plaine des Sablons, la jeune École-de-Mars. Trois mille enfants de Sans-Culottes, garçons de seize à dix-huit ans, en costume demi-romain, y campaient et s'exerçaient, chauffés à blanc par David et par Lebas. C'était certainement pour prendre influence sur cette École que Lebas était resté à Paris, au lieu d'aller avec Saint-Just. Son caractère jeune et chaleureux devait lui donner action sur ces tout jeunes militaires ; il ne pouvait manquer de leur communiquer quelque chose de son fanatisme pour Robespierre, fanatisme ardent, sincère, d'autant plus contagieux. Il y avait à parier, en cas de collision, que la Garde nationale se diviserait, mais que l'École-de-Mars mettrait du côté de Robespierre le poids de son enthousiasme et de ses trois mille baïonnettes. Étrange situation ! la décision du grand coup qui allait trancher la chose pouvait, comme en Juin 48, se trouver aux mains des enfants !

Les Comités, contre ces forces, n'étaient pas même sûrs de la police du Comité de Sûreté, dont le chef Héron était entièrement aux ordres de Robespierre.

L'ordre légal et le pouvoir de présenter des décrets, c'est tout ce qu'ils avaient en main. Ils ne pouvaient comploter qu'à la tribune et dans l'opinion.

Ils firent quatre choses d'une décision vraiment vigoureuse, hardie :

1° Vadier proposa, l'Assemblée vota, qu'avant deux mois *tout laboureur, tout artisan*, sortirait de prison, et, de plus, *les détenus d'avant la loi de prairial*. Ce mot établissait bien que la loi robespierriste était le cachet de mort qui maintenant fermait les prisons, qu'elle seule y avait mis l'inscription : Plus d'espérance. La Terreur se trouvait nommée du nom même de Robespierre.

2° Ils déclarèrent supprimé, *réuni à la police du Comité de Sûreté*, le *bureau* d'Herman, c'est-à-dire *la police robespierriste*. Coup d'audace, inexplicable jusqu'ici ; mais ce qu'on vient de dire de l'attitude de Paris aide à le comprendre. Robespierre y consentit-il ? Cela n'est pas impossible.

3° Ces deux mesures les auraient perdus, comme *indulgents*, s'ils n'y avaient joint deux mesures terribles. Le 2 thermidor, les deux Comités réunis, ayant sous les yeux les noms de tous les détenus, prirent *cent trente-huit noms, les plus aristocratiques*. Ce sont les exécutés des 4, 5, 6 thermidor. Amar, Louis, Dubarran, Voulland, Ruhl, signèrent pour le Comité de Sûreté ; Collot et Billaud, pour le Comité de Salut public, et Couthon encore. Ils envoyèrent cette liste à Robespierre, et le firent signer*.

Avec cela ils étaient couverts. S'il les accusait d'*indulgence*, ils tiraient leur liste, disaient : « Votre police a glané, a pris quelques têtes nobles... Nous, d'une fauchée ou deux, nous avons fait voler la tête même de l'aristocratie... De quel côté est l'*indulgence ?* »

4° Ils gardaient encore pour défense une *proposition*, violente en apparence, sage peut-être en réalité : c'était de ne plus concentrer à Paris les jugements, les exécutions, de créer des *Tribunaux ambulants*. Nul doute que l'horreur n'eût été moins grande. Rien n'était plus choquant, plus funeste à la République, que de centraliser la mort au point le plus lumineux de la France, au centre du monde civilisé.

Des mesures si vigoureuses avertissaient fortement le parti robespierriste, le poussaient vers l'action. Qu'il la voulût, et prochaine, une chose le fit assez connaître : des poudres destinées à l'armée du Nord s'étant présentées pour sortir à la barrière de la Villette, un officier d'Henriot, commandant du poste, prit sur lui d'empêcher la sortie. Pourquoi retenir ces poudres, si l'on ne voulait s'en servir ?

D'où partirait l'étincelle ? Des plus jeunes peut-être, de l'École-de-Mars. Ce que le Comité craignait le plus, c'était qu'on ne persuadât aux élèves qu'il se défiait d'eux, et que, par là, on ne les poussât peu à peu à l'action.

Il fit une chose très habile. Les canons que laissaient à Paris les canonniers qui partaient, il les envoya à l'École, les remit aux élèves pour leurs exercices. On a vu déjà plusieurs fois le goût tout particulier de nos soldats pour l'artillerie. Pour des soldats de seize ans, c'était amour, c'était folie ; les canons, reçus aux Sablons, furent tendrement accueillis, amicalement hébergés, flattés, caressés, embrassés. La chose aussi était sensible à la vanité de l'École ; les élèves, décidément, étaient donc des hommes, des hommes sûrs et de confiance. Ils se regardèrent dès lors comme la Garde constituée de la Convention.

Les plaintes que fit Couthon, aux Jacobins, et sur l'inutilité de l'École et sur ces canons confiés, indiquaient la mauvaise humeur des robespierristes, mais n'étaient pas de nature à leur concilier les élèves.

Tout cela, le 5 thermidor. Ce même jour, le Comité dénonça à la Convention les poudres arrêtées, envoya les canons à l'École, et le soir, non sans étonnement, il vit arriver Robespierre.

Que voulait-il, en revenant au milieu de ses ennemis, après cette longue absence ? les tromper ? gagner du temps, jusqu'au retour de Saint-Just, qui revenait de l'armée, et sans lequel il ne voulait point agir ?

Je ne le crois pas. Son caractère était autre ; il ne voulait point l'action. Ce qu'il voulait, c'était d'essayer encore une fois s'il exercerait sur eux cette fascination si puissante à laquelle ils cédaient toujours, et qu'ils avaient subie encore le soir du *rapport* sur la *Mère de Dieu ;* s'il tirerait d'eux, sans combat, par simple intimidation, le prix capital du combat, l'abandon de quelques-uns des Montagnards, et, par suite, la rupture de cette ligue des Comités et de la Montagne qui faisait la force de ses ennemis.

Il venait armé, ayant acquis une nouvelle prise sur eux. L'occasion qu'il attendait de pouvoir attaquer Carnot et le Comité, il l'avait en main. « Pourquoi avait-on affaibli l'armée de Fleurus, pourquoi n'avait-on par suivi la victoire? » Saint-Just s'en plaignait amèrement dans ses lettres. Il revenait, les mains pleines d'ordres de Carnot qui pouvaient servir à lui faire son procès.

On avait, il est vrai, pris des places maritimes, Nieuport, et dans cette ville une forte garnison anglaise; mais c'était là justement ce qui accablait le Comité. Le représentant Choudieu, tout hébertiste qu'il était, n'avait pas cru devoir suivre le décret qui défendait de prendre aucun Anglais vivant. Il avait sauvé cette garnison, et le Comité l'approuvait.

Le texte de Robespierre était trouvé : « On ménage l'Angleterre... On mollit, on se relâche... On fait sa cour à l'ennemi, » etc., etc. Il se mit à rappeler les crimes de Pitt, la guerre que l'Angleterre faisait à la Révolution par toute la terre, demandait si les rois ménageaient les patriotes, s'attendrit sur leurs victimes... Les larmes lui vinrent [*].

En d'autres temps, on eût pris ces larmes pour hypocrites; mais alors, chez les politiques mêmes, malgré le machiavélisme voulu et prémédité, il y avait un fond remarquable de candeur. Ces larmes, que le Comité n'avait pas prévues, le touchèrent lui-même ; les plus ennemis de Robespierre, ceux qui désiraient sa perte, se souvinrent qu'en ce grand homme, tout dangereux qu'il était, subsistaient pourtant la garantie la plus sûre et le palladium de la Révolution.

Les uns et les autres, il faut le dire, et Robespierre et ses ennemis, portaient la France et la Liberté dans le cœur.

Une vive intuition, trop vraie, leur traversa l'esprit : que par leur dispute acharnée ils perdaient la République ; que, Robespierre leur manquant, les Comités entamés ne se défendraient pas longtemps ; que, les Comités brisés, la Montagne, en minorité, serait dévorée par la Plaine ; que la Convention elle-même succomberait à la réaction.

Collot d'Herbois, homme mobile, de sensibilité facile, se jeta presque aux genoux de Robespierre et le pria d'avoir pitié de la patrie.

Robespierre était-il maître de les écouter ? Cela est douteux. Il était un système autant qu'un homme vivant. Ce grand procès d'épuration où nous l'avons vu se lancer, sa fatalité était de le suivre. Quand ses haines lui auraient permis de revenir en arrière, il avait mis dans les cœurs une si incurable défiance, qu'entre lui et bien des hommes il n'y avait de traité que la mort. Les représentants des missions de 93 étaient revenus sur leurs bancs, poursuivis par des millions d'accusateurs qui, derrière, poussaient Robespierre, lui constituaient, bon gré, mal gré, une royauté judiciaire, lui dressaient un trône de fer pour juger la Convention.

Lui-même d'ailleurs, né monarchiste, comme la France de l'ancien régime, entraîné (mais assez tard) vers l'idéal républicain, l'état des mœurs, la corruption, la discorde, l'avaient déjà découragé. Il *doutait, pour le moment, du gouvernement collectif*; il le rejetait du moins dans l'avenir, ne croyait pas que le pays pût se guérir sans l'intervention spéciale d'un médecin unique, qui lui appliquerait les sévères remèdes dont il avait besoin. Ses amis, aidés ainsi par les circonstances, avaient réussi enfin à le convertir à la dictature. Elle lui apparaissait comme un mal nécessaire. Pour l'asseoir, cette dictature, il fallait d'abord renverser les dictateurs existants, je veux dire, Carnot pour la Guerre, et Cambon pour les Finances, enfin les deux Comités.

Donc, nulle paix n'était possible. « Que demandez-vous? » disaient-ils. A cela, il ne voyait rien à répondre ; il eût dit, s'il eût été franc : « Vos têtes d'abord. »

Il ne pouvait que leur nommer celles qui devaient tomber dans la Convention. Quelles étaient-elles? Si l'on en croyait la liste écrite par la Commune le 9 Thermidor, on n'eût demandé (outre cinq membres des Comités) que les représentants Léonard Bourdon, Fréron, Tallien, Panis, Dubois-Crancé, Fouché, Javogues et Granet.

Cette liste visiblement n'indique que ceux qu'on croyait obtenir; les noms les plus forts y manquent. On n'y voit pas Billaud-Varennes; son vrai rival de Terreur, Bourdon *le rouge*, son redoutable interrupteur, Lecointre, qui avait dressé son acte d'accusation (Robespierre le savait dès le 25 prairial), Merlin de Thionville, dont il haïssait tant la popularité militaire. La longue queue des dantonistes et des hébertistes y aurait passé de droit. Celle des maratistes aussi ; Ruamps, pour le cri décisif qui arrêta la loi de prairial; Bentabole, pour sa vive et audacieuse opposition en plusieurs moments très graves; Sergent (qui l'assure dans ses *notes*), mais pour quel grief? Était-ce pour les comptes de la Commune, vraiment impossibles à rendre? Quand on voyait menacés des hommes aussi inoffensifs que Sergent et Panis, ces lointaines antiquités de 92, qui pouvait se croire en sûreté?

Si les Comités consentaient à entamer de nouveau la Montagne, s'ils livraient à Robespierre l'Assemblée qui venait de leur accorder des votes pour se garder de Robespierre, ils livraient leurs propres gardiens, ils se livraient eux-mêmes.

Ils montrèrent plus de fermeté qu'on n'eût attendu. Élie Lacoste articula simplement et fortement leur principal grief, cette absence dénonciatrice qui jetait sur les Comités la responsabilité de toutes les mesures révolutionnaires.

Robespierre promit que, pour cacher du moins devant l'Europe la division intérieure du gouvernement, Saint-Just concerterait avec les Comités un *rapport général* sur la situation.

Les uns et les autres, s'étant approchés et vus, avaient bien mieux senti qu'ils étaient inconciliables. Lesquels trouveraient les premiers le moment d'accabler les autres?

C'était l'unique question.

La seule nouvelle cependant que Robespierre était revenu au Comité, l'assurance que Barère donna à l'Assemblée que le gouvernement avait retrouvé la plus complète unité, terrifia la Montagne, spécialement les cinq ou six qui croyaient périr les premiers. Couthon, dans ses homélies aux Jacobins, disait toujours *cinq ou six*. Tallien, Fouché, Bourdon, Fréron, Lecointre, assiégeaient les Comités: « Nous livrerez-vous? disaient-ils. — Jamais. — Eh bien, attaquons. — Pas encore. »

Ils résolurent, voyant que les Comités ajournaient toujours, de faire leurs affaires eux-mêmes, et, s'ils ne pouvaient accuser, de poignarder le tyran.

CHAPITRE III

DISCOURS
ACCUSATEUR DE ROBESPIERRE
L'ASSEMBLÉE REFUSE L'IMPRESSION
(8 THERMIDOR, 26 JUILLET 94)

Adresse des Jacobins. — Barère annonce qu'on parle d'un 31 mai. — Dernier discours de Robespierre, 8 thermidor. — Son apologie. — Ses accusations. — Il accuse spécialement Cambon. — Il accuse les Comités et une coalition. — L'Assemblée vote l'impression. — L'Assemblée se rétracte.

ROBESPIERRE, par une seconde vue de haine et de peur, assistait à leurs pensées. Contre ces poignards aiguisés, que préparait-il ?

Il avait des forces très réelles, et n'en voulait point user :

La Commune et la force armée, l'Administration peuplée des siens, les Jacobins, les Tribunaux, la Police municipale, celle même du Comité de Sûreté !...

Mais ce n'était pas sur tout cela qu'il comptait. Caractère remarquable de cet âge! invincible respect de la Loi !... Disposant de tant de moyens, il comptait sur un discours.

Il le préparait depuis un mois, ce discours, le forgeait et le reforgeait. Les nombreuses variantes témoignent assez et de son travail infatigable et de l'importance des résultats qu'il en attendait.

Cette baliste, cette catapulte, cette grande machine de guerre qu'il roulait contre l'ennemi, pour lui préparer le chemin, d'après la stratégie du temps, il fallait faire marcher devant une forte Adresse jacobine.

Le 6 thermidor au soir, Couthon chauffa la chose. Il dénonça aux Jacobins le renvoi des canonniers, le don des canons à l'École-de-Mars, fit voter l'Adresse qui, le 7, fut lue à la Convention.

Elle était violente, mais vague. Sauf le *mouvement des armées* (c'est-à-dire Carnot) attaqué assez clairement, le reste flottait. Elle accusait les *indulgents*. Mais il fallait véritablement être bien au courant de la polémique du temps pour reconnaître là ceux qu'on désignait, Fouché et Dubois-Crancé. C'étaient eux qu'en réalité les Jacobins venaient de rayer comme *indulgents*.

Dubois-Crancé répondit. Il réfuta pour la dixième

fois la calomnie cent fois redite, et récemment par Robespierre, d'avoir laissé échapper les insurgés lyonnais. La Convention lui accorda qu'un *rapport* fût fait sous trois jours, prenant visiblement à cœur cette cause, qui était celle de deux cents représentants revenus de mission.

Ce qui porterait à croire que, dans la société jacobine, travaillée et partagée par l'intrigue de Fouché, cette influence avait été forte jusque dans l'Adresse, c'est que cette pièce, destinée à fortifier Robespierre, rappelait, par une inconséquence voulue sans nul doute, les choses qu'en ce moment il cherchait à étouffer. Elle parlait sans nécessité d'une affaire déjà saisie par les Tribunaux, d'une pétition bizarre pour appliquer *la peine de mort aux blasphémateurs !* « Pétition, disait-on, qui dégrade le décret contre l'athéisme, et désigne les représentants comme *prêtres et prophètes* d'une religion. »

Barère profita sur-le-champ de l'Adresse des Jacobins. Il sortit du Comité, où Saint-Just, revenu de l'armée, avait repoussé les bases du *rapport* convenu *sur la situation*. La dernière espérance de conciliation s'était évanouie. Barère suppléa Saint-Just ; il improvisa, plusieurs heures durant, une immense carmagnole sur les services du Comité. La finale, assaisonnée d'éloges pour Robespierre, posait pourtant la question. « *On parle d'un 31 mai.* La destinée d'un grand peuple ne tiendrait-elle donc qu'aux machinations de quelques contre-révolutionnaires, *cachés derrière les meilleurs citoyens?*... Déjà un représentant, qui jouit d'une réputation méritée par cinq années de travaux et par ses principes imperturbables, a réfuté ces propos avec chaleur, prouvé qu'on devait arrêter ceux qui les tenaient. Il a dénoncé l'auteur de cette pétition qui ridiculise une fête célèbre, etc. »

Ainsi, le mot était dit: *On parle d'un 31 mai.* Saint Just chercha, tout le jour, Robespierre, pour le décider à agir. Il était à la campagne (à Montmorency, dit-on), où il travaillait à son grand discours. La tradition robespierriste, très attentive à faire croire qu'il ne se mêlait plus de rien, assure qu'en ces derniers temps il faisait des excursions fréquentes dans les environs de Paris, portant sous le bras Gessner, Raynal, *Paul et Virginie*, et rêvant à la Nature. Récits certainement romanesques. Robespierre travaillait toujours, et n'avait aucunement ces tendances à la rêverie. Il lisait beaucoup moins d'idylles que de *rapports* de police, dont sa défiance croissante l'environnait chaque jour; *rapports* misérables, à juger par les spécimens que l'on a donnés, propres moins à éclairer qu'à inquiéter, tirailler; rapports de mouchards qui se font valoir et croient amuser le maître aux dépens des mœurs de tels députés; rapports de commères bavardes qui dénoncent leurs voisines, etc., etc. : c'étaient là les aliments de l'infortuné Robespierre. Plus, le grand, le fameux discours, incessamment écrit, récrit. Il l'emportait à la campagne, s'enfermait dans un lieu sûr, s'absorbait dans le travail littéraire, effaçait et refaisait, polissait, améliorait et filait ses périodes.

Cette toile de Pénélope n'était pas près de finir, si la crise ne l'eût forcé de l'apporter telle quelle. Il l'eût amenée certainement à une forme plus concentrée, moins décousue.

Cette œuvre, comme il arrive aux choses trop travaillées, a le défaut grave de se composer de *morceaux*, plusieurs, au reste, éloquents, mais qui s'adressent à l'avenir plus qu'à la Convention, et qui diminuent l'efficacité du discours comme chose politique et pratique.

Était-ce un testament de lui-même qu'il voulait laisser ? il y fallait plus de grandeur, ne pas descendre à chaque instant des régions de l'immortalité à d'aigres et violentes paroles sur ses ennemis morts et vivants.

Était-ce un discours pour la crise ? il ne fallait pas l'énerver par tant d'idées générales, de vagues sentimentalités.

La solitude de Montmorency a fait tort à ce discours, et l'imitation laborieuse du grand solitaire de Montmorency.

Le premier tort peut-être, c'était de parler un jour trop tard, d'attendre au 8, au jour où Barère, rayonnant dans la victoire, vint proclamer à la tribune le solennel événement de l'occupation d'Anvers. Anvers vaut la Belgique entière, et plus, dans une guerre si essentiellement anglaise. Prendre ce moment pour entamer l'accusation de Carnot, pour dire, *comme fait Robespierre :* « L'Angleterre, tant maltraitée par nos discours, est ménagée par nos armes, » c'était paraître envieux et choquer le sentiment général. Le *ménagement* était-il de n'avoir pas égorgé les cinq mille Anglais de Nieuport ? C'était placer la polémique sur un très mauvais terrain ; l'Assemblée était ravie qu'on eût violé son décret, purement comminatoire.

Ce discours est un volume. Nous insisterons seulement sur quelques points principaux.

Il commence comme apologie, et continue comme accusation.

L'apologie est d'abord d'une humilité irritante. Il s'incline, et prend pour juges ceux qu'il a tellement décimés, terrorisés. Rhétorique, ou dérision ? Je crois le premier plutôt ; mais la Convention, j'en suis sûr, crut cette forme dérisoire.

« Les cris de l'innocence outragée n'importunent point votre oreille... » Et plus loin : « Vous n'avez rien de commun avec les tyrans qui m'oppriment ; les cris de l'innocence opprimée ne sont point étrangers à vos cœurs, » etc.

L'apologie, en ce qu'elle a de plus clair, porte sur *trois points :*

1° Abusant d'une analogie de mots et de sons, on attribue malignement au bureau de Police *géné-*

rale les opérations qui sont faites en partie par le Comité de Sûreté *générale*. Il écarte en partie du bureau robespierriste la responsabilité terrible de ce sanglant messidor.

2° On attribue toutes choses à Robespierre, tandis que, depuis six semaines, il n'est plus rien, ne fait plus rien, n'a aucune influence. Affirmation odieusement ridicule dans la bouche d'un homme qui, sans titre, n'en avait pas moins toute la force matérielle, qui signait toujours (il est vrai, chez lui), qui ne paraissait en rien, mais qui, par ses hommes, par Payan, Herman, Dumas, par Henriot, par Lebas, avait agi en messidor avec une énergie terrible, ou préparé l'action.

3° Cette duplicité évidente ne donnait pas beaucoup de crédit aux protestations qui suivaient : « On fait circuler des listes de représentants proscrits. Nous, proscrire les patriotes !... N'est-ce pas nous qui avons défendu la Convention? Est-ce nous qui avons érigé en crimes ou des *préjugés* incurables ou des choses indifférentes? (Ceci rassurait les prêtres, les catholiques, la droite, mais point du tout la Montagne.) Les purs auraient tort de craindre. (Oui, mais quels étaient les purs?) Il n'y a plus que deux partis, celui des bons, celui des méchants. » (Oui, mais quels étaient les bons?)

De telles paroles, si vagues, étaient propres à augmenter la terreur. « On veut effrayer l'Assemblée, » disait-il. Qui effrayait plus que lui, qui, constamment aux Jacobins, ayant à sa droite, à sa gauche, le président et les membres du terrible Tribunal, pleurait chaque fois sur l'*indulgence* et la faiblesse du temps? Quand on cherchait ces *indulgents*, il comptait parmi eux Fouché, le nom, après Carrier, le plus sanglant de la France !

Voilà les trois points capitaux de l'apologie. Passons à l'accusation.

Elle semblait vague d'abord. « On se cache, donc on conspire. » On a peur, donc on conspire ; il imputait comme crime la terreur qu'il inspirait.

Et si on le priait du moins de limiter cette fureur, de préciser les coupables : « Ah ! je n'ose pas les nommer ! »

Il ne nommait point les représentants, les membres des Comités. Le glaive continuait de planer sur tous.

Un seul était désigné, Carnot, non pas nominativement. Le jour où la prise d'Anvers le relevait tant, il fallait ajourner encore.

Mais celui qui était nommé, celui sur qui le discours tombait d'aplomb avec roideur, ce n'était point un des ennemis positifs de Robespierre; c'était l'homme qu'un hasard mettait en péril ce jour-là, qui se trouvait entamé, et dont on ne pouvait espérer emporter la perte que par une attaque résolue.

Il faut savoir qu'à ce moment Cambon était

entouré d'un orage épouvantable, une insurrection de rentiers.

La Trésorerie était littéralement assiégée par d'énormes légions de vieillards, d'infirmes, pauvres diables d'invalides, toussants, souffreteux, cacochymes, plusieurs demi-paralytiques, qui venaient se traîner là. Cambon les avait soumis à une opération sévère, mais enfin indispensable dans la détresse publique. Il conserva les rentes viagères modiques, en les proportionnant à l'âge. L'homme de quarante à cinquante ans conserverait entière une rente de quinze cents à deux mille francs; de cinquante à soixante ans, une rente de trois à quatre mille, et ainsi de suite. Pour ce qui dépassait ceci, la rente, de viagère, devenait perpétuelle, et par conséquent bien faible. Évidemment les intérêts des petits rentiers, des vieillards, avaient été sauvegardés, autant qu'on pouvait. Tous cependant devaient apporter leurs titres, les voir brûler, remplacer par une inscription du Grand-Livre. Cela les épouvantait.

En voyant passer dans les flammes ces sales et vieux papiers si chers, avec qui ils avaient vécu, ils croyaient mourir eux-mêmes.

Tous les hommes du Perron, les agioteurs, ne manquaient pas d'augmenter leurs frayeurs ; ils leur disaient qu'effectivement ils étaient ruinés, qu'on ne les payerait jamais ; ils montaient la tête à ces pauvres gens. La foule ne bougeait plus des portes, y séchait; la lenteur de l'immense opération confirmait ses craintes. En réalité, les agioteurs étaient furieux. Ils étaient les plus lésés. Cette nécessité de représenter les titres, de se faire reconnaître pour créanciers effectifs, de donner certificat de vie, tout cela paralysait dans leurs mains des titres innombrables d'émigrés, qu'ils acquéraient à bon compte et par lesquels jusque-là ils tiraient des rentes, suçaient, épuisaient le Trésor.

Cambon s'était établi en personne à la Trésorerie. Il ouvrit des salles vastes, couvertes, où les rentiers, qui jusque-là étaient dans la cour sur leurs jambes, attendirent commodément assis. Par un travail excessif de jour et de nuit, il précipita l'affaire, convertit, brûla, refit cette masse énorme de titres, hâta les payements.

Cela allait encore lentement, au 9 Thermidor. Ces salles de la Trésorerie, plus bruyantes que les Clubs, retentissaient de cris, de plaintes, de réclamations, des soupirs de l'inquiétude, des gémissements du désespoir.

Il était assez habile à Robespierre de se faire l'écho des rentiers.

Dans ce long, très long discours, il revient trois fois à la charge, trois fois très habilement.

D'abord, il touche la matière en général, en parle comme de chose ancienne, pour préparer les esprits : « Des *projets de finances* destructeurs *menaçaient toutes les fortunes modiques* et portaient le désespoir, etc. — Des payements des créanciers de l'État *étaient suspendus.* »

Puis il en parle clairement, mais sous prétexte de se justifier lui-même : « On a proposé, dans ces derniers temps, des *projets de finances* qui m'ont paru calculés pour *désoler les citoyens peu fortunés* et multiplier les mécontents. J'avais appelé inutilement l'attention du Comité de Salut public. Croira-t-on qu'on a répandu que ces *plans* étaient mon ouvrage ? »

Plus loin encore : « La Trésorerie seconde parfaitement ces vues par le *plan* qu'elle a adopté (sous le prétexte d'un attachement scrupuleux aux formes) *de ne payer personne excepté les aristocrates, de vexer les citoyens mal aisés* par des refus, des retards, des provocations odieuses. »

« Quels sont les *administrateurs suprêmes* de nos Finances? Les compagnons et successeurs de Chabot, de Fabre, des brissotins, des Feuillants, des aristocrates *et des fripons* connus, *les Cambon, les Mallarmé, les Ramel.* »

Tout le monde se regarda. L'étonnement fut au comble. Dans un discours si général, si vague partout ailleurs, où il ne donnait aucun nom, lancer tout à coup le moins attaquable !... On n'était pas loin d'y voir une aliénation d'esprit.

Que voulait-il? Exaspérer une foule déjà irritée, confirmer, autoriser les craintes, la fureur des rentiers? Non, sans doute. — Probablement ébranler, miner l'estime de l'Assemblée pour Cambon? Non, il ne l'espérait pas.

Ce qu'il croyait, c'est que l'Assemblée, sans changer d'opinion, en partie intimidée, en partie tentée de faire une chose populaire, se laisserait aller à briser cet homme désagréable à tous, cet homme triste, amer et dur, que tout le monde trouvait dans son chemin, armé d'épines et de refus, cet homme que la fatalité du danger public avait précipité dans tant de mesures odieuses, dont le nom maudit exprimait toutes les misères de la situation.

Les représentants revenus de mission n'étaient guère moins menacés. Il y avait dans le discours peu de mots sur eux, mais forts, qui encourageaient puissamment à les accuser. « Les coupables n'ont-ils pas établi cet affreux principe que de dénoncer un représentant infidèle, c'est conspirer contre la représentation nationale?... *Les départements* où ces crimes ont été commis, *les ignorent-ils, parce que nous les oublions ?* »

De Lyon, de Nantes, de partout, en effet, arrivaient de violents accusateurs, sûrs de l'appui de Robespierre.

Conclusion générale du discours:

Il y a une conspiration.

Elle doit sa force à une *coalition* qui intrigue au sein de la Convention.

Elle domine au *Comité de Sûreté générale*. On

a opposé ce Comité au Comité de Salut public, et constitué ainsi deux gouvernements.

Des membres du *Comité de Sulut public* entrent dans ce complot.

Il faut épurer, subordonner le premier, épurer même le second, rétablir l'unité du gouvernement sous la Convention, qui en est le centre et le juge.

Au moment où il se tut, Rovère disait à Lecointre : « C'est le moment, il faut lire ton acte d'accusation... — Non, dit-il, il attaque les Comités. Ils vont se détruire entre eux. »

Et tout haut : « Je demande l'impression. » — Bourdon : « Je m'y oppose... Renvoyons à l'examen des Comités. »

Barère appuie l'impression, et Couthon la veut à grand nombre, pour envoyer à toutes les communes. La chose est décrétée ainsi.

Vadier, sans se décourager, reprend pour son Comité, incidente sur la *Mère de Dieu*.

Mais Cambon s'est élancé : « Avant d'être déshonoré, je parlerai à la France ! » Il explique le décret attaqué et finit par cette explosion : « J'ai dénoncé toutes les factions quand elles attaquaient la fortune publique... Toutes, elles m'ont trouvé sur leur route... C'est l'heure de dire la vérité : un homme paralyse la Convention, cet homme est Robespierre... Jugez. »

Robespierre : « Comment paralyserais-je la

Convention *en matières de finances?*... Sans attaquer les intentions de Cambon... »

Manifeste reculade : il l'avait appelé fripon, et maintenant il déclarait ne point attaquer ses intentions.

Billaud : « Il faut arracher tous les masques... S'il est vrai que nous n'ayons pas la liberté d'opinion, j'aime mieux que mon cadavre serve de trône à un ambitieux que de devenir par mon silence le complice de ses forfaits. »

« Moi, dit naïvement Panis, qu'il me dise au moins s'il est vrai que mon nom est sur sa liste... Qu'ai-je gagné à la Révolution ? Pas de quoi donner un sabre à mon fils, une jupe à ma fille ! »

Fréron, dont toute la vie fut une suite d'inconséquences et de maladresses, au lieu de servir la phalange des ennemis de Robespierre, laissa échapper le mot le plus propre à dissoudre. Il s'attaqua à Billaud : « La liberté d'opinion, dit-il en reprenant ses paroles, comment l'aurions-nous, quand les Comités peuvent nous faire arrêter?... Il faut leur ôter ce droit. »

On le fit taire, et Robespierre, relevé et raffermi par cette gauche diversion : « Je ne rétracte rien... J'ai jeté mon bouclier, je me suis présenté découvert à mes ennemis... Je n'ai flatté personne, je ne crains personne, je n'ai calomnié personne. »

Les maratistes Charlier, Bentabole, ne laissèrent pas la chose là : ils reprirent, enfoncèrent le coup.

Bentabole : « L'envoi du discours est dangereux... La Convention aurait l'air d'approuver... Elle serait responsable des mouvements d'un peuple égaré. »

Couthon : « Il faut que tout le peuple juge... Voilà pourquoi je demande l'envoi aux communes. »

Charlier : « Renvoyons aux Comités... »

Robespierre : « Quoi ! à ceux que j'ai accusés ?... »

Charlier : « Quand on se vante du courage de la vertu, il faut avoir celui de la vérité. Nommez qui vous accusez... »

Amar : « Qu'il nomme !... L'intérêt public ne comporte aucun ménagement. »

Robespierre : « Je persiste... Je ne prends aucune part à ce qu'on peut décider pour empêcher l'envoi de mon discours. »

Le dantoniste Thirion : « Envoyer, c'est préjuger... Pourquoi un seul aurait-il plutôt raison que plusieurs ?... Les présomptions sont pour les Comités. »

Bréard, membre du Comité de Législation : « C'est un grand procès à juger... Révoquons l'impression. »

On révoqua.

Barère, qui, en votant l'envoi du discours, avait trahi les Comités au profit de Robespierre, passa lestement de l'autre côté : « J'avais voté l'impression, parce que, dans un pays libre, je crois qu'on doit tout publier... Nous ne nous défendrons pas contre Robespierre; à cette déclamation, nous répondrons par des victoires... S'il eût suivi nos opérations depuis quatre décades, il eût supprimé son discours... Du reste, que le mot d'*accusé* soit effacé de vos pensées. »

Maintenant, quel serait l'*accusé?* Les Comités, ou Robespierre?

CHAPITRE VI

LA NUIT DU 8 AU 9 THERMIDOR
LA DROITE TRAHIT ROBESPIERRE

Robespierre compte sur le centre, la droite. — Il ne veut point d'insurrection. — La Commune prépare l'insurrection. — Les Comités n'osent rien faire. — La Montagne prie la droite et l'entraîne contre Robespierre.

Quand Robespierre rentra chez lui et que Duplay et les siens, les dames Duplay tremblantes, exprimaient leur anxiété, il dit sans difficulté le fond de la situation : « *Je n'attends plus rien de la Montagne.* Mais la majorité est pure... La masse de la Convention m'entendra. »

La masse, c'était *la droite et le centre.*

Il y avait loin de ce jour à celui où, parlant du sein de la Montagne au centre, il dit : « Les serpents du *Marais...* » (25 septembre 93). Il avait fait volte-face, changé évidemment d'appui, de moyen d'action.

Son discours du 8 thermidor contenait les plus forts appels à la droite. Non seulement il rappelait qu'il avait sauvé les *soixante-treize*, mais il alla jusqu'à dire qu'il s'était étonné de leur arrestation. Par deux fois, sans ménagement, il maniait, remaniait la plaie vive de la Montagne, la mort de Danton, ce coup cruel frappé sur elle, avec l'aide de la droite et du centre.

La droite et le centre, sans rapport direct avec Robespierre, se trouvaient liés avec lui d'un lien plus fort qu'aucun autre : la complicité. Qui avait tranché, en novembre, la question religieuse, c'est-à-dire arrêté court la Révolution? La droite, avec Robespierre. Qui lui permit, en janvier, d'étouffer Fabre d'Églantine? d'enlever la Commune, en mars? en avril, Desmoulins, Danton? Qui donna le vote terrible par lequel ce procès fut clos avant d'être commencé? La connivence de la droite. Pour elle, 94 avait été une vengeance permanente des violences de la Montagne en 93, et Robespierre, sans s'en douter, en avait été l'instrument. Par sa guerre aux Montagnards revenus de mission, il plongeait de plus en plus dans la droite. Ses phrases contre les *indulgents* étaient d'impuissants efforts pour échapper à cette fatalité.

Le mot violent qui lui fut dit à la Constituante, quand il parlait pour les prêtres : « Passez à droite! » ce mot prophétique, il allait se vérifiant.

La droite le tenait par la nécessité, et il croyait la tenir par la reconnaissance, par la sûreté qu'il lui donnait.

En réalité, la droite pensait (aussi bien que l'Europe) qu'après tout, il était homme d'ordre, nullement ennemi des prêtres, donc, un homme de l'ancien régime. Les anciens constitutionnels, amis de la monarchie, n'étaient pas loin de se résigner à celle de leur ancien collègue. Non seulement ils l'acceptaient comme fait accompli, mais l'entouraient de respect, d'assentiments empressés, de flatteries même. Un mois avant Thermidor, Boissy d'Anglas l'appelait l'Orphée de la France*.

En ce dernier vote pourtant, la droite, le centre, avaient flotté, jugeant pour Robespierre d'abord; puis, sans juger contre lui, sans renvoyer l'examen de son discours aux Comités, comme le voulaient ses ennemis, ils avaient *ajourné* le tout, *révoqué* l'envoi aux départements.

Grands signes d'indécision!

Contre ce sinistre augure, Robespierre se rassurait, en songeant que si ses amis étaient froids et vacillants, ses ennemis étaient divisés, aussi près de s'attaquer entre eux que de l'attaquer lui-même. On l'a vu par l'intempestive sortie de Fréron, qui déjà, se détournant de Robespierre, faisait la guerre aux Comités. Il était facile à prévoir que les Comités, avertis ainsi que leur chute suivrait la sienne, agiraient bien peu contre lui.

Et c'est ce qui arriva. Après l'avoir poussé si vivement les jours précédents, les Comités, comme on va voir, croisèrent les bras au 9 Thermidor, tellement qu'on les accusa d'être d'accord avec lui.

Que la Convention, ce grand corps, hétérogène et discordant, agît davantage, il y avait peu d'apparence. La Montagne, comme à l'ordinaire, devait être paralysée par la droite, et, dans la Montagne elle-même, plusieurs hommes, les meilleurs, qui voyaient la République menacée par lui, mais pourtant mêlée à sa vie, compromise dans sa destinée, ces hommes devaient rester immobiles, dans la neutralité du scrupule et du désespoir.

Devait-on, par une action brusque et violente, troubler la neutralité de cette partie de la Montagne, inquiéter, ébranler la fidélité de la droite? Robespierre ne le croyait pas. Il connaissait l'Assemblée, comme un cavalier expérimenté connaît sa monture. Il croyait pouvoir en tirer tout service, pourvu qu'on changeât le moins possible ses allures habituelles. S'il eût demandé d'abord Tallien, Fouché, et encore quelques-uns des plus salis, il les aurait eus sans difficulté. Saint-Just croyait, comme lui, qu'on ne devait frapper l'Assemblée que par l'Assemblée. Homme résolu et d'action, il ne voulait point agir; il partageait le sentiment du spéculatif Robespierre. Tous les deux respectaient la Loi.

Mais il n'y avait plus moyen de retenir le parti ; la Commune était lancée. Le volcanique Payan eût fait sauter les Comités ; Coffinhal, le rude Auvergnat, homme de bras et d'échine, aurait jeté l'Assemblée par les fenêtres. Ils n'attendaient qu'un signal. Les robespierristes étaient mûrs pour leur 18 Brumaire. Robespierre ne l'était pas, ni, je crois, la France non plus. Ils agirent sans Robespierre, malgré lui, et le perdirent.

Le soir, pendant que Robespierre lisait son discours aux Jacobins, et les attendrissait de son péril, Henriot avait déjà l'autorisation de la Commune, et distribuait par ses officiers à sa Garde nationale triée l'ordre de prendre les armes pour le matin à sept heures.

Robespierre, après sa lecture, dit : « C'est mon testament de mort... Je vous laisse ma mémoire, vous la défendrez... S'il me faut boire la ciguë, vous me verrez calme... — Je la boirai avec toi, s'écria David. — Tous ! tous ! » Ce cri partit de toute la salle, avec des larmes et des sanglots.

Payan, Coffinhal et les autres, étaient là, brûlants, inquiets, ne sachant encore s'ils tireraient de la bouche de leur maître quelque parole qui semblât une approbation de leurs démarches imprudentes. Une tradition, propagée sans doute par les ennemis de Robespierre, veut qu'un mot lui soit échappé : « Eh bien, essayez encore. Délivrez la Convention *comme vous le fîtes au 2 juin.*

Séparez les méchants des faibles! » Telle eût été l'autorisation, certainement faible et indirecte, que le parti déjà lancé en eût tirée pour la révolte.

Collot, Billaud, étaient mêlés dans la foule ; on les reconnut, on les conspua. Collot essaya en vain de se faire entendre, il arracha son gilet pour montrer la meurtrissure des coups de Ladmiral ; d'ironiques huées l'accablèrent. Les couteaux se levaient sur eux. Ils s'enfuirent. La violence gagna les plus sages esprits. Couthon alla jusqu'à demander qu'on rayât les noms de tous les représentants qui avaient voté contre l'impression du discours de Robespierre. Les Jacobins s'y laissèrent entraîner, et se trouvèrent avoir proscrit la majorité de la Convention.

La question était de savoir si les hommes le plus en danger, comme Tallien, Fréron, Lecointre, pourraient mettre en mouvement les Comités refroidis par la sottise de Fréron.

Tallien avait double aiguillon. Du fond de la prison des Carmes, lui était venu un billet de sa Thérésa : « Je vais demain au Tribunal révolutionnaire ; je meurs avec le désespoir d'être à un lâche comme vous. » Tallien acheta un poignard, ou pour Robespierre, ou pour lui.

Dès neuf heures et demie du soir, Lecointre, toujours ridicule, même en un moment si grave, complètement armé en guerre, portant, sans parler d'autres armes, des pistolets à baïonnette dont les pointes passaient ses poches, était à la porte du Comité de Sûreté. Il n'y trouva que l'innocent et pacifique Lavicomterie. « On arme la Garde nationale, dit Lecointre. Nous sommes tous perdus si vous n'arrêtez le maire, et Payan, et Henriot. » Le Comité était réuni au Comité de Salut public, tous deux enfermés. Nul moyen d'entrer.

A une heure du matin, l'infatigable Lecointre heurtait de nouveau. Porte close; il écrivit. Fréron eut même aventure. Il trouva Cambon à la porte, il lui dit que, non seulement il fallait prendre Henriot, mais terrifier Robespierre, en frappant sa maison même, enlevant tous les Duplay. Cambon se chargea de le dire, força la consigne. Le spectacle qu'il vit au dedans l'étonna. Saint-Just écrivait, et, tout en écrivant, de temps à autre, disputait avec Billaud. L'interminable dispute avait commencé dès onze heures par une scène violente de Collot d'Herbois. Saint-Just s'était froidement établi au Comité pour en observer l'attitude. Collot, rentrant des Jacobins, furieux, renversant les portes, s'était jeté sur Saint-Just, l'avait secoué, fouillé, croyant trouver sur lui les preuves de sa perfidie. Carnot, Barère, Lindet, Billaud, protégèrent Saint-Just, qui leur dit qu'il demanderait seulement que Collot et Billaud ne fussent plus au Comité, qu'au reste, il leur montrerait son *rapport* avant de le porter à la Convention.

Les choses en étaient donc là, déjà bien calmées, lorsque Cambon arriva.

Il vit qu'on restait ennemi, mais que des ennemis si paisibles n'étaient pas pour agir beaucoup. Dès lors, il sortit, sans mot dire, convaincu que Robespierre et Saint-Just reprendraient, le lendemain, tout leur ascendant.

Rien n'était plus vraisemblable. Les Comités en étaient déjà à s'excuser devant Saint-Just.

Comme il prétendait savoir qu'ils faisaient dresser par Fouché un acte d'accusation contre Robespierre, ils envoyèrent chercher Fouché et le firent interroger par le plus âgé, le bonhomme Ruhl. Fouché nia fort et ferme, et Saint-Just fit semblant de le croire.

Cependant la lettre de Lecointre, ayant enfin pénétré, *leur apprenait* que, pendant qu'ils perdaient ainsi le temps, Henriot avait, dès le soir, fait appel aux armes.

Ils résolurent, non d'arrêter la Commune, ni Henriot, mais de les mander. Henriot ne daigna venir. Mais Payan vint hardiment, comme Pétion au 10 Août; il se tira d'affaire plus facilement encore, près des rois de la Terreur, indécis comme Louis XVI.

Les Comités ne faisant rien, ayant laissé échapper un si précieux otage, révélé leur paralysie, Saint-Just plia son *rapport*, prit son chapeau et partit. Il était cinq heures du matin.

Barère voyait tout échapper; il commençait à

prendre peur. Il se refit robespierriste, s'approcha amicalement de Couthon : « Si l'on t'attaque, dit-il, ne crains rien ; je te défendrai. »

La Montagne était perdue si elle ne se sauvait elle-même. Elle n'avait pas grand'chose à attendre des Comités.

Mais l'instinct de la conservation, la ferme volonté de vivre, sont des passions trop clairvoyantes pour qu'on les aveugle aisément. Les plus menacés firent eux-mêmes la grande affaire du lendemain.

Dure besogne. Il leur fallait s'adresser, à qui ? Aux restes de ceux qu'ils avaient proscrits, aux hommes que sans Robespierre peut-être ils auraient proscrits encore, qu'ils conspuaient, humiliaient, forçaient à l'hypocrisie. Ils vinrent à eux cependant, il le fallait bien, leur demander de perdre leur protecteur pour sauver leurs ennemis... Enfin, ils demandèrent de vivre.

Il y avait encore quelques Constituants dans la Convention. L'existence de ces ruines primitives d'un ancien monde, restées là à travers tant de cataclysmes, était, sans nul doute, un miracle, le miracle de leur prudence, qui leur permettait de voter si longtemps contre leur parti, et le miracle aussi de la politique de Robespierre.

Les plus connus étaient Sieyès, un vieillard, le canoniste gallican Durand-Maillane, l'avocat Boissy d'Anglas.

On les attaqua par l'humanité : « Pouvez-vous

voir, leur dit-on, rouler par jour soixante ou quatre-vingts têtes à la guillotine!... Arrêtons l'horrible charrette!... »

A quoi ils dirent froidement : « Mais qui l'a lancée ? c'est vous. »

Une seconde ambassade faisait valoir la justice. « Une minorité minime opprime la République... Comptez les robespierristes. Ce parti finit faute d'hommes. Son jugement, c'est le désert qui se fait autour de lui. » En réalité, dès avril, on ne put renouveler la Commune qu'en descendant au plus bas, aux illettrés, aux inconnus. Quel embarras en prairial pour recruter le Tribunal ! Au greffe de Fouquier-Tinville, il disait de ses greffiers : « Ils sont bons à guillotiner ; mais, après, où en trouver d'autres ? »

Tout cela faisait peu à la droite. Elle avait le temps pour elle, s'agrandissant chaque jour de la lassitude, de la défaillance, de la lâcheté publique. Elle n'avait que faire d'agir. Robespierre, après l'avoir délivrée de la Montagne, devait se fondre lui-même, et tarir comme parti.

Renvoyés la seconde fois avec une froideur ironique, les Thermidoriens, frémissant d'une rage désespérée de vivre, vinrent prier encore ; et, cette fois, ils trouvèrent des mots pour tenter leurs ennemis : « Vous êtes la majorité... Qui gouvernera, si ce n'est vous, après Robespierre ? »

Il faut dire pourtant que les Thermidoriens eux-mêmes (excepté Rovère, Tallien, quelques-uns des plus scélérats) ne soupçonnaient nullement que ces hommes de la droite fussent en grand nombre des royalistes cachés.

Ils ne savaient pas la transformation qui s'était faite, dans cette longue hypocrisie, chez des hommes habituellement avilis et provoqués. Le cœur, ainsi comprimé, s'était rejeté, d'un présent si douloureux, au passé, à la monarchie, à la haine de la République. De ceux qui s'adressèrent à eux et qui avec eux poussèrent dans la réaction, comme Legendre, Fréron même, la plupart étaient républicains (on le vit plus tard, en 95), et ils croyaient républicains ces gens de la droite.

Ils leur demandaient secours, comme ils l'auraient fait à Vergniaud; s'ils avaient quelque scrupule, c'était de s'associer à ce qu'ils croyaient la Gironde.

La droite finit par comprendre que, si elle aidait la Montagne à ruiner ce qui dans la Montagne était la pierre de l'angle, l'édifice croulerait. Chez une nation si peu changée, si anciennement idolâtre, écarter l'idole de la République, c'était infailliblement ramener l'idole de la royauté.

Robespierre, pas plus que Legendre ou Merlin de Thionville, ne devinait cette perversité de la droite. Il la croyait girondine, mais enfin républicaine. Il croyait avoir avec elle un pacte tacite, au moins de garantie mutuelle, et ne devinait pas qu'en son dernier jour, elle lui refuserait la vie qu'il lui avait conservée.

CHAPITRE V

LA JOURNÉE DU 9 THERMIDOR
(28 JUILLET 94)

Discours habile de Saint-Just. — Tallien interrompt Saint-Just. — Maladresse des accusateurs. — On étouffe la voix de Robespierre. — Barère essaie de sauver Robespierre. — Neutralité de la Montagne indépendante. — Robespierre s'adresse à la droite. — On demande son arrestation. — Il est arrêté. — Le peuple veut empêcher l'exécution du jour.

ROBESPIERRE, dans cette assurance, ayant conscience et de l'immense force morale qui restait encore en lui, et des forces matérielles dont il lui était si facile d'entourer la Convention, sentit pourtant, le matin du 9, que ce jour était décisif. Il était habillé avec un soin remarquable, et portait l'habit bleu de ciel, si connu depuis la fête de l'Être suprême. Ses ennemis ont prétendu bassement (d'après eux-mêmes, d'après ce que, sans doute, ils auraient fait en ce cas) qu'il avait emporté des armes, de l'argent, beaucoup d'argent*. Mais en avait-il chez lui? J'en doute. Il devait à son hôte sa pension de plusieurs années. Pour des armes, il en avait. Quelles? Ses immenses services rendus à la République, l'énergie de sa parole, sa grande présence d'esprit, l'habile et parfait maniement qu'il avait de l'Assemblée. Il ne doutait nullement de la ramener.

Ignorait-il entièrement les préparatifs militaires? Non, sans doute. Mais il les regardait comme chose de précaution. Nulles troupes ne se montraient dans le voisinage. L'Assemblée paraissait libre; elle pouvait avec dignité accepter la conciliation qu'apportait Saint-Just.

Le discours écrit par lui, et certainement concerté avec Robespierre, était d'une adresse infinie. Si la lecture eût pu être poussée seulement à la vingtième ligne, la curiosité, habilement éveillée, eût fait désirer l'entendre, et la Convention, adoucie, reprenait le joug.

Ce discours met hors de doute que l'esprit le plus utopiste de la Convention aurait été en même temps son plus grand homme d'affaires, son plus délié politique. La roideur de Saint-Just n'était qu'extérieure. Autant ses *notes* (qu'on appelle à tort ses *Institutions*) sont reculées dans les nuages, autant ses discours à la Convention sont violemment oratoires et tyranniquement éloquents, autant dans cette œuvre dernière il montre d'adresse et de ruse. Un autre discours, qui manque à ses œuvres, mais qui a été publié (*Revue rétrosp.*, IIe série, t. IV, p. 425), étonne par l'étendue des connaissances, la netteté, la précision, l'admirable sens pratique, le nerf du vrai *homme d'État*.

Le fond du discours écrit pour le 9 Thermidor est une récrimination très habile, qui écarte de Robespierre le reproche de dictature. C'est Carnot, c'est Billaud-Varennes et Collot, qui ont profité de l'absence de Robespierre, de Saint-Just, de Saint-André et autres membres du Comité, pour prendre un pouvoir dictatorial.

C'est une chose incroyable combien ce violent génie a pu prendre sur lui pour changer de forme et de ton, mettre la sourdine à sa voix. Avec une connaissance merveilleuse de la nature, qu'on a rarement à cet âge, il calme la foule en faisant une part à la malignité, en se donnant à lui-même (si sérieux!) un léger ridicule, réduisant la grande question à une lutte d'amour-propre entre lui et Carnot, faisant le jeune homme irrité de ce qu'on lui disputait sa bataille de Fleurus : « On a parlé de la bataille, *d'autres* qui n'ont rien dit y étaient; on a parlé du siège, *d'autres* qui n'en ont rien dit étaient dans la tranchee. Ceux qui gagnent les batailles, ce sont ceux qui y sont. » De même sur Robespierre. Un tyran de l'opinion? un dictateur de l'éloquence! Eh! qui vous empêche, vous autres, d'essayer d'être éloquents?

Avec un sentiment étonnant de sa force et de sa grandeur (la dignité de celui qui sait qu'on ne repousse pas la main d'un héros qui l'offre), dans un combat si terrible, au milieu d'une lutte à mort, il attestait... *l'amitié !*

Que voulait-il? Que demandait-il? Ce que tout le monde demandait : *l'atténuation de l'arbitraire des Comités*, spécialement que tout acte portât la signature de six membres (c'était abdiquer le triumvirat). Il notait avec bon sens ce rôle de ministre, qui absorbait Lindet, Carnot, les confinait dans l'Administration et les éloignait du gouvernement. Il blâmait Carnot, Collot et Billaud, mais avec modération, disant : « Les membres que j'accuse ont commis peu de fautes... Je ne conclus pas contre eux; je désire qu'ils se justifient et que nous devenions plus sages. »

Personne ne prévoyait un discours tellement modéré. Si Saint-Just eût tenu sa parole au Comité, s'il lui eût lu son *rapport*, le Comité, indécis, mollissant, entre deux dangers, se serait rapproché de lui, fût entré avec lui à la Convention, eût étonné l'Assemblée de ce rapprochement, et elle eût écouté Saint-Just.

Il vint seul (il était midi). Tallien, Bourdon, et quelques autres, frémissant d'audace et de peur, étaient dans les corridors, arrêtant et caressant leurs alliés du côté droit. Au troisième alinéa que lisait Saint-Just, Tallien entra et lui coupa la parole : « Qui ne pleurerait sur la patrie? Hier, un membre du gouvernement s'en est isolé; aujourd'hui, un autre. Que le rideau soit déchiré ! »

Billaud et les Comités entraient à l'instant, avertis à peine à midi par une lettre de Saint-Just, le trouvant à la tribune, furieux de son manquement de parole, qui leur fit croire qu'il voulait les pousser à mort. Impatients d'étouffer sa voix, se croyant perdus s'il parlait, Billaud interrompit Tallien : « Hier, des hommes aux Jacobins ont dit vouloir égorger la Convention nationale !... En voilà un sur la Montagne... Je le reconnais. »

« Arrêtez-le ! arrêtez-le ! » Ce cri part de tous les bancs. Quand une Assemblée, émue de son péril, est lancée ainsi habilement dans un élan de violence, elle peut aller très loin. La chasse aux hommes une fois commencée, il est facile de la pousser. Ceci fut un coup décisif, qui peut-être emporta tout.

« L'Assemblée jugerait mal, si elle se dissimulait qu'elle est entre deux égorgements. Elle périra si elle est faible... »

« Non, non ! » s'écrient tous les membres en se levant à la fois et agitant leurs chapeaux.

Ces spectacles ne manquent guère leur effet. Les tribunes se lèvent d'un même mouvement, et crient : « Vive la Convention ! vive le Comité de Salut public. »

Lebas veut parler, s'agite... Il est rappelé à l'ordre. Plusieurs crient : « A l'Abbaye ! »

Les accusateurs étaient trop émus, trop furieux,

pour être habiles. Billaud vomit pêle-mêle, parmi beaucoup de choses évidemment vraies, d'autres trop invraisemblables. Il dit que Robespierre, qui se disait opprimé, n'avait quitté le Comité qu'à cause de la résistance qu'y trouvait sa loi de prairial ; qu'il avait organisé un infâme espionnage des représentants du peuple ; que, la veille, aux Jacobins, son Dumas avait fait chasser ceux qu'on voulait immoler. Tout cela était constant. Mais on haussa les épaules quand il dit que Robespierre favorisait les voleurs, persécutait les Comités révolutionnaires, qu'il forçait le gouvernement de placer des nobles, etc. On ne vit dans Tallien qu'un comédien impudent lorsque, tirant un poignard, dans une pose mélodramatique, contre *le nouveau Cromwell, le nouveau Catilina*, il dit (lui, Tallien) que le tyran voulait régner avec des hommes « *crapuleux et perdus de débauche.* »

Plus absurde encore fut Billaud quand il dit maladroitement qu'Henriot était complice d'Hébert, et que c'était lui, Billaud, qui avait accusé Danton, *que Robespierre, au contraire, l'avait défendu*... Il oubliait qu'alors même les Montagnards étaient presque tous hébertistes ou dantonistes. Il blanchissait justement l'accusé qu'il voulait noircir.

Ce mot fut une avalanche de glace qui tomba sur la Montagne. Beaucoup, qui auraient parlé, s'abstinrent dès lors et parurent neutres. Merlin de Thionville, Dubois-Crancé, Lecointre, et bien d'autres, mortels ennemis de Robespierre, ne prononcèrent pas un mot contre lui. Loin de là, Lecointre disait qu'on devait l'écouter, qu'on ne pouvait empêcher sa défense.

Billaud et Tallien, Tallien et Billaud, se succédaient à la tribune; personne autre n'y montait. Robespierre voulant répondre, la grande masse, d'un même cri, étouffait toujours sa parole : « A bas le tyran ! » Les coalisés étaient convenus de le faire périr ainsi. La mort sans phrases (le mot qu'on attribue à Sieyès) pouvait seule rallier une masse si hétérogène, si intéressée à cacher la diversité des mobiles qui la poussaient contre lui.

L'arrestation de Dumas, celle d'Henriot et de ses lieutenants, c'est tout ce qu'on osa d'abord. Cela laissait encore une belle porte ouverte pour Robespierre. On pouvait rejeter tout sur l'odieux président du Tribunal révolutionnaire, sur l'ignoble chef de la force armée. Henriot seul aurait tout fait, seul appelé aux armes la Garde nationale; cette convocation furtive sans le rappel du tambour, n'était-elle pas une erreur commise par Henriot dans un moment peu lucide?

Barère, que toute l'Assemblée appelait à la tribune, s'efforça de contenir l'affaire dans ces étroites limites. Il n'attaqua absolument que l'autorité militaire, de sorte qu'Henriot sacrifié, le généralat supprimé, le commandement partagé entre les chefs de légion, tout était fini.

Il voulut même sauver le maire, la Commune

robespierriste, qui, pourtant, avait autorisé l'acte d'Henriot. Il vanta leur fidélité.

Toute sa crainte, on le voyait, était qu'en frappant Robespierre, les maladroits, les *furieux*, les Fréron, n'abolissent les deux Comités. Il insista sur la nécessité de ne pas toucher « à ce sanctuaire du gouvernement, » à cette unique garantie d'une action centrale et forte; du reste, rejetant tout le mal, à l'ordinaire, sur les trames de l'étranger, sur les royalistes, les aristocrates.

Ce rapport sauvait Robespierre. Il le délivrait d'Henriot, de l'ivrogne et du bravache qui entravait son parti. Il lui laissait sa Commune, où était sa grande force, et l'appel légal aux armes. Il divisait le commandement, au lieu de faire un général dévoué à l'Assemblée.

La séance languissait, l'affaire avortait. Un bavardage de vieillard, que fit Vadier à la tribune, sur la *Mère de Dieu*, fit rire; chose bien maladroite, et qui pouvait finir tout. Qui rit est presque désarmé. Robespierre, à la tribune, les bras croisés sur la poitrine, endurait cette risée, s'efforçait de sourire lui-même, de simuler le mépris. Plusieurs l'auraient tenu quitte pour ce supplice de la vanité. Mais ceux qui étaient en péril, qui mouraient s'il eût vécu, arrêtèrent le vieux Vadier. « Ramenons, dit Tallien, la discussion à son vrai point... » — Robespierre : « Je saurai bien l'y ramener. » — Cris et violents murmures. Le président, Collot d'Herbois, donne la parole à Tallien.

Celui-ci, allant très droit, surtout voulant réparer la maladresse de Fréron, rallier les Comités, reprocha à Robespierre d'avoir calomnié ces Comités héroïques « qui avaient sauvé la patrie. »

Robespierre frémit du péril, voyant se reformer la ligue : il nia, cria, s'agita... Ses regards désespérés firent un suprême appel à la Montagne... Un groupe de Montagnards, nous l'avons remarqué, étaient restés immobiles. Quelques-uns, par chevalerie, comme Merlin, et parce que Robespierre était leur ennemi personnel ; quelques autres, de la nuance de Romme, Soubrany, Maure, Baudot, J.-B. Lacoste, la Montagne indépendante, parce qu'ils n'eussent sauvé Robespierre qu'en lui donnant la dictature. Ils ne pouvaient accabler ce grand citoyen poursuivi par de tels hommes ; d'autre part, comment l'appuyer, quand une fatalité terrible le poussait dans la tyrannie ?

Le cœur percé, plus qu'il ne le fut du poignard de prairial, ils s'enveloppèrent du devoir, se détachèrent des personnes, détournèrent leurs visages sombres du coupable, de l'infortuné, si cher et si dangereux à la Liberté publique[*]. Car la crise durait encore... Une main lui eût été tendue du sein de la Montagne, que la Plaine en eût pâli, que la droite eût reculé ; la déroute se fût mise parmi ses lâches ennemis.

Robespierre, sous ce jugement terrible, hélas !

mérité, se retourna en fureur vers la droite :
« Vous, hommes purs ! c'est à vous que je m'adresse, et non aux brigands !... »

Il leur redemandait la vie, qu'ils lui devaient, qu'il leur avait sauvée... Il n'en tira rien qu'outrage, des cris, des risées, la mort.

Alors, hors de lui, et montrant le poing au président Collot d'Herbois : « Pour la dernière fois, président d'assassins, je te demande la parole !... »

Qui lui répondit ? La voix de Danton, je veux dire, de Thuriot, qui avait pris le fauteuil à la place de Collot d'Herbois.

On se souvient que Thuriot, depuis le procès de Danton, devenu tout à coup muet, « malade de la poitrine, » avait paru aussi mort que les morts du 5 avril. Il recouvra en ce jour une voix terrible et tonnante, comme celle du Jugement Dernier, et de ses poumons d'airain, du timbre furieusement agité d'une impitoyable sonnette, il exécuta Robespierre.

Il n'avait rien à espérer, étant tombé aux mains implacables des dantonistes.

« Le sang de Danton l'étouffe ! » dit Garnier de l'Aube.

C'était un cri du sépulcre. Robespierre n'en fut pas atteint. Il se redressa, comme le serpent sur lequel on marche, et darda ce mot : « Ah ! vous voulez venger Danton !... » Risée amère de la lâcheté de ceux qui le lui livrèrent.

Du fond même de la Montagne, deux voix qu'on n'avait entendues jamais :

« L'arrestation ! »

« L'accusation ! »

On se demandait les noms. C'étaient Louchet et Loseau, gens obscurs, fermes Jacobins, nullement Thermidoriens, et qui se montrèrent immuables contre la réaction.

Ils firent plus d'impression que les discours de Tallien. L'Assemblée tout entière appuie.

Robespierre jeune et Lebas veulent être arrêtés aussi. Accordé.

Robespierre crut voir ici une lueur. Il connaissait le cœur des foules. Il essaya de parler pour son frère. S'il eût attendri l'Assemblée, il était sauvé lui-même.

Mais un violent journaliste, supprimé par Robespierre, Charles Duval, s'écria : « Président, est-ce qu'un homme sera le maître de la Convention. »

Fréron : « Ah ! qu'un tyran est dur à abattre ! »

Billaud reprenait ici un bavardage très vague, au travers duquel peut-être Robespierre eût trouvé jour. Mais une masse de voix crièrent : « L'arrestation ! l'arrestation ! »

Thuriot la met aux voix. Décrétée, à l'unanimité.

L'Assemblée tout entière se lève : « Vive la Liberté ! Vive la République ! »

« La République, dit Robespierre, elle est perdue ! Les brigands triomphent. »

Lebas : « Je ne partagerai pas l'opprobre de ce décret, je veux être arrêté aussi. »

« Oui, dit Fréron, Lebas, Couthon et Saint-Just. Couthon voulait, de nos cadavres, se faire des degrés pour monter au trône... »

« Moi, monter au trône ! » dit le cul-de-jatte en montrant ses jambes impotentes.

Cependant, des deux côtés, partaient des voix meurtrières.

De la droite, le royaliste Clausel : « Qu'on exécute le décret d'arrestation ! »

Le président : « Je l'ai ordonné; les huissiers se sont présentés... Mais on refuse d'obéir. »

De la gauche, le jacobin Louchet : « A la barre, les accusés ! Point de privilège ! Quand des membres furent arrêtés, ils descendirent à la barre ! »

Ils descendent en effet. Applaudissements frénétiques. L'Assemblée se croit libre enfin. Elle a vu passer son tyran au niveau de l'Égalité.

Elle se leva bientôt, dans cette joie enfantine, sans rien faire pour son salut, sans se douter que la tyrannie restait tout entière, et elle s'ajourna au soir.

Il était trois ou quatre heures. Robespierre avait été conduit aux Comités, comme pour être interrogé. On a vu combien Barère l'avait encore ménagé. Sauf Billaud, Collot, Élie Lacoste, nul membre des Comités n'avait parlé contre lui. Qu'avait-il à craindre ? De passer, comme Marat, au Tribunal révolutionnaire? Là, son immense ascendant moral, l'intérêt, le zèle d'une armée de fonctionnaires créés et placés par lui, les foudroyantes Adresses des sociétés populaires arrivant de toute la France, lui ménageaient un triomphe tout autre que celui de Marat, bien près de l'apothéose. Sa personnalité multiple, qui remplissait toute chose, le rendait nécessaire et fatal, quoi qu'il arrivât. Il était devenu comme l'air dont la République vivait. Dans l'étouffement d'asphyxie qu'entraînerait son absence, la France allait venir à genoux, dans cette prison, lui demander de sortir. A lui d'exiger des juges, d'imposer à ses ennemis la nécessité du procès.

Cependant le bruit étonnant de l'arrestation de Robespierre se répandant dans Paris, le mot de tous fut celui-ci : « Alors, l'échafaud est brisé ! » Tellement il avait réussi, dans tout cet affreux messidor, à identifier son nom avec celui de la Terreur.

Ce jour même, un incident pathétique avait bouleversé les cœurs. Une accusée, s'asseyant sur les gradins où son jeune fils avait été condamné la veille, tomba en épilepsie. La foule cria violemment qu'on ne pouvait la juger.

Le peuple espérait que ce jour il n'y aurait pas d'exécution. Telle était l'opinion du bourreau luimême; il croyait chômer. Donc, lorsque, selon l'ordinaire, le Tribunal révolutionnaire eut préparé une fournée, lorsque les lourdes charrettes vinrent à l'heure marquée rouler dans la cour du Palais de Justice, l'exécuteur demanda à Fouquier-Tinville : « S'il n'avait point d'ordre à donner ? »

Fouquier se garda de comprendre cette demande d'un sens si clair, et dit : « Exécute la Loi. »

On vit donc sortir encore de la noire arcade de la Conciergerie quarante-cinq condamnés, et le lugubre cortège traversa encore une fois les quais, la rue, le faubourg Saint-Antoine. Nulle chose ne fut plus douloureuse ; la douleur, nullement cachée. Plusieurs levaient les mains au ciel ; beaucoup criaient : « Grâce. » Quelques-uns enfin, plus hardis, sautent à la bride des chevaux, et se mettent à vouloir faire rétrograder les charrettes.

Mais Henriot, averti, arriva au grand galop et dispersa la foule à coups de sabre, assurant cette dernière malédiction à son parti, et faisant dire dans le peuple : « La nouvelle est fausse, sans doute. Nous ne sommes pas encore quittes du régime de Robespierre. »

Le Tribunal révolutionnaire n'en était pas moins tué.

Que Robespierre fût vainqueur ou vaincu, il finissait également. Le président Dumas en jugeait ainsi dès le 8 thermidor. Il croyait que les deux partis se rapprocheraient peut-être, en sacrifiant deux têtes, la sienne et celle d'Henriot. Dès lors, il était prêt à fuir : il voulait faire partir pour la Suisse sa femme et sa famille.

CHAPITRE VI

LA SOIRÉE DU 9, ET LA NUIT DU 9 AU 10
IMMOBILITÉ DES JACOBINS

Robespierre veut rester prisonnier. — Il ne peut entraîner ni les Tribunaux, ni la section de la Cité. — Le Comité ne veut rien faire. — Robespierre délivré malgré lui. — Le gendarme Merda. — Les Jacobins soutiennent mollement Robespierre.

A Commune, avertie de minute en minute des moindres incidents de la séance, avant même qu'elle finît, était en insurrection.

Se fiant peu à la Garde nationale qu'elle avait appelée et qui arrivait lentement, dès deux heures de l'après-midi, elle fit venir du Luxembourg la gendarmerie à la Grève. On lui distribua des cartouches, et on lui dit qu'il s'agissait de réprimer une révolte des prisonniers de la Force.

Au moment où la nouvelle de l'arrestation de Robespierre parvint à la Grève, Henriot, à la tête de cette gendarmerie, suivit les quais au grand galop, renversant, foulant les passants. Un jeune homme qui avait sa femme au bras, la quitta, criant à la foule : « Arrêtez-le ! arrêtez-le ! » et faillit être sabré. Dans la rue Saint-Honoré, la cavalerie fut retardée par un travail de paveurs. Henriot les harangua, leur parla de Robespierre, mais ne put les entraîner. Ils crièrent : « Vive la République ! » et se remirent à l'ouvrage.

A la porte des Tuileries, la garde croisait la baïonnette sur lui et ses hommes, lorsqu'un gros huissier de la Convention se jeta entre eux : « Gendarmes, cet homme-là n'est plus votre général... Voyez le décret ! » Les gendarmes reculèrent.

Henriot, qui venait d'arrêter Merlin de Thionville dans la rue Saint-Honoré, se trouva arrêté lui-même. Deux dantonistes, Robin et Courtois, qui dînaient chez un restaurateur, le virent flottant sur son cheval, suivi de sa troupe déjà ébranlée. Ils crièrent de la fenêtre qu'on l'arrêtât. Ce que firent les gendarmes, et ils le menèrent au Comité de Sûreté, d'où Robespierre sortait à peine pour aller au Luxembourg.

Il y était arrivé, escorté plutôt que gardé. Là, les administrateurs de Police, Faro, Wiltcheritz, qui gouvernaient la prison (deux robespierristes dévoués), lui dirent qu'ils avaient reçu de la Commune défense de le recevoir, qu'on l'attendait à la Commune. Une foule de ses partisans qui remplissaient la rue de Tournon criaient de toutes leurs forces : « A la Commune ! à la Commune ! »

Il était six heures du soir, et l'insurrection était complètement déclarée. La Commune avait fait arrêter les messagers de la Convention. Elle ne reconnaissait plus le Comité de Salut public, et s'était créé à elle-même un Comité d'Insurrection (Payan, Coffinhal, Arthur, etc.). Elle battait partout le rappel, et déjà elle avait sur la Grève vingt pièces de canon en batterie.

Robespierre, qui trouvait ces mesures étrangement précipitées, fut d'autant plus éloigné d'aller à l'Hôtel de Ville. Il dit qu'il était prisonnier, arrêté par un décret, et que tel il voulait rester. Il ordonna à ses gardiens de le mener du Luxembourg, à l'Administration de Police municipale, dont les bureaux occupaient, avec ceux de la mairie, l'hôtel de la Préfecture de Police actuelle, quai des Orfèvres.

Ses amis et ses ennemis ont blâmé ici son hésitation. Nous croyons que cette démarche était la sagesse même. Il connaissait infiniment mieux que les siens l'état moral de Paris et le cœur du peuple.

Robespierre captif, Robespierre victime, Robespierre martyr des méchants, des voleurs, des traîtres qu'il avait osé accuser, c'était un texte admirable, du plus grand effet, qui pouvait lui donner Paris. Et Robespierre général, chef d'émeute, tirant le canon contre l'Assemblée nationale, était coupable et ridicule.

Si même il fallait en venir à l'insurrection, la position qu'il prenait n'était pas sans avantage. On sait que cet hôtel du quai des Orfèvres communique par derrière avec le Palais de Justice et la Conciergerie. Le tout forme, en réalité, dans toute la largeur de l'île, une grande et énorme forteresse, que commandent les Tribunaux, avec tous leurs employés, leurs geôliers, leur garde nombreuse. Le véritable maître du lieu, qui y résidait et donnait les ordres, était l'accusateur public du Tribunal révolutionnaire. Si Fouquier-Tinville, sans sortir de chez lui, eût, de son Palais de Justice, visité le prisonnier, celui-ci devenait bien fort. La calomnie du prétendu royalisme de Robespierre qu'on fit courir dans Paris eût-elle pu prendre racine? L'opinion du Tribunal révolutionnaire eût d'avance couvert l'accusé. Les *exagérés*, qui, comme on verra, furent très actifs contre lui, n'auraient pas osé être plus difficiles en patriotisme que Fouquier-Tinville.

On sentait si bien la nécessité d'avoir celui-ci pour soi, que, le même jour, 9 Thermidor, Coffinhal avait voulu dîner avec Fouquier chez un ami commun, derrière Notre-Dame (au Pont-Rouge, Ile-Saint-Louis). Fouquier rentra au Palais à six heures du soir, presque au même moment où Robespierre entrait par l'autre quai à la Police, qui y touche. Celui-ci y resta jusqu'à neuf, mais ni Fouquier, ni Dobsent, président du Tribunal criminel, ne firent le moindre pas vers lui.

Robespierre, à la Police, n'était pas même gardé. Il s'adressa à la section, celle de la Cité, section fort importante par sa position centrale, par le Palais, par Notre-Dame, par la facilité qu'elle a de disposer du bourdon, la grosse cloche qui peut sonner le tocsin pour Paris, et qui le sonna effectivement au 31 mai. La Cité était encore fortement influencée par les hommes du 31 mai, Dobsent, l'ancien président du Club de l'Évêché, et, d'autre part, par un agitateur de bas étage, Vaneck, ami de Dobsent. L'un, devenu *modéré*, en haine des lois de prairial, l'autre, devenu *exagéré*, sans doute pour les persécutions dont le parti robespierriste accabla les *exagérés* ; ils étaient d'accord en un point : la haine de Robespierre.

Celui-ci ayant demandé cinquante hommes, la section les envoya. Mais quand les municipaux qui entouraient Robespierre expliquèrent qu'il s'agissait « de le prendre *sous leur sauvegarde*, » le commandant répondit froidement qu'il ne le pouvait, Robespierre étant décrété d'arrestation. Ils lui dirent qu'il était un poltron, un aristocrate, lui dirent que lui-même était prisonnier, et le retinrent en effet[*].

D'autre part, tous leurs efforts pour emmener Robespierre étaient impuissants. Il ne voulait bouger, croyant, non sans apparence, que les Comités n'agiraient pas plus que lui.

Leur police n'étant pas à eux, que pouvaient-ils faire ? Le chef, Héron, était à Robespierre; le Comité de Sûreté ne disposait que d'un petit chef de brigade, agent inférieur, nommé d'Ossonville, lequel s'était attaché un homme d'exécution, un Dulac, ami de Tallien.

On ne leur donna nul ordre, nulle instruction précise; les circonstances, infiniment variables, devaient seules les diriger.

La seule chose qu'indiquait la situation, c'était sans doute, si l'on pouvait, de tuer moralement Robespierre, en faisant courir le bruit qu'il avait été arrêté pour un complot royaliste*; c'est ce que prêcha d'Ossonville dans les sections. Pour Dulac, on peut soupçonner, sans risquer de faire trop de tort à ces honnêtes gens, que toutes ses instructions furent le poignard de Tallien.

La Convention, rentrée en séance à sept heures du soir, avait appris l'arrestation d'Henriot, mais elle était loin de soupçonner l'inaction des Comités. On avait mené le captif au Comité de Sûreté; un seul membre s'y trouvait, Amar, et il s'esquiva. Il fallut mener Henriot au Comité de Salut public. Barère, Billaud, d'autres, y étaient. « Mais, dit Billaud à celui qui l'amenait, que veux-tu que nous en fassions ?... — Il nous égorgera ce soir... — Que faire enfin? dit Barère; nommer une Commission militaire qui juge prévôtalement?... — Ce serait un peu rigoureux, dit Billaud. — Ramenez-le, dit Barère, au Comité de Sûreté: nous allons nous en occuper. »

Le Comité ne voulait pas pousser vivement les choses. Il connaissait Robespierre : il croyait qu'il voudrait toujours une solution légale, le jugement, le triomphe de Marat. Cela donnait du temps ; on pouvait travailler l'opinion ; l'avidité avec laquelle le public avait accueilli l'affaire Saint-Amaranthe et celle de la *Mère de Dieu* montrait combien l'homme était mûr, combien facile à attaquer, combien prêt à recevoir le coup de la calomnie.

Tout se fût passé ainsi, si Robespierre eût été maître de son parti. Il ne l'était pas.

Un peu avant dix heures du soir, le Comité écoutant tristement le tocsin de la Commune, les portes étant tout ouvertes, quelqu'un entra précipitamment, un gendarme : « Robespierre est délivré ! » Vers neuf heures, effectivement, la Commune désespérant de le faire venir à elle, Coffinhal, l'hercule auvergnat, se chargea de l'apporter. Enveloppant Robespierre de sa voix assourdissante, de ses bras irrésistibles, de sa brutale amitié, il l'enleva de sa mairie, l'entraîna à l'Hôtel de Ville, à l'insurrection, le fit insurgé malgré lui. Ce fut cette main coupable qui, dans la falsification du procès d'Hébert, prépara la mort de Danton, qui dans celui de Danton mutila ses dernières paroles, ce fut, dis-je, cette même main, par une fatalité de crimes, qui enleva Robespierre de l'asile de la Loi où il s'efforçait de rester, et le posa dans la Mort.

L'infortuné, sur la route, disait à cette bande étourdie et violente : « Vous me perdez ! Vous vous perdez ! Vous perdez la République ! » Eux, ils ne voulaient rien comprendre. Ils répétaient leur mot ordinaire, que Maximilien était un homme de scrupule vraiment excessif, d'une moralité désolante ; qu'il fallait bien que ses amis l'obligeassent d'être *homme d'État*.

Le Comité de Salut public, atterré de la nouvelle, pensa que la Commune, maîtresse de Robespierre, lui ferait vouloir ce qu'elle voudrait, que tout était remis aux armes. On se repentit un peu tard d'avoir divisé, annulé le commandement militaire. Il fallait maintenant demander un général à la Convention. Carnot regardait le gendarme qui apportait la nouvelle. Il était extrêmement jeune (dix-neuf ans), une blonde figure innocente, résolue pourtant, un soldat, et rien de plus. Ce jeune homme, nommé Merda, enfant de Paris, fils d'un marchand, était entré à dix-sept ans dans la *Garde constitutionnelle du Roi*. Comment un enfant de cet âge fut-il admis dans ce corps d'élite, recruté soigneusement parmi d'anciens militaires, des maîtres d'armes, des lames renommées de Paris ? Sans doute pour sa dextérité peu commune dans les armes. Passé, en 92, dans la gendarmerie *des hommes du 14 Juillet*, il y était fort vexé, soit à l'occasion de son nom bizarre, soit comme *Garde constitutionnel*. Son sobriquet était *Veto*. Ces disputes continuelles qui dans le corps obligent, tous les jours, à tirer l'épée, durent faire du jeune homme, naturellement pacifique, un homme d'exécution, une main vive et prompte à frapper. Du reste, pour achever son histoire, il n'était point ambitieux, ne fit point sa cour au pouvoir, avança très lentement et périt simple colonel à la bataille de Moskowa.

Merda dit au Comité que c'était lui qui, de sa main, tout à l'heure, avait arrêté, lié Henriot ; que, si l'on voulait, il allait ramasser quelques hommes, marcher sur la Commune. Et, plein de zèle, il courut au Comité de Sûreté pour trouver ses camarades. Là, il fut en grand danger. Coffinhal, avec une masse de canonniers des faubourgs, avait forcé le Comité et délivré Henriot. Ce n'étaient que cris, embrassades, du délivré et des libérateurs. Henriot reconnut Merda, qui se sauva à grand'peine au Comité de Salut public : « Henriot est délivré... — *Quoi, tu ne lui as pas brûlé la cervelle ?* dit Barère ; on devrait te fusiller. » Merda se le tint pour dit.

L'anxiété était extrême dans la Convention. Elle n'avait aucune défense qui empêchât Coffinhal, Henriot, malgré leur petit nombre, de pénétrer dans la salle. Collot d'Herbois prit bravement le fauteuil, et dit d'une voix sépulcrale : « Citoyens, voici le moment de mourir à votre poste... Le Comité de Sûreté est envahi. »

« Courons-y, » disent les tribunes. Sous ce prétexte, tous les assistants s'enfuirent si précipitamment, que la salle se remplit d'un gros nuage de poussière.

La Convention resta seule, calme et digne, s'arrangeant pour mourir avec gravité. L'obstacle, c'était Lecointre, grotesque en ce moment même, qui, de ses poches inépuisables où il avait un arsenal, distribuait à ses collègues des cartouches et des pistolets.

La peur fait souvent des miracles. Ce fut précisément Amar, le plus craintif des membres des Comités, qui sortit au Carrousel; Amar, qui s'était sauvé devant Henriot enchaîné pour ne pas le prendre en garde, alla au-devant d'Henriot délivré et sur la place, à la tête de ses canonniers. On savait au reste que ceux-ci étaient extrêmement indécis. Il n'y avait qu'une compagnie bien décidée pour la Commune. Mais les autres n'étaient guère ardents pour la Convention. La grande majorité ne suivit ni Henriot ni Amar; ils pensèrent qu'il était tard, s'en allèrent coucher. La place redevint solitaire et ténébreuse.

La scène n'était pas beaucoup plus animée à la Commune. A ses invitations pressantes, peu disaient non, mais peu venaient. Le département était nettement contre la Commune. Le Palais de Justice restait dans une neutralité suspecte. Le maire Fleuriot y alla pour décider Fouquier-Tinville, et ne gagna rien. Dobsent de même, président du Tribunal criminel, ne s'ébranla que quand l'affaire fut éclaircie.

Dans cette froideur générale, Robespierre devait pourtant compter sur deux forces, qui n'en faisaient qu'une : les Jacobins *sociétés* et les Jacobins *Comités*.

Je parle d'abord des quarante-huit Comités révolutionnaires de sections, parfaitement Jacobins et robespierristes, fonctionnaires salariés, vrais rois de Paris, ayant tout à perdre au changement. Depuis plus de six mois, ces Comités ne se recrutaient plus par l'élection ; les membres qui manquaient étaient nommés (contrairement à la Loi) par le Comité de Salut public, ou plutôt par le triumvirat robespierriste. On comptait si bien sur eux, que, vers la fin de messidor, à l'approche de la crise, Payan les avait convoqués à la Commune, redoutable convocation, qui sentait son 31 *mai*. Le Comité de Salut public hasarda d'interdire la réunion.

Quant à la grande société jacobine, on a vu, le soir du 8, la scène qui s'y passa, l'enthousiasme, les larmes, les protestations, les serments. Si tout cela est quelque chose en ce monde, Robespierre devait y compter.

Des Comités révolutionnaires, très peu vinrent. Ils étaient fonctionnaires, et craignaient sans doute de perdre leurs places.

La société jacobine se ménagea plus qu'on n'eût cru. Elle essaya d'établir sa correspondance avec les sections, et n'y parvint pas*. Elle envoya de deux heures en deux heures des députations à la Commune, mais n'y alla pas en corps. Cette démarche décisive, solennelle, qui eût entraîné peut-être les sections, fut attendue, désirée, toute la nuit, par la Commune.

Peut-être les Jacobins ne pouvaient faire mieux. Peu d'entre eux seraient venus. Un schisme se fût déclaré ; les partisans de Fouché et autres représentants fussent restés rue Saint-Honoré, seuls maîtres du lieu sacré, d'où ils eussent excommunié la fraction qui eût passé à l'Hôtel de Ville. On a vu ces divisions : en votant pour Robespierre, la société, presque toujours, prenait pour président un de ses ennemis, un Fouché, un Élie Lacoste, un Barère. Cette nuit, leur président, Vivier, était un robespierriste. Un autre, Sijas, adjoint de la Guerre, les prêchait, les animait. Et pourtant, rien ne remuait. Une paralysie latente immobilisait la société.

Le représentant Brival s'était chargé d'expliquer aux Jacobins l'arrestation de Robespierre. On lui demanda s'il l'avait votée : « Sans doute, dit-il ; bien plus, je l'avais aussi provoquée, et, comme secrétaire, j'ai expédié, signé les décrets. » Vifs murmures, huées ; on le raye, on lui enlève sa carte. Qui croirait qu'un moment après, Brival, rentré dans l'Assemblée, se voit rapporter sa carte par des commissaires jacobins ? La société a révoqué sa radiation, rétabli comme Jacobin un homme qui vient de se vanter d'avoir demandé, signé l'arrestation de Robespierre !

L'homme éminent des Jacobins, Couthon, ne paraissait pas à l'Hôtel de Ville. Infirme, se jugeant peu utile sur une telle scène d'action, il était resté chez lui près de sa femme et de son enfant. On pensa que sa présence entraînerait la société à l'Hôtel de Ville. Robespierre et Saint-Just écrivirent ce mot : « Couthon, tous les patriotes sont proscrits ; le peuple entier s'est levé ; ce serait le trahir que de ne pas te rendre à la Commune, où nous sommes. »

Couthon vint à l'instant même. Mais les Jacobins ne vinrent pas, sinon par députations.

La dernière ligne du procès-verbal de la Commune, interrompu par l'événement qui brisa tout, indique qu'à ce moment suprême les Jacobins envoyaient chercher des nouvelles, et que la Commune agonisante les invitait à venir en corps.

CHAPITRE VII

LA NUIT
NEUTRALITÉ DE PARIS EN GÉNÉRAL
ET DU FAUBOURG SAINT-ANTOINE
LES ENRAGÉS SE RÉVEILLÈRENT-ILS ?

Causes de l'inaction générale. — Rancune des enragés et des hébertistes. — Initiative de l'Homme-Armé, de la Cité, de la rue Saint-Martin. — Neutralité du faubourg Saint-Antoine. — Conflits du faubourg Saint-Marceau. — Fluctuation des sections.

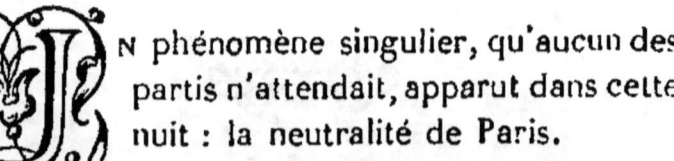N phénomène singulier, qu'aucun des partis n'attendait, apparut dans cette nuit : la neutralité de Paris.

Ce qui se mit en mouvement, ou dans un sens ou dans l'autre, était une partie imperceptible de cette grande population.

On aurait pu le prévoir. Depuis cinq mois, la vie publique y était anéantie. Partout les élections avaient été supprimées. Les assemblées générales des sections étaient mortes, et tout le pouvoir avait passé à leurs Comités révolutionnaires, qui, eux-mêmes n'étant plus élus, mais de simples fonctionnaires nommés par l'autorité, n'avaient pas grande vie non plus.

Tranchons le mot : on avait assommé Paris, si vivant du temps de Chaumette. Il n'était pas aisé de croire que les uns ou les autres le ressusciteraient en une nuit.

Les chefs le sentaient. Ils semblaient n'avoir à offrir aux leurs que des encouragements à la patience.

A dix heures, Collot disait, dans le fauteuil de la Convention : « Sachons mourir à notre poste. »

Et plus tard, Robespierre disait à Couthon, arrivé à la Commune : « Sachons supporter notre sort. »

D'où venait cet isolement? De la lassitude, sans doute, de l'ennui universel, de la cherté des vivres. La moisson était admirable, mais elle était encore sur pied. La Commune, large et généreuse pour les indigents, n'en avait pas moins mécontenté les masses, en déclarant que la question des subsistances ne la regardait plus, tandis que l'ancienne Commune en avait toujours fait sa principale affaire. Les nouvelles autorités avaient encore ce défaut : elles attristaient Paris. Elles venaient de défendre les petits jeux de place, les bateleurs, chanteurs, banquistes, etc. Elles avaient blâmé, empêché les repas publics dans les rues, le mélange des riches et des pauvres. Enfin, et c'était le plus grand grief, le 5 thermidor, la Commune avait fait dans les 48 sections, par 48 de ses membres, la *proclamation*, peu agréable, du *maximum* qui limitait le salaire des ouvriers *.

Quelle serait l'attitude des sections? problème infiniment complexe: Là, l'intrigue pouvait moins. Un Fouché avait bien pu, en groupant les haines, faire un schisme dans les Jacobins, les neutraliser. Un Tallien, un Bourdon de l'Oise, avaient pu, dans l'Assemblée, tenter la droite et la séduire, créer une majorité contre Robespierre. Mais sur le vaste théâtre des sections, il était bien plus difficile d'agir. Le plus probable était qu'elles ne bougeraient ni dans un sens ni dans l'autre. C'est ce qui arriva réellement pour la grande majorité. Si les choses se passaient ainsi, les robespierristes avaient cause gagnée. Quoique en minorité minime, ils faisaient un groupe fortement lié d'idées, d'intérêts; ils avaient un drapeau vivant. Ils ne pouvaient manquer, au jour, de se reconnaître et de se serrer, d'agir ensemble et de vaincre. C'est ce que sans doute pensait Robespierre, et qui se fût vérifié, si un élément imprévu n'eût compliqué la question.

La Convention agit tard. A dix heures, au moment où Collot lui disait : « Sachons mourir, » sans rien proposer, un député inconnu, Beaupré, prit l'initiative, demanda et fit voter la création d'une Commission de Défense, laquelle n'agit pas elle-même, mais remua les Comités. Ceux-ci proposèrent de nommer un général, Barras, collègue de Fréron à Toulon, puis de mettre *hors la Loi* ceux qui se seraient soustraits à l'arrestation. Voulland, seul et en son nom, exigea, obtint que Robespierre nominativement fût mis *hors la Loi*.

Barras, général sans armée, ne donna aucun ordre, ne fit rien que quelques reconnaissances autour des Tuileries. Des représentants s'assurèrent de l'École-de-Mars, d'autres coururent les sections. Bien reçus, mais généralement n'y trouvant presque personne, ici un Comité révolutionnaire, là un Comité civil, ailleurs une soi-disant *assemblée générale*, à peu près déserte. Les envoyés de la Commune n'avaient pas meilleure chance. Les députations et les torches allaient, venaient, se croisaient. Les Parisiens restaient dans leurs lits.

Ne restait-il donc rien du parti hébertiste, si terrible en 93, si nombreux encore en mars, quand Robespierre l'étouffa? Les disciples de Chaumette et Clootz, l'Église de la Raison avait-elle disparu dans ces vastes et profonds quartiers de l'industrie parisienne qui, au jardin des Filles-Dieu, aimaient tant à écouter les sermons d'Anaxagoras? Ceux qu'on appelait enfin *enragés*, anarchistes, partisans des Lois agraires, etc., etc., ceux qui, en juin 93, semblaient tellement redoutables, qu'ils décidèrent Robespierre à s'aider *contre eux* d'Hébert, ceux qu'on poursuivait encore en prairial 94 au jardin des Tuileries, ne firent-ils rien en Thermidor ? On se rappelle les tréteaux de Varlet, les furies du lyonnais Leclerc, amant de Rose Lacombe*, les témérités de Jacques Roux contre la Montagne, comment Robespierre détruisit *L'Ombre de Marat*, que rédigeaient Roux et Leclerc. Ce dernier a disparu. Varlet, presque toujours en prison, y est sans doute encore. Pour Jacques Roux, on a vu sa mort tragique en janvier. Mais n'ont-ils laissé nul ami, nul disciple, nul vengeur ?

Rappelons-nous les sections où ces hommes eurent influence**. Nous verrons ensuite quel fut leur rôle dans la journée décisive.

Les *Gravilliers* (quartier de la haute rue Saint-Martin, la plus éloignée de la Seine) furent le théâtre de Jacques Roux. Ils furent aussi celui des prédications de Chaumette ; son acolyte zélé, Léonard Bourdon, avait dans cette section, à Saint-Martin (aujourd'hui Conservatoire des Arts-et-Métiers), son école des Enfants de la Patrie.

Les *Arcis* (basse rue Saint-Martin, près de la Seine) paraissent avoir adopté une idée communiste de Roux, celle des greniers communs ; ils proposèrent à la Commune de mettre cette idée en pratique. Et c'est pour cela, sans nul doute, qu'on brisa arbitrairement et renouvela leur Comité révolutionnaire.

La *Cité*, point central de Paris, d'où partit le 31 *mai*, section très nécessiteuse, était fortement dominée par la question des subsistances. C'est d'elle qu'était sortie l'idée des banquets fraternels, qu'étouffèrent les robespierristes. Elle suivait l'influence de Dobsent et de Vaneck, hommes du 31 mai. Vaneck, homme secondaire avant Thermidor, joue après un grand rôle populaire; c'est lui qui parle à la tête du peuple dans le mouvement de famine qui épouvanta la Convention en germinal an III.

La section *Montmartre* avait pour principal meneur un autre homme du 31 mai, le métallurgiste Hassenfratz, homme de fer, homme de forge, puissant sur les ouvriers. Depuis, professeur au Collège de France, il a été destitué en 1815.

Ces quatre sections néanmoins, dans leur opposition aux robespierristes, furent précédées par celle de l'*Homme-Armé*. Et celle-ci entraîna sa voisine, la section de la *Maison-commune*, où étaient la Grève même et l'Hôtel de Ville; de sorte que la Commune, à l'Hôtel de Ville, s'y trouva de bonne heure comme dans une île. Tout autour, les misérables rues de la Mortellerie et autres, quartier de famine s'il en fut, étaient apparemment irritées par la cherté des vivres.

Tallien demeurait rue de la Perle, au Marais, précisément à la limite de la section de l'*Homme-Armé*. C'est lui très probablement qui, à huit ou neuf heures du soir, pendant que Robespierre était encore à l'hôtel de la Police et de la mairie, fit savoir dans cette section : « Que la Convention était en grand danger, que la municipalité voulait se mettre au-dessus de l'Assemblée nationale, *qu'elle donnait asile aux individus décrétés d'arrestation.* » La section, convoquée bruyamment à son de caisse, décida que ses canons, qui ce jour-là étaient à la Trésorerie, seraient envoyés à l'Assemblée. Elle prit la première initiative contre la Commune, se chargea de courir de quartier en quartier et d'éclairer les quarante-sept autres sections de Paris.

La *Cité* fut moins active; mais son inaction, sa neutralité, eurent des résultats plus décisifs encore. Robespierre, à la Police, ne put, comme on a vu plus haut, obtenir que le commandant de la section le prît sous sa sauvegarde. Et quand la Commune l'eut tiré de la Police et l'eut dans son sein, elle ne put obtenir que la *Cité* appelât Paris à son secours, qu'elle sonnât au bourdon de Notre-Dame le tocsin de l'insurrection. Il lui fallut se contenter du petit tocsin de clochette qui sonnait à l'Hôtel de Ville, attestant par ce faible son qu'on n'était pas maître des tours, dont la voix grave avait tellement ébranlé les cœurs aux grandes journées populaires.

Les *Arcis*, si voisins de la Grève et littéralement à deux pas, avaient décidé d'abord qu'une députation les tiendrait en rapport avec la Commune. Cette députation revint dire : « Que la Commune lui semblait aller contre les principes. » Alors les *Arcis*, sans ménagement, non contents de fermer l'oreille aux officiers municipaux qui leur venaient de l'Hôtel de Ville, les firent arrêter, leur disant avec rudesse : « Comment restez-vous décorés de l'écharpe municipale, vous qui venez nous proposer de marcher contre la Loi. »

Les *Arcis* ne s'en tinrent pas là. Non contents d'une première députation aux quarante-sept sections, ils leur en envoyèrent une seconde immédiatement pour les engager à arrêter de même les messagers de la Commune.

Les *Gravilliers* se prononcèrent plus énergiquement encore, et formèrent l'avant-garde contre la Commune.

Pour résumer, ces sections, qu'on avait appelées anarchistes (et qui réellement contenaient un premier levain de socialisme), se montrèrent précisément les plus zélées contre Robespierre. Ce qui s'explique aisément, quand on se rappelle la guerre qu'il fit à leurs chefs.

Une cause d'irritation dans ces sections et d'autres, dont les Comités avaient été renouvelés par l'autorité supérieure et nommés sans élection, c'était l'opposition de ces Comités imposés par le pouvoir et des anciens meneurs populaires, hébertistes ou *enragés*.

Plusieurs de ces Comités allèrent joindre Robespierre, et, justement pour cela, leur section se déclara contre.

Au Luxembourg *(Mucius-Scévola)*, ancien centre d'Hébert et Vincent, les autorités envoyèrent à la Commune ; mais l'assemblée générale de la section, invitée à lever la séance, déclara qu'elle resterait réunie *pour attendre les ordres de la Convention*.

A voir à l'Hôtel de Ville tel Comité du faubourg Saint-Antoine, on l'aurait cru décidément déclaré pour la Commune. C'était le contraire. Nous avons vu les causes diverses de son mécontentement.

De ses trois sections, deux, *Montreuil* et *Popincourt*, pendant que leurs Comités allaient à la Commune, adhérèrent à l'Adresse que promenait l'*Homme-Armé*, et déclarèrent qu'ils n'avaient de boussole que la Convention.

La troisième section du faubourg, celle des *Quinze-Vingts*, écrivit à l'Assemblée : « Qu'elle attendait, sous les armes, la connaissance des motifs qui causaient le rassemblement, protestant ne connaître personne que la République. » C'est-à-dire ne voulant combattre pour aucun individu.

Des deux sections du faubourg Saint-Marceau, celle du Jardin-des-Plantes (ou des *Sans-Culottes*) était celle d'Henriot. Elle se déclara pour lui, sans nul doute. Nous avons perdu ses procès-verbaux. Ses colonnes étaient en marche ; on les empêcha d'arriver à temps, en les amusant de la fable d'un complot royaliste de Robespierre.

L'autre section Saint-Marceau (celle des Gobelins, ou *du Finistère)* fut le théâtre du plus violent conflit qui peut-être eût lieu cette nuit. Le Comité révolutionnaire de la section s'étant déclaré pour la Convention, ainsi que le commandant de la Garde nationale, un membre de la Commune les mit hardiment en arrestation. Mais l'assemblée générale, indignée, mit elle-même en arrestation ce membre de la Commune.

Pour résumer, le faubourg Saint-Marceau n'agit pas plus cette nuit que le faubourg Saint-Antoine.

Peu, très peu de sections prirent une forte initiative.

L'*Observatoire* fut fixe, invariable, pour Robespierre.

Le *Pont-Neuf*, au contraire, arrêta le général nommé par la Commune dans l'absence d'Henriot, et tint ses canons en batterie pour empêcher la communication des deux rives. La Place-Vendôme (les *Piques*), section de Robespierre, lui fut si hostile, qu'elle brûla sans les lire les lettres de la Commune.

Quelques autres sections arrêtèrent les messagers qu'elle envoyait. Beaucoup flottèrent ou se partagèrent. Plusieurs changeaient d'heure en heure, selon les éléments nouveaux qui survenaient dans leur mobile assemblée*.

CHAPITRE VIII

LA NUIT — MOUVEMENT DU QUARTIER
SAINT-MARTIN (GRAVILLIERS, ARCIS)
CONTRE ROBESPIERRE
IL REFUSE D'AUTORISER L'INSURRECTION

La Commune pouvait reprendre force au matin. — La rue Saint-Martin s'ébranle. — Léonard Bourdon, Dulac, Merda. — Situation de la Commune. — Robespierre refuse d'autoriser l'insurrection.

Les représentants, à force de courir les sections, parvinrent, dans toute la nuit, à ramasser et réunir à peu près dix-huit cents hommes dans le Carrousel. Peu à peu on les alignait sur le quai. Pourquoi ne marchait-on pas? Parce qu'on comptait sur le temps, sur l'effet de la mise *hors la Loi*, parce qu'on craignait peut-être, si l'on commençait à tirer sur l'Hôtel de Ville, que le faubourg, ému par le bruit du canon et décidément réveillé, ne sortît de la neutralité, ne descendît pour Robespierre.

Quand on songe combien le faubourg, les Jacobins, les patriotes en général, semblèrent robespierristes plus tard, on est tenté de croire que beaucoup de ceux qui restèrent inactifs au 9 Thermidor eussent fini par se décider, si le nœud n'eût été tranché brusquement.

Il était très vraisemblable qu'au matin, l'Hôtel de Ville se trouverait beaucoup moins faible qu'il ne l'était en pleine nuit. Je doute de ce qu'on raconte de son abandon définitif. Plusieurs de ses défenseurs s'étaient éloignés, par ennui de ne point recevoir d'ordre, ou pour aller voir leurs familles; mais ils seraient revenus. Si l'on eût tiré, le matin, comme allait le faire Barras, le bâtiment, très massif, eût résisté quelques heures. La canonnade retentissante eût peut-être éveillé Paris. Qui peut dire quelle eût été l'émotion des cœurs dévoués, quand, le tocsin se faisant entendre, la voix du canon leur eût marqué, coup par coup, les cruels progrès de l'assassinat, les pas que faisait vers la mort cet homme qu'ils adoraient et qui était là délaissé?... N'était-il pas trop probable que, libres des terreurs de la nuit, ne pouvant, devant le jour, endurer leur propre honte, ils viendraient désespérés prendre les assiégeants par derrière, et les assiéger à leur tour?

Le nœud fut tranché par un coup imprévu que ni les uns ni les autres n'avaient préparé.

L'Assemblée avait envoyé Léonard Bourdon, Legendre et un autre, pour réveiller les sections. Ils se rendirent tout d'abord aux marchés, à la Halle-au-Blé, d'où les deux derniers, suivant la rue Saint-Honoré, allèrent fermer les Jacobins; Léonard Bourdon suivit la rue des Arcis et Saint-Martin, et alla jusque chez lui, à sa section des Gravilliers.

Ce quartier et celui des Arcis (haute et basse rue Saint-Martin), outre le petit commerçant, contient en nombre infini l'élément spécialement révolutionnaire et socialiste, le libre ouvrier, celui qui travaille chez lui, le petit fabricant en chambre. Le pouvoir, en y renouvelant et nommant d'autorité les Comités révolutionnaires qui menaient ces sections, croyait les tenir. Il n'en avait pas arraché la mémoire de leur tribun, de leur apôtre. La rue Aumaire où vécut Roux, les Filles-Dieu où prêchait Chaumette, étaient hantées de leurs ombres.

Les petites sociétés du quartier, proscrites par les Jacobins, subsistaient-elles en dessous? Je le croirais. Le Comité de Salut public y avait toujours l'œil, et redoutait ces bas-fonds, d'où peut-être vint son salut et le mouvement décisif contre Robespierre.

Quinze jours avant le 9 Thermidor, le Comité ordonne encore au maire d'arrêter le lieutenant d'une compagnie des Gravilliers *(Registres du Comité de Salut public, 26 messidor.)*

Il ne faut pas s'étonner si Léonard Bourdon, au milieu de la froideur générale, trouva là des éléments de vive et solide haine, dont il sut tirer parti.

Lui-même, un pédant ridicule, il n'avait aucune action. Mais Robespierre le haïssait comme un débris de Chaumette. Et cela seul le rendait populaire aux Gravilliers.

Le Comité de cette section était allé à la Commune. Ce fut encore une raison pour qu'elle se déclarât contre la Commune. Elle fit marcher ses chefs, son commandant, qui, se souciant peu de se compromettre, partit, il est vrai, mais eut soin de ne pas avoir des cartouches.

N'importe, ce mouvement des Gravilliers et des populeux affluents de la grande rue Saint-Martin devait avoir un effet décisif.

Léonard Bourdon et le commandant, à la tête de cette colonne, suivirent la rue dans toute sa longueur, jusqu'à la rivière, et hasardèrent d'approcher l'Hôtel de Ville.

Le jeune gendarme Merda, qui était avec eux, se donne ici, dans sa narration, le rôle principal ; chose bien peu vraisemblable qu'un garçon de cet âge ait dirigé, combiné.

Pour frapper, à la bonne heure ! On peut le croire sans difficulté sur ce dernier point.

Il était personnellement intéressé à la chose. Il avait failli périr pour avoir arrêté Henriot. S'il réussissait encore à arrêter Robespierre, qu'arriverait-il ? Que Robespierre, prisonnier, jugé, plus fort que jamais, ferait fusiller Merda.

Donc, il fallait le tuer.

Tel dut être son raisonnement. Et s'il ne sut pas le faire, quelqu'un le lui fit.

Et qui ? Ce Dulac, sans doute, ce mouchard, intime ami de Tallien, qui se trouva là à point.

Dulac n'a pas manqué de dire que c'était lui qui, à coups de hache, avait enfoncé les portes (qui étaient ouvertes), et qu'il avait tout fini. Je le crois, mais dans ce sens : il poussa le meurtrier.

L'heure était très bien choisie. Les Parisiens, qui n'aiment pas à découcher, s'étaient dispersés, la plupart, pour prendre un moment de repos. Plusieurs se lassaient d'attendre les ordres. Plusieurs étaient effrayés de la mise *hors la Loi*.

La colonne des Gravilliers, arrivant devant Saint-Merry, rencontra des canonniers qui quittaient la Grève. Cette place restait solitaire et quasi abandonnée.

Il fut convenu que Léonard Bourdon et le centre de la colonne iraient jusqu'au pont Notre-Dame, que les hommes des Gravilliers, qui faisaient l'avant-garde, pousseraient jusqu'à la Grève, et que Merda, s'il pouvait, avec les gendarmes, monterait dans l'Hôtel de Ville.

On y était fort divisé.

Saint-Just, Couthon, Coffinhal, presque tous, voulaient agir.

Robespierre voulait attendre. Et, quoi qu'on ait dit, il avait quelques raisons de son côté. Changer de rôle, commencer une guerre contre la Loi, n'était-ce pas, en ce moment, effacer toute sa vie, biffer de sa propre main l'idée dont il avait vécu, qui faisait toute sa force?... D'autre part, avoir écrit à Couthon de venir, avoir entraîné tant d'amis en ce péril!... « Nous n'avons donc plus qu'à mourir? » dit Couthon.

Cette parole sembla l'ébranler un moment. Il prit une feuille, au timbre de la Commune, qui portait déjà tout écrit un appel à l'insurrection, et, d'une lente écriture, à main posée, il écrivit trois lettres, qu'on y voit encore : *Rob...* Mais arrivé là, sa conscience réclama, il jeta la plume.

« Écris donc, lui disait-on. — *Mais au nom de qui?* »

C'est par ce mot qu'il assura sa perte. Mais son salut aussi dans l'Histoire, dans l'avenir.

Il mourut en grand citoyen.

CHAPITRE IX

LE 10 THERMIDOR (29 JUILLET)
ASSASSINAT DE ROBESPIERRE

Merda blesse Robespierre. — On répand le bruit que Robespierre s'est blessé. — Robespierre exposé aux Tuileries.

L'ASSASSIN montait.
Il était deux heures et demie, ou quelque peu davantage.
Le Conseil général siégeait devant les tribunes désertes. Il avait fait lui-même cette solitude. Payan n'avait pas hésité de lire la mise *hors la Loi*, et il avait ajouté, pour irriter et enflammer les assistants, que le décret atteignait tous ceux *qui se trouvaient à la Commune*. Les tribunes se vidèrent.
Dans cet extrême danger, les meneurs les plus hardis (Saint-Just et Payan peut-être) venaient de prendre un moyen désespéré : c'était d'appeler

aux armes *pour délivrer la Convention opprimée*. On eût réuni ainsi une masse crédule, et, dans cet imbroglio, une petite avant-garde déterminée de robespierristes eût envahi l'Assemblée, frappé les deux Comités, frappé la coalition, et fait voter tout le reste. Au défaut de Robespierre, qui ne voulait rien signer, l'ordre était signé d'Henriot*.

Il était trop tard. Avant que la ruse pût avoir quelque succès, le coup décisif fut frappé.

Quoique la foule se fût retirée de la Commune, les corridors cependant, les escaliers, restaient garnis des meilleurs hommes de Robespierre, de ses fidèles, de ceux qui étaient venus pour mourir avec lui.

La plupart n'étaient pas armés : fanatiques obstinés, ils se croyaient suffisamment couverts, défendus, de l'idée qu'ils avaient au cœur, d'être les amis de Maximilien.

Merda, avec trois ou quatre gendarmes, se hasarda dans l'escalier. Les autres montaient lentement, en criant : « Vive Robespierre! » Lui, jeune et svelte, sans arme apparente qu'un sabre (il avait ses pistolets dans sa chemise), se fit jour plus aisément : « Qui es-tu ? — Ordonnance secrète. » — Avec ce mot, il avançait. Il passa la salle du Conseil, entra dans un corridor, mais plein d'hommes qui refusaient le passage, l'assommaient de coups; il recevait, et passait.

Dans son récit naïf et très croyable, une chose

embarrasse seulement. Parmi cette confusion d'hommes, nullement bienveillants, et qui n'avaient garde de lui montrer le chemin, comment marcha-t-il si droit et sans s'égarer? Quelqu'un plus habile, qui connaissait les lieux, l'homme de Tallien sans doute, d'en bas l'avait renseigné, le guidait et le poussait.

Il arriva juste à la porte du secrétariat, frappa plusieurs fois. Enfin on ouvrit. Il se trouva dans une pièce où il y avait une cinquantaine d'hommes fort agités, sauf un, Robespierre, qui était au fond, assis dans un fauteuil, le coude gauche sur les genoux, et la tête appuyée sur la main gauche.

« Je saute sur lui, dit Merda, et, lui présentant la pointe de mon sabre au cœur, je lui dis : « Rends-toi, traître ! » Il relève la tête et me dit : « C'est toi qui es un traître, et je vais te faire « fusiller ! » A ces mots, je prends de la main gauche un de mes pistolets, et, faisant un à-droite, je le tire. Je croyais le frapper à la poitrine, mais la balle le prend au menton et lui casse la mâchoire gauche inférieure ; il tombe de son fauteuil. En ce moment, il se fait un bruit terrible autour de moi ; je crie : « Vive la République ! » Mes grenadiers m'entendent et me répondent ; alors la confusion est au comble parmi les conjurés, ils se dispersent de tous côtés, et je reste maître du champ de bataille.

« Robespierre gisant à mes pieds, on vient me

dire qu'Henriot se sauve par un escalier dérobé ; il me restait encore un pistolet armé, je cours après lui. J'atteins un fuyard dans cet escalier ; c'était Couthon que l'on sauvait. Le vent ayant éteint ma lumière, je le tire au hasard, je le manque, mais je blesse à la jambe celui qui le portait. Je redescends, j'envoie chercher Couthon, que l'on traîne par les pieds jusque dans la salle du Conseil général ; je fais chercher partout le malheureux que j'avais blessé, mais on l'avait enlevé sur-le-champ.

« Robespierre et Couthon sont étendus aux pieds de la tribune. Je fouille Robespierre, je lui prends son portefeuille et sa montre, que je remets à Léonard Bourdon, qui vient en ce moment me féliciter de ma victoire et donner des ordres de police.

« Les grenadiers se jettent sur Robespierre et Couthon, qu'ils croient morts, et les traînent par les pieds jusqu'au quai Pelletier. Là, ils veulent les jeter à l'eau ; mais je m'y oppose, et je les remets à la garde d'une compagnie des Gravilliers. »

Robespierre remis justement aux hommes des Gravilliers ! Telle fut la vengeance de Roux et Chaumette, apôtres et martyrs des ouvriers de Paris, du tribun de la rue Aumaire, du prédicateur des Filles-Dieu !

La révolution classique, ennemie du socialisme et de la rénovation religieuse, succombe ici en Robespierre.

Robespierre tomba en avant sur l'appel à l'insurrection qu'il n'avait pas voulu signer, tacha de son sang la pièce capitale qui lave sa mémoire devant la postérité.

Sans doute, il s'évanouit. Il n'était pas mort, mais blessé. Tué ou blessé, dans une telle position, c'est presque même chose. L'idolâtrie était tuée ; il était convaincu d'être homme, de n'être pas vraiment dieu.

Que serait-il arrivé pourtant si, le coup étant fait en plein jour, on eût vu qu'il vivait encore ? Sa situation matérielle n'était pas désespérée.

Son frère en jugea ainsi. Il montra une remarquable présence d'esprit.

Le tumulte était extrême. Lebas se brûlait la cervelle ; Coffinhal, hors de lui-même, accusant Henriot de tout, le jetait par la fenêtre. Robespierre jeune ôta ses souliers, passa hors de la croisée, regarda froidement la place, marcha une ou deux minutes, tenant ses souliers à la main sur le cordon de pierre qui règne autour du monument. L'aspect désolé de la Grève, les canons qui se tournaient contre la Commune, lui firent croire que c'en était fait. Alors il se précipita, se brisa presque sur les marches, sans pourtant pouvoir se tuer.

Le meurtrier, si jeune et peu endurci, n'était pas trop rassuré sur ce qu'il venait de faire. Il s'adressa aux Gardes nationaux des Gravilliers, comme pour leur expliquer qu'il n'était pas un assassin : « Je n'aime pas le sang, dit-il ; j'aurais voulu verser celui des Autrichiens ; je ne le regrette point, puisque j'ai versé celui des traîtres. »

Dans leurs récits officiels, Fréron et Barras voudraient faire croire qu'ils étaient là, et que ce fut leur approche qui décida tout. Tout a fui devant ces foudres de guerre.

Ils n'arrivèrent qu'à l'aube, entre trois et quatre heures, au moment où l'on regardait si Robespierre et Couthon existaient encore. Fréron vit Couthon gisant au parapet du quai, entouré d'hommes féroces qui le maltraitaient. Ils n'en tiraient pas une plainte : « Jetons cette charogne à la Seine, » dirent-ils. Alors pourtant une voix douce sortit de cette pauvre chose sans nom, inerte et sanglante : « Un instant, citoyens, je ne suis pas encore mort. »

Le jour vit cet affreux spectacle. On ramenait à la Convention le cadavre et les blessés. Derrière le corps de Lebas marchaient, au bout d'une corde, Dumas et Saint-Just, celui-ci, noble, ferme et calme.

Les vainqueurs n'étaient pas d'accord sur la manière dont ils devaient présenter l'affaire. Plusieurs avaient eux-mêmes horreur de ce qui s'était fait. Léonard Bourdon présenta Merda à la Convention « comme ayant tué deux des conspirateurs. » Chose tout à fait inexacte. Et il ne dit pas les noms. Le gendarme reçut, ce premier jour, de grandes promesses. Mais quand il alla au Comité, Collot et Billaud le reçurent très mal. « Ils t'en veulent beaucoup, » dit Carnot.

La chose les blessait en deux sens. D'abord, elle constatait que le nœud s'était tranché sans eux, et par un coup fortuit. Ou, s'ils revendiquaient le coup, s'ils en faisaient honneur à leur prévoyance, ils s'assuraient la haine mortelle des robespierristes, dont l'appui ne pouvait tarder à leur être si nécessaire. Ce n'était pas trop de l'union étroite de toutes les fractions républicaines contre la réaction, à laquelle un tel événement ouvrait la carrière illimitée.

Ils convinrent de dire, et Barère dit : « Que Robespierre s'était tiré lui-même. » Suicide, et non assassinat. Un chirurgien eut la complaisance de parler en ce sens, et on le fit appuyer par un portier de l'Hôtel de Ville.

Du reste, pour empêcher tout mouvement populaire, on alimenta avec soin la calomnie répandue dans la nuit : que Robespierre voulait faire roi le petit Capet.

Chose horrible! au dire de Barère, on avait découvert chez lui un cachet à fleurs de lis. On lui trouva dans les poches des pistolets royalistes marqués de trois fleurs de lis. Notez que ces pistolets dont il s'était tiré n'étaient pas déchargés encore. Le malheureux, exposé plusieurs heures aux outrages, dans une salle des Tuileries, couché sur une grande table, n'avait, pour étancher le sang qui lui coulait de la bouche, que cet étui fleurdelisé, industrieusement placé dans sa main comme pièce d'accusation.

« Robespierre a été apporté sur une planche au Comité de Salut public, le 10 thermidor, par quelques canonniers et des citoyens armés. Il a été déposé sur la table de la salle d'audience qui précède le lieu des séances du Comité. Une boîte de sapin, qui contenait quelques échantillons de pain de munition, envoyés de l'armée du Nord, fut posée sous sa tête et lui servit en quelque façon d'oreiller. Il resta pendant près d'une heure dans un état d'immobilité qui faisait croire qu'il allait cesser d'être. Enfin, au bout d'une heure, il commença à ouvrir les yeux; le sang coulait avec abondance de la blessure qu'il avait à la mâchoire inférieure gauche : cette mâchoire était brisée et sa joue percée d'un coup de feu ; sa chemise était ensanglantée. Il était sans chapeau et sans cravate; il avait un habit bleu-ciel, une culotte de nankin, des bas de coton blanc.

« On s'aperçut qu'il tenait dans ses mains un petit sac de peau blanche, sur lequel était écrit : *Au grand Monarque. Lecourt, fourbisseur du Roi et de ses troupes, rue Saint-Honoré, près celle des Poulies, à Paris.* Il se servait de ce sac pour retenir le sang caillé qui sortait de sa bouche. Les citoyens qui l'entouraient observaient tous ses mouvements; quelques-uns d'entre eux lui donnèrent même du papier blanc (faute de linge), qu'il employait au même usage, en se servant de la main droite seulement, et en s'appuyant sur le coude gauche. Robespierre, à deux ou trois reprises différentes, fut vivement maltraité de paroles par quelques citoyens, mais particulièrement par un canonnier de son pays, qui lui reprocha militairement sa perfidie et sa scélératesse. Vers six heures du matin, un chirurgien, qui se trouva dans la cour du Palais-National, fut appelé pour le panser. Il lui mit par précaution une clef dans la bouche ; il trouva qu'il avait la mâchoire gauche fracassée ; il lui tira deux ou trois dents, lui banda sa blessure, et fit placer à côté de lui une cuvette remplie d'eau.

« Au moment où l'on y pensait le moins, il se mit sur son séant, releva ses bas, se glissa subitement en bas de la table et courut se placer dans un fauteuil. A peine assis, il demanda de l'eau et du linge blanc. Pendant tout le temps qu'il resta couché sur la table, lorsqu'il eut repris connaissance, il regarda fixement tous ceux qui l'environnaient, et principalement les employés du Comité de Salut public, qu'il reconnaissait ; il levait souvent les yeux au plafond ; mais, à quelques mouvements convulsifs près, on remarqua constamment en lui une grande impassibilité, même dans les instants du pansement de sa blessure, qui dut lui occasionner des douleurs très aiguës. Son teint, habituellement bilieux, avait la lividité de la mort. »

Ajoutons ici un détail de quelque intérêt. Un employé hébertiste, et des bureaux de Carnot, voyant le blessé si souffrant, mais en pleine connaissance, s'aperçut que, par moments, il se baissait avec effort et portait ses mains au jarret. Il approcha et lui détacha les boucles de jarretière de sa culotte, et abattit quelque peu ses bas sur ses mollets. Robespierre, à ce service, fit un effort pour parler, et dit ces mots d'une voix douce : « Je vous remercie, *Monsieur**. »

Ce retour inattendu au langage du vieux passé fut-il instinctif chez l'homme qui en avait gardé les formes? ou bien crut-il la Révolution finie avec lui, la République en lui morte? Les cinq grandes années, comme un rêve, disparurent-elles de son esprit, biffées, vaines, évanouies? Par une prévision de mourant, on peut le croire encore, il eut comme un sens amer de la réaction qui venait, de l'éternel roc de Sisyphe que roule la France, et crut qu'à partir de ce jour, on ne pouvait dire : *Citoyen*.

CHAPITRE X

SUITE DU 10 THERMIDOR
EXÉCUTION DE ROBESPIERRE
LA RÉACTION ÉCLATE

Joie aux prisons. — Robespierre à l'Hôtel-Dieu, à la Conciergerie. — Vraies et fausses fureurs de la réaction. — Mort de Robespierre et de Saint Just. — Réaction qui suit leur mort.

ROBESPIERRE ne se trompait guère, si telle était sa pensée. Une réaction violente, immense, dès son point de départ, avait commencé à l'heure même.

Et d'abord, dans les prisons.

Pendant que les faubourgs, mornes et troubles, flottaient indécis, des prisons s'élevaient des chants, des cris de délivrance. Au Luxembourg, au Plessis, à Saint-Lazare, à la Force, les prisonniers avaient craint, toute la nuit, d'êtres massacrés. Un d'eux disait, à la Force : « A cette heure, nous avons cent ans... » Quand, vers six heures, éclata la nouvelle de l'arrestation de Robespierre, de sa blessure, de sa mort (les récits étaient confus), un cri furieux de joie éclata. Au Plessis surtout, prison qui alimentait directement la Conciergerie et la guillotine. Le fameux marquis de Saint-Hurugue, l'homme du 6 Octobre, qui y était détenu, proclama la nouvelle d'une voix de Stentor, la cria par la fenêtre. Les toits du voisinage qui dominaient les cours de la prison, se couvrirent d'hommes et de femmes, qui saluèrent les prisonniers de vœux, de félicitations.

Le Plessis, éclairé tout à coup d'une telle aurore, parut comme transfiguré. Les hommes brisèrent leur clôture, passèrent dans le quartier des femmes. Tous s'embrassaient et pleuraient. Mais déjà on pouvait voir combien cette réaction de joie serait violente. Les prisonniers robespierristes que l'on amenait trouvèrent leur Terreur aux prisons. Le premier jour, on les maudit; le second, on les outrageait. Les royalistes reprirent bientôt leur insolence duelliste, et, dans le Midi, suppléèrent bientôt le duel par l'assassinat.

La Conciergerie, mieux fermée, isolée des bruits du dehors, ne savait rien encore à neuf heures du matin. Le général Hoche s'y promenait dans un corridor assez tristement. Un guichet s'ouvre, un jeune homme de haute taille baisse la tête pour passer, il la relève... Hoche reconnaît

Saint-Just... Cette apparition disait tout. Le héros se détourna, lui épargna une vue humiliante, un pénible souvenir, respecta le malheur de son illustre ennemi.

L'opinion de Paris s'était prononcée déjà avec une telle force, que les Comités, décidément vainqueurs, firent faire à Robespierre l'inutile et dure promenade d'aller à l'Hôtel-Dieu, où étaient déjà les autres blessés, sous prétexte d'un nouveau pansement. On le montra ainsi par les rues, au milieu des témoignages de la joie publique, avant de l'envoyer à la Conciergerie.

Qu'il fût jugé par ses propres juges et jurés de prairial, que leur président Dumas fût expédié, le 10, de la main de Fouquier-Tinville, avec qui il siégeait le 9, c'était chose monstrueuse, qui choquait la pudeur, la morale publique. Fouquier, à neuf ou dix heures du matin, fit observer à la Convention que, pour exécuter son décret de *mise hors la Loi*, il fallait reconnaître l'identité des personnes, ce qu'on ne pouvait faire qu'en présence des municipaux, mais eux-mêmes étaient *hors la Loi*. Cette difficulté, ce retard, exaspéra Thuriot. Il dit : « Ils doivent mourir sur l'heure ; il faut faire dresser l'échafaud... Purgeons le sol de ce monstre. » On renvoya le Tribunal au Comité de Sûreté, qui se moqua du scrupule et fit passer outre.

A trois heures, Fouquier et ses juges, ses *solides* jurés, non moins convaincus de la culpabilité de Robespierre qu'ils ne l'eussent été, s'il eût vaincu, de celle de ses ennemis, reconnurent l'identité des personnes et les envoyèrent à l'échafaud.

De cinq à six, eut lieu, dans la lugubre et lente promenade des charrettes, par l'étroite rue Saint-Denis, par la rue de la Ferronnerie, par toute la rue Saint-Honoré, la hideuse exhibition.

Hideuse, dans plusieurs sens. C'étaient des morts et des mourants, de misérables corps sanglants, qu'on livrait aux joies de la foule. Pour les faire tenir debout, on avait attaché avec des cordes aux barreaux des charrettes, leurs jambes, leurs bras, leurs troncs, leurs têtes branlantes. Les cahots du rude pavé de Paris devaient les briser à chaque pas.

Robespierre, la tête enveloppée d'un linge sale taché d'un sang noir, qui soutenait sa mâchoire détachée, dans cette horrible situation que nul vaincu n'eut jamais, portant l'effroyable poids de la malédiction d'un peuple, gardait sa roide attitude, son ferme maintien, son œil sec et fixe. Son intelligence était tout entière, planant sur sa situation et démêlant sans nul doute ce qu'il y avait de vrai et de faux dans les fureurs qui le poursuivaient.

Le flot de la réaction montait si vite et si fort, que les Comités crurent devoir tripler les postes des prisons. Sur tout le passage des condamnés, se précipitaient de prétendus parents des victimes de la Terreur, pour aboyer à Robespierre, jouer dans cette triste pompe le chœur de la Vengeance antique. Cette fausse tragédie autour de la vraie, ce concert de cris calculés, de fureurs préméditées, fut la première scène de la *Terreur blanche*.

L'horrible, c'étaient les fenêtres, louées à tout prix. Des figures inconnues, qui depuis longtemps se cachaient, étaient sorties au soleil. Un monde de riches, de filles, paradait à ces balcons. A la faveur de cette réaction violente de sensibilité publique, leur fureur féroce osait se montrer. Les femmes surtout offraient un spectacle intolérable. Impudentes, demi-nues, sous prétexte de juillet, la gorge chargée de fleurs, accoudées sur le velours, penchées à mi-corps sur la rue Saint-Honoré, avec les hommes derrière, elles criaient d'une voix aigre : « A mort ! à la guillotine ! » Elles reprirent, ce jour-là, hardiment les grandes toilettes, et, le soir, elles *soupèrent*. Personne ne se contraignait plus. De Sade sortit de prison le 10 Thermidor.

Les gendarmes de l'échafaud, qui, la veille, dans le faubourg, sous les ordres d'Henriot, dispersaient à coups de sabre ceux qui criaient : « Grâce ! » aujourd'hui faisaient leur cour à la nouvelle puissance, et de la pointe du sabre sous le menton des condamnés, les montraient aux curieux : « Le voilà, ce fameux Couthon ! le voilà, ce Robespierre ! »

Rien ne leur fut épargné. Arrivés à l'Assomption, devant la maison Duplay, les acteurs donnèrent une scène. Des furies dansaient en rond. Un enfant était là à point, avec un seau de sang de bœuf; d'un balai, il jeta des gouttes contre la maison. Robespierre ferma les yeux.

Le soir, ces mêmes bacchantes coururent à Sainte-Pélagie, où était la mère Duplay, criant qu'elles étaient les veuves des victimes de Robespierre. Elles se firent ouvrir les portes par les geôliers effrayés, étranglèrent la vieille femme et la pendirent à la tringle de ses rideaux.

Robespierre avait bu du fiel tout ce que contient le monde. Il toucha enfin le port, la place de la Révolution. Il monta d'un pas ferme les degrés de l'échafaud. Tous, de même, se montrèrent calmes, forts de leur intention, de leur ardent patriotisme et de leur sincérité. Saint-Just, dès longtemps, avait embrassé la mort et l'avenir. Il mourut digne, grave et simple. La France ne se consolera jamais d'une telle espérance : celui-ci était grand d'une grandeur qui lui était propre, ne devait rien à la fortune, et seul il eût été assez fort pour faire trembler l'épée devant la Loi.

Faut-il dire une chose infâme? Un valet de la guillotine (était-ce le même qui souffleta Charlotte Corday?), voyant dans la place cette fureur, cet emportement de vengeance contre Robespierre, lâche et misérable flatteur de la foule, arracha brutalement le bandeau qui soutenait sa pauvre mâchoire brisée... Il poussa un rugissement... On le vit un moment pâle, hideux, la bouche ouverte toute grande, et ses dents brisées qui tombaient... Puis, il y eut un coup sourd... Ce grand homme n'était plus.

Vingt et un suppliciés, c'était peu, pour la foule. Elle avait soif, il lui fallait du sang. Le lendemain, on la régala de tout le sang de la Commune : soixante-dix têtes en une fois ! Et pour dessert du banquet, douze têtes le troisième jour.

Notons que, de ces cent personnes, il y en avait la moitié parfaitement étrangères à Robespierre, et qui n'avaient jamais figuré que de nom à la Commune.

Respirons, détournons les yeux. « A chaque jour suffit sa peine. » Nous n'avons pas ici à raconter ce qui suivit, l'aveugle réaction qui emporta l'Assemblée, et dont elle ne se releva qu'à peine en Vendémiaire. L'horreur et le ridicule y luttent à force égale. La sottise des Lecointre, l'inepte fureur des Fréron, la perfidie mercenaire des Tallien, encourageant les plus lâches, une exécrable comédie commença, d'assassinats lucratifs au nom de l'humanité, la vengeance des *hommes sensibles* massacrant les patriotes et continuant leur œuvre, l'achat des biens nationaux. La *Bande noire* pleurait à chaudes larmes les parents qu'elle n'eut jamais, égorgeait ses concurrents, et surprenait des décrets pour acheter à huis clos.

Paris redevint très gai. Il y eut famine, il est vrai, mais le Perron rayonnait, le Palais-Royal était plein, les spectacles combles. Puis, ouvrirent ces *bals des victimes* où la luxure impudente roulait dans l'orgie son faux deuil.

Par cette voie, nous allâmes au grand tombeau où la France a enclos cinq millions d'hommes.

Peu de jours après Thermidor, un homme, qui vit encore et qui avait alors dix ans, fut mené par ses parents au théâtre, et, à la sortie, admira la longue file de voitures brillantes qui, pour la première fois, frappaient ses yeux. Des gens en veste, chapeau bas, disaient aux spectateurs sortants : « Faut-il une voiture, *mon maître?* » L'enfant ne comprit pas trop ces termes nouveaux. Il se les fit expliquer, et on lui dit seulement qu'il y avait eu un grand changement par la mort de Robespierre.

NOTES

Page 4 *

Une enfant, une petite fille perce la foule sans-culotte qui entourait le proconsul, arrive jusqu'à lui et demande la liberté de sa mère. Tallien entre dans une horrible fureur, jure, sacre, et frappe l'enfant. L'assistance, qui n'était pas tendre, trouve pourtant que le citoyen représentant se laisse emporter trop loin dans sa colère patriotique. Le tout était une farce pour faire passer l'élargissement de la prisonnière, qui déjà était ordonné. Ceci m'a été conté à Bordeaux par une personne très digne de foi.

Page 4 **

Il est juste pourtant de reconnaître que, sans lui, sans les Parisiens qui entrèrent dans la Commission temporaire de Lyon et dans le Tribunal révolutionnaire, la fureur des vengeances locales aurait été bien loin. Le plus sévère des cinq juges était un Lyonnais. Tous les départements voisins envoyant des accusés au Tribunal de Lyon, ce ne fut pas sans peine qu'il limita le nombre des condamnations à dix-huit cents, nombre énorme, et toutefois énormément inférieur au nombre de ceux qui périrent à Nantes. J'ai sous les yeux un jugement de ce Tribunal (celui de Marie Lolivie, femme Coibel), jugement fortement motivé et qui ne s'accorde guère avec ce qu'on a dit de la précipitation aveugle des juges. Quant à Collot et Fouché, leur justification fut toujours celle-ci : « Nous ne jugions pas; il y avait un Tribunal, et nous n'avions pas le droit de faire grâce. » Fouché suivit le progrès de l'opinion, et, vers la fin, réprima ceux qui voulaient continuer l'effusion du sang. Rien ne contribua plus à cet adoucissement que l'humanité de nos soldats. Un jeune Lyonnais pris les armes à la main allait être condamné. Un dragon républicain, qui ne l'avait jamais vu, s'avance et répond pour lui, dit qu'il le connaît, qu'il est patriote. Le Lyonnais était M. de Gérando, l'illustre philosophe, l'oncle du jeune homme plus illustre encore que nous avons perdu en 1848, de Gérando-Téléki, l'auteur des beaux livres sur la Hongrie, le martyr de la Liberté.

Page 10 *

C'est, en propres termes, ce que Baudot disait à mon ami Edgar Quinet. Celui-ci, jeune alors, allait voir l'illustre vieillard à la campagne, dans une grande maison déserte, quasi démeublée, et l'homme des anciens jours lui parlait volontiers des temps héroïques, n'oubliant jamais qu'une chose, la part qu'il avait eue à tout cela, et comme il avait contribué à sauver la France, qui l'oubliait, — qui s'oubliait elle-même.

Page 12 *

Qu'étaient ces deux cents représentants qui avaient eu des missions? *La Convention agissante*, l'énergie de la Convention, et ce qu'il y avait de plus sûr pour la République. Je ne m'étonne pas qu'en prairial, Albitte ait demandé qu'on leur confiât exclusivement le pouvoir. Quelles mains plus pures, plus héroïques, eût-on trouvées que celles de Romme, Soubrany, Goujon, Baudot, J.-B. Lacoste, etc.? Robespierre fut très dur pour eux, en les empêchant (le 6 avril, et toujours) de rendre compte de leur fortune avant et après leur mission, c'est-à-dire de constater leur glorieuse pauvreté. Ceux mêmes d'entr eux qui étaient foncièrement robespierristes, il ne les soutint que très indirectement contre leurs ennemis. Lebon, par exemple, étant accusé (en juin), Robespierre n'osa le défendre; il le fit défendre aux Jacobins par Couthon. Lebon, après Thermidor, fut poursuivi aussi cruellement que Robespierre avait poursuivi les dantonistes, et avec aussi peu de preuves. On lui reprocha d'avoir violé une femme qui n'existait pas, d'avoir volé un collier de perles qu'on retrouva à sa place, sous les scellés mêmes. On ne tint aucun compte des ordres terribles qu'il avait reçus, à l'entrée de la campagne, de Carnot, Billaud et Barère, qui lui indiquaient d'avance le *plan* concerté entre les Autrichiens et les traîtres qui étaient pour eux dans chaque place, et qui, effectivement, leur livrèrent Landrecies. Lebon s'enferma dans Cambrai, et là, seul (toute la ville était royaliste), il arrêta le cours de la trahison. Les prisonniers avouèrent que c'était lui qui avait tout fait manquer. Maintenant, qu'était cet homme, pour remplir ce rôle étonnant? C'était un jeune oratorien, prêtre marié, professeur de quelque talent, d'un caractère faible et doux. Il avait été girondin, puis robespierriste. Son isolement, son péril extrême, lui troublèrent l'esprit. Il y avait eu beaucoup de fous dans sa famille; lui-même, il eut quelques moments singuliers d'excentricité. Un jour, au théâtre, à une représentation des *Gracques*, un passage lui semblant aristocratique, il sauta sur le théâtre, le sabre à la main, et mit les Romains en fuite, et comme les spectateurs riaient, il menaça de les faire tous arrêter. — Il n'était pas sans générosité; car il sauva malgré lui le général Foy, alors fort jeune, très violent, et qui faisait

tout ce qu'il fallait pour forcer Lebon à le faire périr.
— Dans la dictature terrible que lui imposait le péril,
dépassa-t-il la mesure? C'est probable. Mais comment le
savoir? Ses ennemis, avant de le mettre en jugement,
s'emparèrent de tous ses papiers; *ils le firent juger par
des émigrés*, par ceux qu'il avait empêchés d'entrer en
France avec l'ennemi! — Dans sa dictature de quatre
mois, pour lui, sa famille, ses secrétaires et employés,
frais de bureaux, de voyages à Paris, etc., il dépensa
29,000 francs. — Son fils a publié ses lettres, vraiment
admirables. — Par quelle fatalité a-t-on confondu un tel
homme avec Carrier?

Page 14 *

La jalousie des Lyonnais contre les Parisiens venus à
Lyon favorisait singulièrement l'ascendant croissant des
robespierristes dans cette ville. Le maire Bertrand, ami
de Chalier, mais rallié à Couthon, travaillait à réunir
pour Couthon et Robespierre les Lyonnais de tout parti,
modérés et *exagérés*, de manière à chasser Fouché,
Marino, membre de la Commune de Paris, et autres
Parisiens. Les robespierristes avaient influence dans le
Tribunal, comme à la municipalité, et y balançaient les
hébertistes. C'est ce qui explique ce fait singulier: On
amène un prêtre au Tribunal. « Crois-tu en Dieu? » S'il
disait *oui*, les hébertistes peut-être le frappaient comme
fanatique. Il dit: « Qu'il y croyait *peu*. — Meurs donc,
dirent les robespierristes, meurs, infâme, et va le reconnaître. » Ils demandent à un autre prêtre: « Que penses-
tu de Jésus? — Je soupçonne qu'il pourrait bien avoir
trompé les hommes. — Quoi, Jésus! le meilleur Sans-
Culotte de la Judée!... Scélérat, cours au supplice! »
L'abbé Guillon, généralement favorable aux robespierristes,
n'enregistre pas moins, par ce fait, une preuve frappante
de leur étrange intolérance.

Page 30 *

Entre le premier système qui a favorisé l'usure, et le second qui favorise la paresse et le sommeil, il y avait pourtant un milieu, *l'affermage* des biens nationaux à un prix très bas, qui mettrait l'homme laborieux en état d'acquérir peu à peu des parcelles. Soulager les malheureux par l'aumône gratuite d'une confiscation, c'est une solution éphémère et pauvre.

Page 51 *

Une chose très irritante inspira peut-être Bourdon de l'Oise : l'arrestation de l'homme qui figurait plus que personne l'esprit de 93, le chef du jury de la Reine, du jury des Girondins, Antonelle. — Il avait flotté, disait-on. Mais surtout il avait blessé, publiant, faisant imprimer tous les *considérants* de ses sentences, œuvre terroriste et pourtant de liberté très hardie, où plus d'une fois il honora ceux qu'il envoyait à la mort. (Archives. *Registres du Comité de Sûreté générale.*)

Page 60 *

Archives. *Registres du Comité de Salut public*, 20 ventôse an II.

Page 63 *

Archives, *Armoire-de-Fer, lettres de l'accusateur public à l'exécuteur.*

Page 77 *

Le Tribunal révolutionnaire avait toujours existé en France, c'est-à-dire que la *Raison d'État* y avait toujours dominé le Droit. On peut dire même que ces Tribunaux révolutionnaires de l'ancien régime étaient plus choquants et par la légèreté aristocratique des juges et par l'atrocité des peines. Tout cela était naïvement absurde, horrible. De Mesmes et Maupeou, revenant le matin du petit théâtre de la duchesse du Maine ou de chez la Du Barry, par-dessus l'habit de Scapin, passaient l'hermine à la hâte, et, selon l'intrigue du jour, politique ou religieuse, pendaient, rouaient, brûlaient. Il manquait là cependant une laideur qui vint plus tard : un jury manipulé. Ce grand peuple, qui a été le docteur et le pape du Droit au seizième siècle, qui a trouvé, promulgué, au dix-huitième, la Loi pour toute la terre, n'en a pas moins un organe faible, quelque peu atrophié, et qui ne revient pas bien : le sens de la Justice criminelle et civile.

Page 90 *

Personne n'y mit jamais moins de façon que cet Auvergnat. Dans le fameux malentendu qui permit au père Loiserolles de mourir à la place de son fils, Coffinhal, voyant arriver un vieillard au lieu d'un jeune homme, n'a pas pris la peine d'éclaircir la chose. Il a tranquillement falsifié l'acte, changé les prénoms, surchargé les chiffres d'années, etc.

Page 123 *

Cette sécheresse n'est qu'extérieure. On le sent bien en lisant, dans ses dernières paroles à sa fille, la longue et tendre recommandation qu'il lui fait, d'aimer et ménager les animaux, la tristesse qu'il exprime sur la dure loi qui les oblige à se servir mutuellement de nourriture.

Page 124 *

Altera jam teritur bellis civilibus ætas;
Suis et ipsa Roma viribus ruit...
Barbarus, heu! cineres insistet victor, et urbem
Eques sonante verberabit ungula...

Justum et tenacem propositi virum
Non civium ardor, prava jubentium,
Mente quatit solida, neque Auster...
Si fractus illabatur orbis,
Impavidum ferient ruinæ.

. . . .

Et cuncta terrarum subacta
Præter atrocem animum Catonis.

Page 137 *

On l'a vu au livre XV. J'y pourrais ajouter beaucoup. L'organisation de la Morgue, la Bienfaisance judiciaire, Consultations gratuites pour les pauvres, etc. Sa tolérance pour les prêtres mêmes est frappante dans les *Révolutions de Paris*, devenues (en octobre) l'organe de la Commune (n° 224).

Page 165 *

Je trouve avec bonheur, chez Liebig (*Nouvelles lettres sur la chimie*, lettre XXXVI), cette observation si juste, qui, dans cette extrême mobilité de l'être physique, me garantit la fixité de mon âme et son indépendance : « L'être immatériel, conscient, pensant et sensible, qui habite la boite d'air condensé qu'on appelle homme, est-il un simple effet de sa structure et de sa disposition intérieure ? Beaucoup le croient ainsi. Mais si cela était vrai, l'homme devrait être identique avec le bœuf ou autre animal inférieur dont il ne diffère pas, comme composition et disposition. » Plus la chimie me prouve que je suis matériellement semblable à l'animal, plus elle m'oblige de rapporter à un principe mes énergies si variées et tellement supérieures aux siennes.

Page 177 *

C'est dans les *papiers* de Robert Lindet que je trouve cette proscription *des prêtres*, par Saint-Just.

Page 193 *

Il est triste de dire qu'on refusa à la Pologne ce qu'on prodiguait aux neutres. Un discours de Saint-Just (*Revue rétrospective*) apprend les sommes énormes qu'on leur donna : quarante millions à la Turquie, quarante à la Suisse, cinquante à Gênes, etc. La France, dans l'ignorance où elle est de ses destinées, ne sait pas la malédiction qui pèse sur elle ; elle ignore que ses gouvernements ont abandonné la Pologne *sept fois* : 1794, 1795, 1797, 1800, 1806, 1809, 1812. C'est ce qui fut mis en complète lumière dans la rare et forte brochure de Sawaskiewicz : *Influence de la Pologne sur les destinées de la Révolution et de l'Empire.* 1848, 3ᵉ édition (Bibliothèque polonaise de Paris).

Page 213 *

Par exemple, Reverchon, bon robespierriste, à Lyon, et, dans le Jura, Robespierre jeune, en étaient encore à la *modération*, pendant que leur chef, poussé par des nouvelles circonstances, redevenait terroriste. Reverchon écrivait des lettres étonnées, désespérées, voyant Robespierre encourager les *exagérés* de Lyon qu'il décourageait la veille. Tels étaient les mouvements faux, contradictoires, destructifs les uns des autres, qui désorganisaient le parti.

Page 214 *

Cette tentative était-elle un tour de jésuite, ou de procureur, par lequel Robespierre voulait escamoter ses ennemis ? C'est ce qu'assurent ses enthousiastes de l'école catholico-robespierriste. Ils soutiennent qu'il ne voulait rien qu'attraper subtilement une douzaine de Montagnards, leur faire voter leur propre mort ; que l'immense accélération du mouvement de la Terreur qui résulta de cette loi lui fut tout à fait étrangère. Autrement dit, que le machiniste maladroit, pour tuer ce petit nombre d'hommes, aurait sottement fabriqué cette immense et épouvantable guillotine à la vapeur.

Page 223 *

Déjà, en avril ou mai, un nommé Féral proposait au Comité de faire le procès de Robespierre ; il offrait de prouver qu'au procès des hébertistes, on avait supprimé les traces des rapports de Robespierre avec eux. Lindet lui dit : « Robespierre est encore trop fort. Nous le guettons. Il creuse son tombeau. » *(Papiers mss. de Robert Lindet.)*

Page 227 *

Chef des jurés révolutionnaires en 93, Antonelle n'avait accepté cette ingrate et pénible fonction qu'à la condition d'entourer les jugements de la lumière la plus complète, de motiver solennellement les déclarations du jury ; il sentait que la Terreur, pour être efficace et forte, avait besoin de montrer à tous qu'elle était clairvoyante, de convaincre surtout les patriotes, d'assurer leur conscience. S'ils en venaient à douter de la Justice nationale, tout était perdu. Au défaut d'une publicité spéciale, habile, que le gouvernement eût dû organiser lui-même et etendre jusqu'au fond du dernier hameau, le jury de 93, peu satisfait de la sécheresse du *Bulletin officiel*, fit parfois imprimer ses considérants. La persécution commença ; les rois d'alors ne voulaient point de publicité ; ils firent rayer Antonelle de la liste des Jacobins comme ex-noble. Le Comité de Salut public défendit au jury de motiver ses décisions *(Registres du Comité, 21 pluviôse)*. Défense fort arbitraire, brutalement signifiée, prétendant « qu'on ne pouvait supposer aux jurés qui motivaient un but innocent. » Antonelle promit de ne plus motiver à l'avenir, mais publia un spécimen des motifs déjà prononcés : *Déclarations motivées d'Antonelle dans diverses affaires* (Collection Dugast-Matifeux). Cette brochure rare et précieuse mériterait d'être réimprimée. Elle est de nature à changer singulièrement l'opinion sur le Tribunal de 93. Il y a plusieurs acquittements, motivés avec une équité éclairée et humaine. — Le Tribunal révolutionnaire sera un jour l'objet d'une Histoire spéciale. On y verra que beaucoup de condamnations furent l'application très dure, mais très littérale, des Lois. M. de Malesherbes périt pour *avoir envoyé de l'argent aux émigrés*, ce qui entraînait la peine de mort. Madame Élisabeth, si l'on doit croire le royaliste abbé Guillon, avait fortement préparé la guerre civile à Lyon en 1790; elle disait: « *Il faut la guerre civile.* » (Guillon, *Lyon*, 1, 67.) — Ce qu'on a dit des prisons, spécialement du Temple, mérite aussi un sérieux examen. Je lis dans les registres de la Commune (*Archives de la Seine*) qu'un horloger-mécanicien réclame mille francs pour avoir réparé la mécanique d'une grande cage dorée où chantaient les oiseaux automates et *dont Simon amusait le petit Capet*. Un enfant pour qui on faisait cette énorme dépense était-il aussi maltraité qu'on l'a prétendu ?

Page 232 *

Il hasardait pour son frère une propagande audacieuse et maladroite, montrant aux officiers de Toulon des lettres de Robespierre où il déplorait les excès des commissaires de la Convention ; lettres probablement fabriquées. Robespierre était très prudent, écrivait très peu de lettres et bien moins sur de tels sujets. Celles que Robespierre jeune écrivait du Jura à son frère semblent l'avoir été sous la dictée des aristocrates et dans leur style habituel : « Il existe un système d'amener le peuple à niveler tout ; si on n'y prend garde, tout se désorganisera, etc. » Cela, écrit le 3 ventôse ; au moment où l'on tuait Danton pour avoir voulu enrayer, on voulait enrayer soi-même.

Page 237 *

Archives, *Registres du Comité de Salut public*, 30 prairial.

Page 250 *

Ni ici, ni ailleurs, Senart ne mérite pas la moindre confiance, sauf en deux points peut-être : quelques détails de l'arrestation de la *Mère de Dieu*, et ce qu'il dit contre Tallien. Tout le reste est d'un coquin devenu à moitié fou.

Page 255 *

Qu'on sache bien qu'une société qui ne s'occupe point de l'éducation des femmes et qui n'en est pas maîtresse est une société perdue. La médecine *préventive* est ici d'autant plus nécessaire que la *curative* est réellement impossible. *Il n'y a, contre les femmes, aucun moyen sérieux de répression.* La simple prison est déjà chose difficile : « Quis custodiet ipsos custodes ? » Elles corrompent tout, brisent tout ; point de clôture assez forte. Mais les montrer à l'échafaud, grand Dieu ! Un gouvernement qui fait cette sottise se guillotine lui-même. La Nature, qui, par-dessus toutes les Lois, place l'amour et la perpétuité de l'espèce, a par cela même mis dans les femmes ce mystère (absurde au premier coup d'œil) : *Elles sont très responsables* et *elles ne sont pas punissables*. Dans toute la Révolution, je les vois violentes, intrigantes, bien souvent plus coupables que les hommes. Mais, dès qu'on les frappe, on se frappe. Qui les punit, se punit. Quelque chose qu'elles aient faite, sous quelque aspect qu'elles paraissent, elles renversent la Justice, en détruisent toute idée, la font nier et maudire. Jeunes, on ne peut les punir. Pourquoi ? Parce qu'elles sont jeunes : amour, bonheur, fécondité. Vieilles, on ne peut les punir. Pourquoi ? Parce qu'elles sont vieilles, c'est-à-dire qu'elles furent mères, qu'elles sont restées sacrées, et que leurs cheveux gris ressemblent à ceux de votre mère. Enceintes !... Ah ! c'est là que la pauvre Justice n'ose plus dire un seul mot ; à elle de se convertir, de s'humilier, de se faire, s'il le faut, injuste. Une puissance est ici, qui brave la Loi : si la Loi s'obstine, tant pis ; elle se nuit cruellement, elle apparait horrible, impie, l'ennemie de Dieu ! — Les femmes réclameront peut-être contre tout ceci ; peut-être elles demanderont si ce n'est pas les faire éternellement mineures que leur refuser l'échafaud ; elles diront qu'elles veulent agir, souffrir les conséquences de leurs actes. Qu'y faire pourtant ? Ce n'est pas notre faute si la Nature les a faites, non pas faibles, comme on dit, mais infirmes, périodiquement malades, Nature autant que personnes, filles du monde sidéral, donc, par leurs inégalités, écartées de plusieurs fonctions rigides des sociétés politiques. Elles n'y ont pas moins une influence énorme, et le plus souvent fatale jusqu'ici. Il y a paru dans nos révolutions. Ce sont généralement les femmes qui les ont fait avorter ; leurs intrigues les ont minées, et leurs morts (souvent méritées, toujours impolitiques) ont puissamment servi la contre-révolution. — Distinguons une chose toutefois. Si elles sont, par leur tempérament qui est la passion, dangereuses en politique, elles sont peut-être plus propres que l'homme à l'administration. Leurs habitudes sédentaires et le soin qu'elles mettent en tout, leur goût naturel de satisfaire, de plaire et de contenter, en font d'excellents commis. On s'en aperçoit dès aujourd'hui dans l'*Administration des Postes*. La Révolution, qui renouvelait tout, en lançant l'homme dans les carrières actives, eût certainement employé la femme dans les carrières sédentaires. Je vois une femme parmi les employés du Comité de Salut public. (*Registres des procès-verbaux du Comité*, 5 juin 93, p. 79.)

Page 260 *

Le prodige de ce temps de prodiges, c'est la création subite d'une *Marine républicaine* par Jean-Bon Saint-André ! et de voir cette Marine d'hier se soutenir en présence de la vieille et redoutable Marine britannique ! Il faut un livre pour dire les travaux préparatoires, législatifs, matériels, l'énorme improvisation et de vaisseaux et de marins, de détails, d'organisation, le Code de la discipline, celui de l'administration, celui des forêts de la Marine, etc., etc. Je ne m'étonne pas que notre Marine, ancienne et nouvelle, toujours fidèle au même esprit, ait soigneusement étouffé ou tourné en dérision ce grand souvenir.

Page 268 *

M. Terrasse, mort chef de la section judiciaire aux Archives, et quelques autres personnes, sollicitèrent Dumas et Fouquier-Tinville pour le grand-père de M. Bastide, pour le directeur d'Alfort et un troisième détenu. Ils répondirent : « Ne demandez pas qu'on les juge; faites-les oublier, s'il se peut. » Couthon alla plus loin; il leur dit : « Si vous connaissez un employé, faites brûler les pièces. » Ce dernier fait m'a été garanti par M. Carteron, ex-employé aux Archives, et aujourd'hui envoyé de France à Hambourg.

Page 272 *

La lettre, écrite de Saint-Émilion et lue à la Convention le 6 messidor, fait honneur au jeune agent robespierriste d'avoir dirigé l'expédition, en indiquant les mesures qu'on devait prendre, envoyant *et renvoyant* les chasseurs, d'abord maladroits, etc. Peut-être y eut-il moins de part, et voulut-on, en donnant cette couleur au récit, flatter Robespierre. Jullien a passé toute sa vie à effacer cette lettre, vie honorable, laborieuse, prodigieusement active, tout occupée de philanthropie et de choses utiles.

Page 275 *

Le régime des prisons, établi par lui, fut détestable par la faute des entrepreneurs. Mais il était établi largement: l'État payait cinquante sols (assignats ou numéraire, les assignats étant au pair) pour chaque prisonnier. Tous avaient du vin.

Page 277 *

Archives, *section judiciaire*, dossier de Fouquier-Tinville.

Page 281 *

Il est curieux de voir comment MM. Buchez et Roux profitent des moindres équivoques pour faire dire à Robespierre le contraire de ce qu'il veut dire. Lisez la table de leur tome XXXIII, vous trouverez, p. 341 : « *Robespierre déclare qu'il veut arrêter l'effusion du sang.* » Allez à cette page (copiée du *Moniteur*, qui lui-même copie le *Journal de la Montagne*, imprimé aux Jacobins), vous y lisez que, selon Robespierre, *la Justice nationale n'a pas été exercée* à Lyon *avec le degré de force qu'exigent les intérêts d'un grand peuple, que la Commission temporaire* (de Collot d'Herbois et Fouché) *déploya d'abord de l'énergie, mais bientôt céda à la faiblesse humaine, qui se lasse,* etc. *La persécution fut établie contre les patriotes.* Puis, il rappelle qu'il a défendu *ces patriotes.* Et le rédacteur du journal, étendant complaisamment la pensée de Robespierre : « Les principes de l'orateur sont d'arrêter l'effusion du sang *versé par le crime.* » Ce qui précède explique parfaitement que Robespierre parle spécialement de Lyon, des ultra-terroristes de Lyon qu'il protégeait contre Fouché, de ceux qui ne se contentaient pas des seize cent quatre-vingt-deux exécutions faites sous Collot d'Herbois et Fouché. C'est la tête de ces patriotes que Robespierre prétend avoir sauvée des persécutions de Fouché, et qu'il veut protéger encore. Telle est si bien sa pensée, qu'il invoque à l'appui le souvenir de Gaillard, le plus violent des ultra-terroristes de Lyon.

Page 283 *

Voy. aux *Procès-verbaux de la section de la Cité (Archives de la Préfecture de Police)* l'éloge que cette section

fait de l'idée du banquet et de celui à qui elle l'attribue :
« Attendu que cette glorieuse journée a pris naissance dans la personne du citoyen Grenier, son nom sera au procès-verbal. »

Page 287 *

Je dois tous les renseignements qui suivent à MM. les employés des *Archives de la Préfecture de la Seine*. M. Albert Aubert m'a ouvert ce précieux dépôt, et M. Hardy a bien voulu faire le travail très considérable qui pouvait seul éclaircir ces questions jusqu'ici absolument inconnues.

Page 297 *

Ce qu'on a guillotiné d'hommes à Paris pendant toute la Révolution fait la quarantième partie des morts d'une bataille, de la Moskowa.

Page 302 *

Les listes de Messidor et Thermidor ont été généralement détruites, sans doute par les Comités, et probablement parce qu'elles ne portaient pas la signature de Robespierre. Herman, son homme, qui faisait signer ses listes au Comité de Salut public, se gardait bien de faire signer son maître. — On n'a conservé que trois listes : 1° celle des *cent cinquante-quatre* (20-22 messidor), principal monument des conspirations de prisons fabriquées par Herman ; 2° la liste des *cent trente-huit* (2 thermidor), où les deux Comités firent signer Robespierre avec eux ; enfin une liste (du 3 thermidor) contenant *trois cent dix-huit noms*, signée d'Amar, Vadier, E. Lacoste, Voulland, Ruhl et Barère, Collot, Billaud, Prieur. Ces deux listes, chargées de noms aristocratiques, furent gardées par les Comités, sans doute pour prouver, au besoin, qu'on les accusait à tort de faiblesse et d'*indulgence*. — Tel est le résultat de la recherche que M. Lejean a bien voulu faire pour moi aux *Archives*.

Page 305 *

C'est Carnot lui-même qui a donné ces détails (*Revue indép.*, X, 525, 25 juin 1845). Ils sont présentés d'une manière très hostile : il semble que Robespierre pleure précisément de ce que le sang n'a pas été versé. On n'indique pas le jour, mais il n'y en a qu'un possible. Après la prise de Nieuport (30 messidor, 18 juillet), Robespierre vint une seule fois au Comité (5 thermidor, 23 juillet).

Page 328 *

Essai sur les fêtes nationales, par M. Boissy d'Anglas, 12 messidor, p. 22, 25, 67. — Cette brochure d'un homme estimé dut faire croire à Robespierre qu'il était complètement accepté de la droite.

Page 338 *

C'est le témoignage de madame Lebas (mademoiselle Duplay). On ne trouva chez Robespierre qu'un assignat de cinquante livres et des mandats de l'Assemblée constituante pour son indemnité quotidienne de député, qu'il avait négligé de toucher. La vente de son mobilier, faite le 15 pluviôse (3 février), produisit en assignats, alors dépréciés des quatre cinquièmes, près de quarante mille francs, qui faisaient huit mille en argent. Cette somme, encore considérable, pour un mobilier plus que simple, ne fut certainement atteinte que par la concurrence des curieux, étrangers ou nationaux. Son portrait seul (par David? collection Saint-Albin) fut pour moitié dans la vente. Il monta jusqu'à trois ou quatre mille francs. (*Note communiquée par M. Dugast-Matifeux.*)

Page 345 *

Romme, le mathématicien, l'un des principaux fondateurs du culte de la Raison, était l'oracle de cette partie de l'Assemblée, si peu connue, tellement étouffée par la gloire des dantonistes et des robespierristes. Romme, avec la figure de Socrate, avait son sens profond, l'austère douceur d'un sage, d'un héros, d'un martyr. Il était absent au 9 Thermidor (je dois ce renseignement à son petit-neveu, M. Tailhand, juge à Riom, dépositaire de sa précieuse correspondance), mais son esprit était présent dans l'Assemblée. Son opinion sur Robespierre, qui étouffa le culte de la Raison, ne peut être douteuse. Son intime ami Soubrany, qui ne fut qu'une même âme avec lui et mourut avec lui, juge Robespierre avec une extrême sévérité (j'ai sous les yeux ses lettres, que m'a communiquées M. Doniol, écrivain distingué de Clermont). — Grande gloire pour l'Auvergne d'avoir produit, avec Desaix, le plus pur de l'armée, les plus purs de la Convention, je veux dire, ceux qui, en faisant des choses héroïques, évitèrent jusqu'au soupçon d'ambition: Romme, Soubrany, le vainqueur des Espagnols, J.-B. Lacoste, le vainqueur du Rhin. On a vu comment le parti robespierriste avait essayé de taire et d'étouffer les procès de Lacoste et Baudot, au profit de Saint-Just.

Page 355 *

Archives de la Préfecture de Police, *Procès-verbaux des sections, section de la Cité.*

Page 356 *

Si l'on veut croire le très peu croyable Soulavie (t. V, 348), Robespierre aurait reçu des ouvertures de l'Angleterre, et la lettre aurait été interceptée par Vadier. Mais comment supposer que Vadier n'eût pas publié une telle lettre? — De l'Angleterre! c'est absurde. Quant aux puissances allemandes, il est certain qu'elles faisaient effectivement des ouvertures. Notre politique, à travers tous les partis (de Dumouriez, de Custine à Carnot et à Robespierre), fut invariable en ceci, que tous crurent que la

Prusse se détacherait la première de la Coalition ; c'est cette espérance qui fit le fatal abandon de la Pologne (en mai 1794). Un signe, un geste de la France, le simple envoi du drapeau, eût donné à Kosciusko une force incalculable.

Page 361 *

Procès-verbal de la section Marat, *Archives de la Préfecture de Police.*

Page 366 *

Archives de la Préfecture de la Seine, *Registres du Conseil général, Thermidor.*

Page 368 *

Rose Lacombe, brillante et terrible dans la nuit du 31 mai, ne parlant que de massacre, avait, peu de mois après, molli, voulu sauver des hommes. On lui ferme bientôt son théâtre, la *Société des femmes révolutionnaires.* En mars, quand elle voit l'orage gronder dans les discours de Saint-Just, elle part et se fait actrice à Dunkerque. En Thermidor, elle est marchande à la porte des prisons, position lucrative, qui, par la connivence des geôliers, permettait de vendre à tout prix. Sans doute elle s'était amendée, soumise aux robespierristes.

Page 368 **

Ce qui suit ressort d'une étude sérieuse et complète des *procès-verbaux des sections* conservés aux *Archives de la Préfecture de Police.*

Page 373 *

Il nous manque les procès-verbaux de dix-sept sections, mais nous savons par ceux des autres le parti que plusieurs des sections voisines suivirent : *Panthéon,* Beaurepaire *(Thermes),* Croix-Rouge, Contrat-social *(Postes), Jardin-des-Plantes,* Grenelle, *Invalides, Ile-Saint-Louis;* et sur la rive droite : *Maison-commune,* Bonne-Nouvelle, Lepelletier, *Roule, Tuileries,* Ponceau, Mont-Blanc, Halle-au-Blé, *Butte-des-Moulins.* (Archives de la Préfecture de Police.) De ces dix-sept sections dont les procès-verbaux ont disparu, sept sont les sections les plus riches de Paris, deux sont extrêmement pauvres.

Page 381 *

Ce fait nous est révélé par le procès-verbal de la section des *Gardes-Françaises* (Oratoire). *Archives de la Préfecture de Police.*

Page 389 *

Cet employé, qui depuis a passé aux *Archives de la Guerre,* a raconté ce fait à M. le général Petiet, de qui je le tiens.

FIN DU TOME IX ET DERNIER.

*
* *

LA conclusion de ce livre est elle-même un livre.

Le resserrer ici en quelques pages serait le rendre obscur, stérile. Il sera publié à part, dans une forme libre qui permettra, à travers le passé, d'anticiper l'avenir.

En faisant ici mon adieu au grand travail qui m'a tenu compagnie si fidèle dix années de ma vie, je dois lui dire, je dois dire au public, ce que j'en pense moi-même, en l'envisageant froidement.

Toute Histoire de la Révolution jusqu'ici était essentiellement monarchique. (Telle pour Louis XVI, telle pour Robespierre.) Celle-ci est la première républicaine, celle qui a brisé les idoles et les dieux. De la première page à la dernière, elle n'a eu qu'un héros : le peuple.

Cette Justice profonde et générale, qui a ici son premier avènement, n'a-t-elle pas entraîné avec soi plusieurs injustices partielles? Cela se peut. L'auteur, dans sa trop minutieuse anatomie des personnes et des caractères, n'a-t-il pas souvent trop réduit la grandeur des hommes héroïques qui, en 93 et 94, soutinrent de leur indomptable personnalité la Révolution défaillante? Il le craint : c'est son doute, son regret, dirai-je : son remords? Il reviendra sur ce sujet, et, dans une appréciation plus générale des événements, donnera à ces grands hommes tout ce qui leur est dû.

......Egregias animas qui sanguine nobis
Hanc Patriam peperere suo...

Grands cœurs! qui, de leur sang, nous ont fait la Patrie.

TABLE

TABLE

LIVRE XVI

(Suite)

Pages

CHAPITRE III. Lutte de Robespierre contre les représentants en mission 1

IV. La révolte de Desmoulins contre Robespierre (février 1794) 15

V. Robespierre menace les deux partis par Saint-Just (26 février 1794) . 27

LIVRE XVII

Pages

CHAPITRE I. Mouvement des Cordeliers. — Arrestation des hébertistes. — Premier coup sur les dantonistes (25 février-18 mars 1794)... 33

II. Les dantonistes essayent de désarmer la dictature (10 mars 1794). 46

III. Mort d'Hébert et Clootz. — On propose la mort de Danton (24 mars). 56

IV. On arrache aux Comités l'ordre d'arrêter Danton (nuit du 30 au 31 mars)....... 65

V. Arrestation de Danton, Desmoulins et Philippeaux (31 mars 1794). 71

VI. Procès de Danton (2-3 avril 1794)..... 80

VII. Procès et mort de Danton, Desmoulins, etc. (4-5 avril, 15-16 germinal) 92

LIVRE XVIII

                                                   Pages

CHAPITRE I. Épuisement et paralysie de Robespierre. — L'Être suprême (6 avril 1794) 107
        II. Mort de Condorcet (9 avril 1794) 117
       III. Mort de Chaumette et de la Commune (12 avril 1794) 127
       IV. Cambon menacé. — Assignats, biens nationaux (16 avril 1794) . . . 139
        V. La *Bande noire* 147
      VI. Lavoisier. — La grande chimie. — Les mœurs en 1794 160

LIVRE XIX

CHAPITRE I. Dissentiments de Robespierre et de Saint-Just (10 avril 1794) . . . 171

Pages

Chapitre II. Les robespierristes précipitent leur chef au pouvoir (avril-mai 1794) . 183
III. On conspire contre Robespierre (mai 1794) . . 195
IV. La fête de l'Être suprême (10 juin 1794). . . . 204
V. Loi du 22 prairial (10 juin 1794). — Échec de Robespierre. . . . 211

LIVRE XX

Chapitre I. Lutte des deux polices. — Les Saint-Amaranthe. — Calomnie contre Robespierre (13-14 juin 1794) 225
II. La *Mère de Dieu*. — Robespierre comme *Messie*. — Exécution des Saint-Amaranthe (15-17 juin 1794) . . 241

Pages

CHAPITRE III. Les conspirations de fabrique. — Celle de Bicêtre. — Mort d'Osselin (24 juin - 1er juillet 1794)   257

IV. Conspiration du Luxembourg. — Les Jacobins commencent à suivre difficilement Robespierre (1er-16 juillet, 12-28 messidor). . .   271

LIVRE XXI

CHAPITRE I. Des cimetières de la Terreur. — Réclamations du faubourg Saint-Antoine (juillet, messidor).   286

II. Mouvement des deux partis. — Robespierre au Comité (1er-5 thermidor, 19-23 juillet 1794) . .   299

		Pages
Chapitre III.	Discours accusateur de Robespierre. — L'Assemblée refuse l'impression (8 thermidor, 26 juillet 1794).	310
IV.	La nuit du 8 au 9 Thermidor. — La droite trahit Robespierre.	326
V.	La journée du 9 Thermidor (28 juillet 1794).	337
VI.	La soirée du 9, et la nuit du 9 au 10. — Immobilité des Jacobins.	351
VII.	La nuit. — Neutralité de Paris en général et du faubourg Saint-Antoine. — Les *enragés* se réveillèrent-ils?	364
VIII.	La nuit. — Mouvement du quartier Saint-Martin (Gravilliers, Arcis) contre Robespierre. — Il refuse d'autoriser l'insurrection.	374
IX.	Le 10 Thermidor (29	

		Pages
	juillet). — Assassinat de Robespierre . .	380
Chapitre X.	Suite du 10 Thermidor. — Exécution de Robespierre. — La réaction éclate. . .	390

Notes 399

Conclusion. 419

Achevé d'imprimer

Le vingt novembre mil huit cent quatre-vingt-huit

PAR

ALPHONSE LEMERRE

(Aug. Springer, *conducteur*)

25, RUE DES GRANDS-AUGUSTINS, 25

A PARIS

www.ingramcontent.com/pod-product-compliance
Lightning Source LLC
Chambersburg PA
CBHW050912230426
43666CB00010B/2129